精英运动员
提升运动表现
可信赖的
全时制胜体系

每天都是比赛日
EVERY DAY 修订版
IS GAME DAY

[美] 马克·沃斯特根　皮特·威廉姆斯　著

尹晓峰　孙莉莉　译

上海文化出版社

作者的话

首先,非常荣幸《每天都是比赛日》能被来自中国的益友同仁所接受,你们开放的态度和精神最终促成了中文译本的问世。中国在体育方面展现出来的超凡领导力深深地感染了我,特别是日益进取的文化传统赢得了世界的尊重。

作为体育领域以及大型企业表现提升服务的全球领导者,EXOS 始终都在为这些客户提供创新且值得信赖的训练解决方案和产品。当然,我们并未选择墨守陈规。早在公司建立之初,我就将"提升生命质量"作为事业发展的愿景,并且将使命定义为"将最佳运动表现系统同专业人士和平台建设的有机整合,以有效和符合伦理道德的方式增强运动员的竞技能力"。公司最初以 Athletes' Performance 命名,建立享誉世界的训练基地正是对这一理念的集中体现。

不仅如此,我们还专注于可持续的高水平运动表现的四大支柱"心智、营养、动作和恢复"的无缝对接,以开放的心态不断学习世界一流的运动训练实践,坚持不懈地秉承"构建系统,服务客户"的理念,将这些经验整合进自己的解决方案中。我们的独特之处是不断地扮演"文化整合者"的角色,探寻帮助客户迈向成功的要素,并在与他们的合作中完成"运动训练文化的升级",最终实现双赢。

基于上述原因,让我们非常荣幸地与世界其他知名的运动机构建立合作关系并取得了成功,包括帮助德国国家足球队获得 2014 年世界杯冠军,以及与中国奥委会合作参与到了 2012 年伦敦奥运会和 2016 年里约奥运会的备战工作之中。特别是,我们能够与迅速崛起的奥运超级大国——中国的国家队合作,为此深感荣耀。在参加的九届夏季奥运会中,中国国家队获得了令人惊叹的 473 枚奖牌,并在最近的两届奥运会中获得 188 枚奖牌。

一直以来我们都被认为是"人体运动表现"领域的先锋,第一本《核心运动表现》*Core Performance* 的出版,及后续以"核心"为主题的系列丛书,成功地搭建起整合智慧结晶的运动表现技术平台,这使得我们能够"提升更多人群的生活质量"。现如今,有超过 100 万的人在我们的直接帮助下达成目标,还有更多的人士正在使用我们的训练方法。分享的心态让我们的团队不断进步,也直接促成了将"Athletes' Performance"和"Core Performance"两个品牌整合形成 EX-OS 这个非凡的品牌。

新品牌"EXOS"在英文中取义为地球外大气层(EXOSphere)——寓意我们要帮助运动员达到极限的穹顶,同时它还取义为"外骨骼"(EXOSkeleton)——寓意保护运动员是我们的天职。在英文中,"X"和"O"还代表了训练时的策略,分别代表在为每个客户制定个性化训练计划时所采取的进攻性(O)和防御性(X)的手段。

这些都是我们为何如此激动地与读者分享我们的思路和本书的原因。《每天都是比赛日》,是一种持续提高运动表现和自身执教能力所采取的每日行动。我们必须在每一天都要赢得每一个合理的过程并优化每一个机遇。

在与中国奥委会和国家体育总局的合作过程中,我特别要向刘爱杰博士表示感谢和敬佩,他是一位具有赢家心态和世界级领导水平的代表,他以令人惊叹的领导水平打造出由教练、运动训练专家、科研人员以及教育工作者和学校共同构成的具备开放心态的团队,营造了一种不断提升的国际文化及实践氛围。他引领的一批充满智慧和进取心的人体运动表现实践者,推动了以动作模式为特点的运动表现和体能训练在中国的兴起,他所表现出的巨大的责任感和勤奋更令我尊敬。

最后,我还要再次感谢《每天都是比赛日》中文版的译者和审校人员,并衷心希望《每天都是比赛日》无论是在生活还是职业上,能够为读者提供一些积极的理念和帮助。

致敬

马克·沃斯特根

体能：竞技的入场券和健康的试金石
（修订版序）

中国的每一代国家领导人，都对体育运动的发展十分关切，高度重视和支持体育强国建设。一路走来，从运动员、教练员的队伍建设，到体育运动的技战术发展，再到各项赛事的奖牌数量，我国都取得了傲人的成果。这些离不开几代国家领导人对体育运动的关心与指导。

2021年9月15日，国家主席习近平在接见东京奥运会上取得优异成绩的中国体育代表团运动员和教练员时，对中国赛艇队表达了关切和慰问，肯定了运动员和教练员在本次奥运会上取得的成绩，并勉励大家奋力拼搏，再创佳绩。国家领导人能如此关注赛艇运动，使我们这些从业者深受鼓舞，深切感受到国家对竞技体育中体能类基础大项的重视，感受到对中国运动员能在欧美国家传统强项上取得奥运会成绩突破的充分肯定。

今天，世界各国以不同方式显示出了对身体运动和体能型运动项目的高度重视，这启发我们重新从体育角度认识国家的"软实力"与"硬实力"之间的关系：

在国家层面——体育行业的繁荣是软实力,体育运动带来的全民体能强大是硬实力;

在体育层面——体育文化的影响力是软实力,竞技体育的金牌是硬实力;

在金牌层面——金牌中的技能主导类运动项目是软实力,金牌中的体能主导类运动项目是硬实力。

将这三种硬实力反过来推导,就可以导出这样的结论:

体能主导类运动项目的硬实力,是竞技体育硬实力的集中体现,也是全民体能强大与全民健康的有力引领——对于中国体育事业来说,体能主导类运动项目的硬实力,是谋求高质量发展之际最迫切需要的一种硬实力。

竞技是人类普世文明的共同语言,人们通过竞技相互交流、沟通和理解,它已经作为评判一个国家和地区社会进步快慢、国民素质高低的重要窗口;竞技是一种综合实力,是一个国家或地区社会生产力发展水平的综合体现,是综合国力的重要部分;竞技是一种艺术,它把人类的力量、速度和优美充分地展现出来,带给人类更高的希望和追求,使我们得到美的享受和情绪的激发;竞技是一种民族精神和教育手段,在进行爱国主义教育,弘扬民族精神,凝聚人心,鼓舞士气方面发挥着越来越重要、甚至是无可替代的作用。重视竞技体育、建设体育强国,已成为人类文明的重要标志。现代人类文明的许多社会伦理、价值观和行为准则,都源于竞技体育规则和竞技体育文化的价值影响。

如今,伴随大数据"云"时代的到来,以职业体育和奥林匹克体育为两大主线的精英体育运动风起云涌,国际高水平体育赛事精彩纷呈,比赛激烈程度与日俱增。美国男子职业篮球从常规赛到总决赛,获得奥布莱恩奖杯的球队至少需要打满98场比赛;国际职业网球除了四大满贯(澳网、法网、温网、美网),还有男子ATP和女子WPT巡回赛,各类大奖赛真可谓贯穿全年;职业公路自行车赛已经成为欧洲最为重要的赛事,全年有11个月在媒体包围之中,电视实况转播达到180天;国际田联16场钻石大奖赛,遍布全球各地……精英体育"多赛制"在市场需求影响下悄然兴起,愈演愈烈,比赛观赏性和结果的戏剧性增强的同时,也对运动员竞技表现的提升提出了更高的要求,实力提升、体能储备、身体恢复、伤病预防、回归赛场、营养补充、心理准备等一系列问题都是无法回避的客观现实。

"多赛制"带来的巨大变化之一是对传统经典的训练理论的猛烈冲击,训练与竞赛关系更加复杂、更为互动,多种矛盾在对立中统一,又在统一中对立。因此,面对所有竞技要素的集中需求,仅靠传统的主(总)教练已无法应对,新型的、职业的、产业化的运动表现和体能训练行业应运而生。精英运动员竞技能力和竞技状态的形成、保持、提升与消退,有其特定的生物学和社会学规律,不以人的意志为转移。如何在多年和全年赛季中发挥高水平的竞技表现? 如何帮助那些叱咤赛场的精英运动员规避风险,预防和修复损伤,延长职业生涯? 如何帮助踌躇满志的青少年运动员迅速走向成功,并获得可持续发展? 如何在艰苦卓绝的训练中脱颖而出? 这些亟待解决的问题都是新时代的教练员必须正视和思考的。

2021 年在东京举行的夏季奥运会上,中国赛艇运动员取得了卓越的成绩:这些获得金牌奖牌的年轻人们,不但高大和强壮,而且团结和自律。

那么,他们是怎样在短短几年里完成蜕变,赢得了国家荣誉和个人成就的呢? 其中非常关键的一点是中国赛艇协会和中国赛艇队基于对项目本质的理解和把握,坚决地贯彻执行了"强化体能,恶补短板"的方针:通过学习和引进世界上新兴的、先进的训练理念与方法手段,史无前例地将体能训练置于第一优先级;通过科学的数据化的监控、测试与分析,使精英运动员的个体能力普遍得到了空前提高。这些卓有成效的做法,不但使赛艇队进入了中国优秀运动队的行列,而且对其他运动项目产生了积极的影响——像当年赛艇成为世界竞技体育的榜样和先进体育文化的代表那样,过去几年在体能训练领域,赛艇也成为中国竞技体育的榜样和先进体育文化的代表。

著名运动表现和体能训练大师马克·沃斯特根先生(Mark Verstegen)就是精英体育运动表现和体能训练产业当中代表性的探路先锋,他以敏锐的视角提出了"Every Day Is Game Day"的职业理念,构建了"心智、营养、动作、恢复"四轮驱动的运动表现和体能训练体系，马克率领 EXOS 团队同全球多个项目的国家队和职业球队紧密合作，尤其是作为德国足球队运动表现训练团队的核心教练成员，在积极备战 2014 年巴西世界杯的过程中，淋漓尽致地践行了其理念和方法体系。EXOS 的体系触角已经遍布全球的精英体育，不仅是中国奥委会备战伦敦和里约奥运会的科学训练合作伙伴，同时也是世界众多精英运动员、职业运动队、体育组织、健身行业、军警特种部队以及消防救险行业精英的合作伙伴。

正值马克·沃斯特根（Mark Verstegen）先生的体能训练专著《每天都是比赛日》中文版修订再版，使我们想起在备战伦敦奥运会的训练周期内，马克先生创建 EXOS 运动表现训练团队跟中国奥委会合作，培养出一批优秀的运动表现体能教练，如今他们活跃在中国赛艇队，年轻的体能训练团队在备战东京奥运会的过程中，他们总结归纳出"水上问题，陆上解决；技术问题，体能解决；经验问题，数据解决……"等一系列行之有效的系统化体能训练方法。尤其值得我们骄傲的是：经过几年的努力，以不断提高运动员的高水平运动表现为核心，训练方法科学的中国流派正在逐渐形成，使我们有可能去设计和追求一个更宏大的目标——使赛艇成为在中国竞技成绩和项目文化领先的运动项目，使中国成为世界赛艇运动的强国。竞技体育的更高目标当然是获得诸如奥运会等国际大型赛事的更多金牌，这是我们的方向，但并非唯一方向。

我们底气十足的理由，是因为我们比以往任何时候都更坚信这一点——

体能是竞技体育的入场券！

同时，体能也是全民健康的试金石，而我们所能做的和正在做的，是同时致力于竞技成绩的进步和全民健康的推动。

这两个方向，也恰恰是在实现中华民族伟大复兴战略全局和世界百年未有之大变局这"两个大局"中，我们的党和国家在体育领域最关心的事情。

因此，国家对我们的运动员的期许，既是我们事业的启航信号，亦是我们续航的号角——

启航的事业是全体中华儿女身体素质更强；

续航的事业是中国精英运动员在国际赛场上站得更高。

刘爱杰　博士

中国赛艇协会主席

2021 年 12 月

于北京顺义 PHD 国家体能训练营基地

译者的话

　　时隔七年,《每天都是比赛日》再版印刷,我和 EXOS 的合作也已经满十二个年头。时间回到 2009 年秋天,我第一次在北京饭店的大堂见到 Mark Verstegen 先生,用蹩脚的英语颤抖地问道:"您是 Mark 先生吗?" Mark 非常爽朗地回应道:"是的,我是 Mark,你是 Lily 吧?"以此开始了我和 EXOS 的缘分,那个时候的 EXOS 还是 AP(Athletes' Performance)机构。

　　彼时,我是北京体育大学在读研究生,在国家体育总局实习,EXOS 的创始人 Mark 先生受邀前来总局交流,我当时负责 Mark 先生的接待工作。随后我转到国家帆船帆板队实习,2010 年 4 月全队前往 EXOS 总部集训六周,沉浸式地体验了 EXOS 的训练体系,EXOS 的训练让我们所有教练和运动员都为之感叹,职业体育在运动成绩和体育经济的推动下有了长足的发展,深深地震撼了我们每一个人。而这短短六周的时间,影响了我至今的职业发展规划,我坚定了从事体能行业并深耕大健康产业的信念,一直期待能把这么优秀的训练理念和场馆引进到中国。随后经过一系列的考察和交流,国家体育总局全面引进了 EXOS 的体能康复团队,备战 2012 年奥运会,我有幸在这个过程中担任助教和翻译。奥运会结束后,上海体育科学研究所继续引进了 EXOS 团队,帮助上海体育局各个队伍备战 2013 年全运会,我同样作为翻译和助教入职上海体育科学研究所体能康复研究中心。在整个备战周期里,EXOS 团队通过提供体能、康复训练以及运动营养的服务,帮助我们的运动员强化体能训练、预防并治疗运动损伤、提升运动成绩,EXOS 分别在国家队和上海队继续服务,一直持续到 2016 年里约奥运会和 2017 年全运会。

2014 年 Mark 先生出版了他的新书 *EVERY DAY IS GAME DAY*。2015 年的北京国际运动健康大会上,那一年的大会几乎邀请了国际体能届的所有大咖,包括 NSCA 主席 G. Gregory Haff、MJP 的创始人 Michael Johnson、EXOS 创始人 Mark Verstegen,还有诸多顶级的体能训练专家和学者等,我有幸再次为 Mark 先生担任大会翻译,演讲休息的空隙,Mark 在补充"能量盹"(想要了解"能量盹"的读者可以在书中找到答案),醒后我问他新书的内容,他说是 Athletes' Performance 和 Core Performance 合并以后 EXOS 体系的全新的整合性内容的一本书,他给我介绍了 EXOS 每个字母的意思,其实仔细看 EXOS 的 logo,第二个字母并不是 X,而是 EXOS 训练体系的四大支柱的代表,我当时非常激动和兴奋,之前他已经送了我四本 CorePerformance 系列的书,我都仔细阅读学习,虽然内容丰富多样,却并没有这样的整体概念,我忍不住就问他愿不愿意把这本书翻译成中文出版,没想到 Mark 也很兴奋,他说他与中国奥委会合作这么久,特别希望中国有更多人能了解 EXOS 的训练理念,因为"提升生命质量"是他一直努力的梦想。在随后的筹备工作中,得到了上海体育科学研究所的支持,以及尹晓峰博士的组织协调,于是我们就一起成就了《每天都是比赛日》。随着这本书的翻译,了解到他们的教育培训项目,我同步引进了他们的教育培训项目,于 2016 年 3 月在上海落地第一期 EXOS Phase 1 的认证课程,在随后 2016 年的下半年遂生学府正式代理 EXOS 的教育培训项目,我于 2017 年加入遂生学府全面负责 EXOS 教育项目在中国的推广工作,在推广和实践 EXOS 训练体系的这些年里,我找到了一群拥有相同生活理念的朋友，我们一起从 EXOS 的理念里获得整合性训练的系统认知，一起探索更科学的生活方式，一起从生活中获得能量，周而复始。而此刻，我们鼓励更多人能够一起探索健康活力的高质量生活方式。

对我个人而言，我是一名教练也同样是一名商务人士，虽然我未曾是职业运动员，但一直以来我是"职业的"运动生活者，运动健身始终贯穿着我生活的主线。长期坚持的科学训练、合理饮食和高品质睡眠，一直支撑着我高强度的工作和高频的差旅生活，而所有的这些都是汲取自 EXOS 的理念和方法。本书所介绍的四大支柱：心智（Mindset）、蓄能（Nutrition）、动作（Movement）和恢复（Recovery），在理念和方法上帮助我更清晰地制定了高绩效的生活方式。正如书中所展示的健康乐活理念，我养成了属于自己的行为模式，晨起训练、定时补充营养、积极恢复；晨起的训练可以是一段有氧运动也可以是简单的呼吸冥想，开启崭新的一天；合理的饮食可以是高品质的正餐，也可以是短时的能量补充，随时为我们的身体补充一天所需的能量；积极的恢复，可以是简单的拉伸或者不时地进行几次深呼吸，亦或是高品质的睡眠，帮助我们身心全面、及时恢复。至此，我依然能够保持理想的体型和体重，同时能够精力充沛地掌控全新一天的工作与生活的每一个小目标。

因此，这本书不单单是写给运动员的，它值得每一位追求高绩效生活方式的人士去阅读和实践。特别是工作和精神压力繁重的高绩效人士，毕竟，在追求成功，满足高强度工作量的同时，支撑我们走下去的，只有属于自己的健康身体。本书提供的是一个完整的运动表现训练系统，不管是专业运动员还是大众客户，个人或者企业群体，无论是想要提升速度、爆发力，增强运动表现，还是要实现增肌、减脂，促进健康的目的，它都能够给你一个答案和更细化的指导。通过心智、营养、动作和恢复，帮助读者构建一个属于自己的完整、高效、24 小时制的生活体系，打造一个长久的可实际执行的健康生活方式，帮助指导读者成长为一位高绩效（效能）人士。

时至今日，EXOS 教育项目已经在中国开展近百场活动，培养了上千名 EXOS 认证教练，影响了上万名教练的执教理念和技术方法。在将近七年的时间里,EXOS 的四大支柱、八大内容的训练理念和方法,被广泛认可和传播,合作单位除了专业运动队,还包含了职业运动队、高校、知名连锁健身房(工作室),学员包含了国家队教练、职业体能教练、体育老师、健身教练、大众爱好者等,EXOS 的训练体系帮助教练和老师形成系统化知识体系、提升执教专业度、丰富课程种类、提高课程趣味性。现在几乎每个教练都会用"最伟大拉伸",都会用"迷你带"进行髋关节激活的训练,还有"T/Y/W/L"的字母练习。同时,亦有很多体育运动爱好者将 EXOS 的训练体系引进到其从事的体育项目中,篮球、网球、羽毛球、骑行、攀岩、户外等等,都得到了大家的广泛认可和推广,而本书正是汇总了 EXOS 训练体系的精华,内容涵盖原理介绍、计划安排和动作展示,帮助大家了解一个全面、综合一体化的高绩效训练和健康生活体系。

正如 Mark 先生和刘爱杰博士提到的,高绩效人士,不仅仅是运动员,更是社会生活中那些必须维持优异表现的各届精英人士,他们需要长时间高质量的保持良好的体力和精力,以应对竞技赛场和人生赛场的各种比赛,随时应对工作和生活中的各类突发状况,这些精英人才的价值无法估量,他们必须保证尽可能长时间的以最高水准在赛场上竞技,而这正是 EXOS 训练体系,也正是本书内容的体现,不仅仅是在运动竞技场上训练得更好,而且在我们人生自己的位置上也将做得更棒。

我们鼓励大家从本书开始开启自己的健康活力生活,从每天一小时健康生活开始,在这一小时里,你可以积极锻炼一小时,你也可以制作或者享受一份健康餐,更可以安静下来呼吸冥想,关注自己的身体。上班族亦可以享受多元化的午间一小时,三十分钟身体活动,三十分钟健康餐,为自己充电。

最后,特别感谢上海体育科学研究所和上海体育科学学会的支持,感谢刘爱杰博士对本书翻译工作的帮助和鼓励,感谢曹晓东博士、闫琪博士、郑樊慧博士、杨涛博士、黎涌明博士对本书翻译和校审工作的支持,感谢支持我们的家人和所有朋友们,感谢多年来读者对本书的支持和指正。

本书在翻译过程中多次与原作者和国内各行业领军人物沟通并通过译审,期望能将最原汁原味的内容更专业地表述出来,但是由于翻译水平有限,译本中的不当之处再所难免,敬请读者不吝指出。

时隔七年,本书在传承中有所创新,再版面世,期待能长久地陪伴读者,共同成长。

优秀的你可以更卓越!

每天都是比赛日!

孙莉莉

2021 年 12 月

目 录

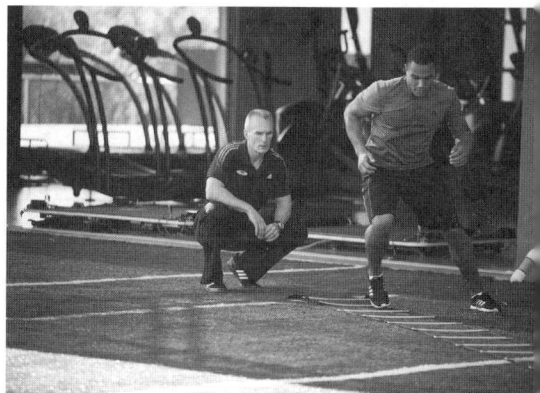

引言：专属于你的高绩效生活

最好的你可以更好。

这句话听起来有些苛刻，但事实确实如此。在和运动员中的佼佼者一起工作了二十余年后，我懂得了如何才能做到更好。

任何人都可以在一天甚至一周或一个月内保持优秀。做到这一点易如反掌。但是真正的精英运动员需要将卓越表现始终如一地贯穿在整个职业生涯之中。

你或许才华横溢，勤奋努力，并且做着所有正确的事情，但是这可能远远不够。或者说仅此而已。此时此刻，绩效影响着最终的结果。它不单单是每天全力勤奋工作，做好该做的每件事这样简单。当然，这么做无可厚非，也是众人所期待的。然而，绩效强调无论在何种环境当中，都要能够持之以恒，并切中肯綮。

这就是真正的绩效。

绩效与效率相关。在决定翻阅本书时，你也许是一位止在寻求竞技表现进一步提升的精英运动员，亦或正在力争成为一名高水平运动员。

但无论怎样，为了追求卓越，每日不断进取，你就要在生活中的各个方面提升自己的效率。

所以，最好的你可以更好。我并不关心你是谁。我清楚自己的最佳表现并不足以称道，对于我的家人、我的同事或者我的国家来说我仍可以做得更好。昨日或去年让我们引以为豪的高水平竞技表现，待到明日或者来岁也许将会变得平庸无奇。与之相反，我们只有在每一天的生活中通过不断的历练和打磨，使自己变得更加睿智和高效，才有可能成为真正的高水平运动员。

24 小时/7 天，永不言歇。

本书并非只是在向读者讲述一小时的日常训练。要知道训练部分很容易达成，尽管在计划的训练执行过程中你可能并不认同。实际上，真正的挑战来自于在其他 23 小时的时段中，坚持高绩效的生活方式。你能在健身房之外以及日常生活中继续保持高绩效水准么？这是成为一名精英运动员必须达到的。

程序一旦启动，你就要学习并遵循书中的内容，将其作为一种新的常态，成为生活的一部分。高水平运动员总是在不断地为自己设定新的标准，让自己同去年甚至和上一周相比，有更好的提升。

这正是本书不同于传统训练书籍的原因所在。毫无疑问，你将会学到很多经科学验证过的训练策略，从而获得巨大的回报收益——包括（时间上的）投资回报和损伤风险降低的双重收益。

每天一个小时的投入就能获得如此多的回报，在这一方面我们有许多话题可说。"复利"①的影响力极其强大。因此，我们并不认为训练只能在身训房中进行。你还有 23 个小时呢！日常生活中还有很多不曾被留意的机会，当中的一些机会可能只有短短几分钟甚至几秒钟，但它们却能帮助你实现高绩效的生活。

在我们谈论训练时，不要只是把它看作是有关身体方面的术语，还应将其视

---

① 编者注：复利是指在每经过一个计息期后，都要将所生利息加入本金，以计算下期的利息。这样，在每一个计息期，上一个计息期的利息都将成为生息的本金，即以利生利，也就是俗称的"利滚利"。

作引领你每时每刻为了实现目标而拼争的过程。我们的目标并不只局限于在运动领域表现卓越,我们寄希望通过目标的设定,让我们的生活质量获得整体的提升。

在 AP 的训练中心里,我们接待的客户包括全世界最杰出的运动员和最具战斗力的团队,然而对他们而言仅仅依靠艰苦训练和正确行事还远远不够。纵然你极具天赋,也同样如此。我们希望你做任何事时都应"至臻至极"。

发现生活中的低效方面,并不断地优化和改进它们,使之更加高效,将会给你的生活带来大不同。我们所希望的就是在生活的每个方面都变得更为高效。

当我们意识到"每天都是比赛日",并付诸实践时,胜利就会属于我们。一旦为了可持续的高绩效表现而构筑起这样一套完整、高效、24 小时的生活体系时,我们就将打造出专属于自己的"高光时刻"。

无时无刻。

尽在每一天。

我们的故事

"athlete"名词在英语中的释义为:1. 竞技运动的参与者;2. 在锻炼、运动、机动作战或竞赛等活动中,接受过相关训练或具有专长技能,具备活动要求必需的体力、灵敏度或耐力的人。

我和我的妻子 Amy 于 1999 年成立了 AP 训练中心这家公司。在人类运动表现方面,我们已成为全球的领导者。我和我的同事们都希望能够不遗余力地帮助全世界最优秀的运动员达到新的高度。

你不必一定相信我的话。我们设立在美国的各个训练中心以及遍布于世界各地的工作人员正在对几乎所有运动项目产生影响。虽然我们在足球、美式橄榄球和棒球等项目的训练最为人们所熟知,但是我们的运动员已经在各项运动中取得了几乎所有荣誉。

从最为艰苦的比赛场地到最为艰难的地域环境,我们的高效训练体系都能够自如地掌控和驾驭。我们曾与全世界最精英的战斗部队——美国特种部队一同共事,服务于他们在国内和海外的需求,确保他们无论置身何处都能够出色地完成任务。我们还曾与那些需要随时处置特殊情况的军警特种行业人士一起工作,包括执法人员和其他现场急救人员,帮助他们以最佳状态执行任务。

无论在运动领域、军事领域,还是与现场急救人员在一起,我们都向这些世界精英展示了如何才能以全球最高水准的状态,更加出色地完成工作。我们把相同的行事思维程式分别应用在那些同样重视人力资本的世界龙头企业身上,帮助他们提升团队效率和生命质量。

我们曾与因特尔(Intel)、沃尔格林(Walgreens)、喜来登酒店及度假村(Sheraton Hotels and Resorts)、领英(LinkedIn)及其他世界领军企业合作,在企业员工安康和雇员生产力方面树立新的标准。

如果你曾在CorePerformance.com网站上浏览过我们之前出的书或者训练,就应该对本书中所包含的一些资料和内容感到熟悉。其中章节架构由心智、营养、动作以及恢复等部分构成。

从撰写本书开始,我们就已经将Athletes' Performance同Core Performance两大团队合并成为一个品牌——EXOS。直至本书出版时,我们正式开启了向全新品牌的过渡工作,所以你会发现,本书中同时提及了EXOS、Athletes' Performance(以下简称AP)以及Core Performance(以下简称"CP")等三种称谓。

我们的品牌面向所有乐于挑战,并致力于达成自身最佳运动表现的人士。然而,本书更多的是针对我们机构创始之初的那部分人群:精英运动员以及那些力求成为精英运动员的群体。他们就是踏入我们AP训练中心大门的所有成员。

本计划为运动领域的精英运动员和军警特种职业人士而设立,后者指精英部队和包括消防员、警察及医护人员在内的现场急救人员。他们勇于奉献,对服务和保护对象怀有责任感。我们曾有幸为其中的一些机构提供过保障。我们希望本书能够为那些资金有限,不受重视的社会团体提供应有的支持和帮助。

如果你曾学习过Core Performance体系并希望表现得更好,现在我们为你能再次选择我们而感到骄傲并由衷地感谢。不过,你会发现在融入了"每天都是比赛日"的概念之后,将更具挑战性,当然最终也会获得更多的回报。

这是因为自从1999年成立之日起,我们就不断地向更高级别的表现推进。当那些运动领域中的精英运动队和组织,甚至是美国国防部,求助于我们最大程度发挥他们的人力资本时,我们非常清楚,每天我们都必须拿出最高水准的表现回馈客户,这也塑造了我们EXOS的企业文化。

我们并不仅仅教授这种文化,更要将这种文化融入我们的生活。

使EXOS家族在这种最高水准下运营的,是我们相同的科学模式,与此同时,我们根据研究进展和客户反馈不断对其更新。为了能够以最为负责的态度和最合乎道德的方式为我们的运动员和组织机构服务,我们始终坚持测试、学习,并将研究用于体系的进一步完善。

当我们谈到精英人士时,不仅指赛场上备受瞩目的运动员,还包括那些必须维持优异表现的管理者和决策者。他们需要做出关于如何运用有限的人力资本,在战场、商界和运动中拼搏作战并实现目标的决策。

美国国防部和顶级运动队在人力资本上的花费高达数百万,因此一名军警特种职业人士不会轻易就被取代。全美橄榄球大联盟(National Football League)或职业棒球大联盟(Major League Baseball)的优秀运动员也是如此。然而,在运动领域和军队里,以及现场急救人群当中,大部分损伤都是非训练类和非竞赛类伤害。损伤的发生通常在于训练不足,以及由于选择了糟糕的生活方式而造成的。无论是在军队、商界或者运动领域,当一个机构或团体损失了精英人才时,其影响将会是灾难性的。

这些精英人才的价值无法估量,你必须保证他们能够尽可能长时间地以最高水准在赛场上竞技。

这就是我们的工作,我们共同的责任。

做出这个约定也是我们对你的承诺。本书不是为了让你在健身运动中的训练做得更好,而是希望你能在自己的位置上做到最棒。

因为无论你的职业、目标或兴趣是什么,你都有潜力成为一名高绩效精英人士。

我们的使命,也是全世界所有EXOS机构所坚守和倡导的理念,就是要帮助你成为精英人士中的一员。

高绩效基因

人类是各种行为的集合体，其中 90% 的行为都产生自或好或坏的习惯。当下，我们在生理、情感、心智、职业以及经济状况等方面表现出来的特征，都是自身行为和各种抉择的反映。

如果你在上述任何的一个方面存在不足，究其原因在于你缺少"高绩效基因"，它对于我们每一天行动的执行至关重要。尽管你无法随意改变自己的基因，但是只要你愿意，你就能够大幅度改变你的身体和表现，而这无异于就是在改变你的基因。

正如本书之前提到的，最好的你可以更好，你必须持续完善自我。

我们的目标是帮助你取得一个长时、多产的职业生涯。我们提供服务和保障的全美橄榄球联盟（National Football League）的运动员，平均职业生涯的时间在 3.7 年。但目前的问题是，球员通常需要三个赛季的时间才能够理解联盟复杂的规则和体系。所以很遗憾，他们当中的很多人都是在即将达到最佳竞技状态之时，职业生涯也随即宣告结束。

而那些能够完善自我，不断树立新标准的运动员却能够在 NFL 联盟立足八到十个赛季，有些甚至可以更久，并且拥有更长时间的巅峰状态。当这些运动员将时间投入到我们的训练体系的践行之中时，他们就能够通过运动表现的提升以及损伤风险的降低，获得巨大的收益。

特种部队的士兵也面临着相同的问题。为了能够完成国家赋予的各项任务，他们中的大多数人同样要付出过大身体消耗，需要掌握很多基本的技能、语言以及宗教礼仪，这些方面不仅仅关乎士兵的生存，更重要的是关乎任务的执行和完成。在作战和训练中，他们不断忍受着各种伤病带来的困扰。通过我们的训练体系，这些军警特种职业的人士即便到了 40 岁甚至更大的年龄依然能够为国家服役，并且可以发挥出重要的作用。

不论在哪个领域工作，你的目标都应该是尽可能延长职业生涯的黄金时期，让你的知识和经验获得最佳的利用。不论是部队里的士兵、现场急救人员或者橄榄球运动员,还是来自各行各业的大多人士都无法将自身的高绩效表现和高回报的时间最大化,因为他们缺少可以降低损伤风险,并延缓生理衰退的训练体系。

这不是一种奢望或是选择。如果你是一名缺少高运动表现的士兵,你不仅可能因此而失去性命,甚至还可能对他人的安危产生影响。如果你不是一名具备高运动表现基因的运动员,你很可能会遭遇伤病,发挥失常,甚至丢掉饭碗。如果你在竞争激烈的商战中缺少高绩效基因,你可能会倾家荡产,一贫如洗。

精英运动员会以不同的视角审视世界。他们知道时间弥足珍贵,但磨刀不误砍柴工,他们愿意投入少量的时间去尽可能降低受伤的风险,以获得最大的投入回报。这种投入和金融理财意义上的投资并无二致。

打个比方:如果一名运动员每周训练五至六天,每天训练课前都进行一次十分钟的最佳热身,那一年下来他花在热身环节上的时间大概是48个小时。然而这48小时的时间投入却可以带来无穷裨益。本训练计划中的十分钟热身活动包括我们所说的躯干支柱准备和动作准备练习,它们在训练课和长期发展的过程中,都能够大大提升训练的有效性,并降低受伤的风险。

睡眠仪式是另一项每天十分钟的重要环节,它能够让我们事半功倍,关于这部分内容将在后文进行探讨。你只需要对睡眠做出一些简单的调整,一年之后你的内分泌系统就会产生明显的改观。

高绩效人士总是在日常生活中寻找任何改变的机会。例如,在拥堵的道路上,或是某次讲座或会议中,你可以找机会重置自己的姿态,利用呼吸技巧重获活力,扫除倦态。

就训练而言,优秀运动员知道健身房或者训练场上的练习只是提升表现的一小部分,他们还会充分利用其他碎片时间,通过多种方式提升自身的表现。最理想的情况是把绩效的提升内化成潜意识的习惯,将其融入我们日常的工作和生活之中。

目前,我们正在通过优秀训练平台进行高效的自我训练。

构成该平台的四大支柱分别是心智(Mindset)、营养(Nutrition)、动作(Movement)和恢复(Recovery)。

为目标而准备。(心智)

为目标而蓄能。（营养）

为目标而训练。（动作）

为目标而休整。（恢复）

心智：精英运动员具有高度专注的心智，尽可能集中注意力。这在当前的数字时代尤为可贵。精英运动员清楚自己的个人目标和自己的"它"，知道激励自己前行的动力源泉，我们会在本书的开篇部分进行介绍。最重要的是，精英运动员始终都在寻找更加便捷而有效的行事方式。如果不能全天候保持这样的心态，高水平竞技表现就不能成为现实。

营养：食物可以为身体和大脑补充能量。这里所说的营养并非指的是如何饮食，或者纠结于碳水化合物、蛋白质和脂肪的摄入比例。我们不会迎合饮食市场的需要作出夸张的宣传。科学的蓄能和水合策略能够提升认知、身体活力和耐力，让绩效表现最大化。在蓄能方面，精英运动员会为了目标的实现，制订合理的蓄能计划。

动作：高水平运动员的动作应该有效而高效地符合他们的项目要求，同时也包含了所有三个平面上的运动。他们的身体展现出自然的灵活性、稳定性以及爆发力。现代社会中，人类久坐的现象十分普遍，大家每天不是坐在电脑前，就是在驾驶汽车，而高水平运动员拒绝这种生活方式，他们要为职业发展和个人的成功打造出精干强壮的体格。

恢复：张弛有道，生息相伴。只有在休息的时候，大脑和身体才能进行自我修复、充电和升级。恢复策略应当贯穿在每天、每周、每月直至每年。但是在快节奏的生活中，人们认为工作时间越久，工作强度越大，结果就会越好，往往会把休息抛之脑后。然而，高水平运动员明白，休息也是为了更好地训练，他们会把休息放在首位，通过休息为成功进一步蓄能。

如果您曾经参加过 Core Performance 训练，那么就会对心智－营养－动作－恢复构成的四大策略有所熟悉。但是一定要记住，EXOS 是一项渗透至生活方方面面的 24 小时、7 天的全时高水平训练体系。

首先需要将四个方面融会贯通。懂得恢复也是一种心智；动作和营养二者相辅相成；没有营养和动作，恢复就无从谈起。而高绩效的心智是贯穿始终的一条主线，因此，构成该体系的四大支柱并不是互相孤立的，只有将他们整合为一体才能成为一名高水平运动员。

我们每个人每天都拥有 24 小时，但我们能否成为高水平运动员取决于我们如何高质量地执行本书的计划安排。

当我们按照这种方式执行的时候，我们就会拥有高水平训练日。

高绩效生活

尽管市面上有大量关于健身和营养的书，但恕我们直言，由我们撰写的其中五本专著绝对质量上乘，来自同行和很多有志于提高绩效表现的读者对它们好评如潮。

很多此类书，包括我们的书的不足之处在于他们的目标读者并非是那些需要 24 小时、7 天训练和生活全面投入的人群。你的成功与失败几乎全部取决于你如何执行训练和营养计划。因此，对于绝大部分人来说，如果能够坚持这类计划，他们的生活就会发生巨大的变化，并且可以体会到很多乐趣。

然而，对于精英运动员来说，这还远远不够。

我们的客户和这本书的与众不同在于对训练日的理解。在 EXOS，我们将其称之为"完美日"。但遗憾的是，很多圈外人士认为完美的一天应该是和心爱的伴侣在白沙海滩上休憩，任凭温暖的海风拂面，品尝着冰爽的饮料。

"训练日"是铸就冠军的摇篮。成为高水平运动员需要在心智、营养、动作和恢复四个方面做出承诺，从清晨醒来之时到夜晚入睡一刻，践行 24 小时、7 天。除此之外，我们还要遵循最佳的睡眠方式，将高绩效生活延伸至我们的睡眠之中。

在本书的计划中，你将会为自己建立一种专属于自己的全时高绩效生活方式，从早上醒来直到晚上睡觉，创建一个专己的"训练日"。我们 90% 的行为都在潜意识下完成，因此我们必须致力于日常生活方式的提升。

在这样的生活中，你会采取切实可行的方式评价每日表现。你会形成一种我们所说的"成功者心态"，希望自己每一天都比前一天有所进步。

在本书的计划里，我们每天都会给自己打分。人们通常会认为只有在比赛日,才会给运动员的表现打分。但实际情况是它们在每天的训练中都会得到评价。他们能否在比赛日获得上场竞技的机会,取决于平时准备过程中的状态。

然而对绝大多数人而言,训练日和比赛日之间并不存在任何细微的差异。因为,"每天都是比赛日",没有带妆预演,每天都要完成各种各样的任务。

在本书的计划中,我们将根据训练(动作)和蓄能(营养)情况为自己评分。对我们运动表现的评价开始于清晨至夜晚结束,当然还包括为迎接更好的一天作出怎样的准备。当我们能够 24 小时周而复始地坚持,我们就能够拥有、实现、完成"训练日"。

要你追求完美并非我们的本意。帮助你在各种情况下做出尽可能好的选择才是最终的目标。如果能够根据心智、营养、动作和恢复的要求改善环境,你将会在更佳的位置、角度,做出有效的决定。

你本身就是各种行为的一个函数,各种选择决定了变化的方向。80% 意味着全新的 100% 。如果所有决策当中的 80% 都获得了成功,那么就代表了有效。

没有人能够做到百分之百的完美,但是,你要对自己实现 80% 的完美充满信心。

这一目标达成之际,就意味着一套可持续的训练体系已经建立起来了,你也随之拥有了高绩效的生活。

第一章 | 为"它"而准备

运动表现之心智

能够让你立即付诸行动的一件事是什么？我们所有人都有一件能够推动我们前行的事，它也是每天早上让我们起床的动力。也许促使我们行动起来的事情不止一件，其中很可能就有一件事使你想成为一名优秀的运动员。

那么"它"是什么呢？你的那个"它"又是什么呢？

在 EXOS，我们把"它"（IT）定义为我们的目标。明确目标，它将影响你的训练和比赛计划。

我们一旦明确了目标，就可以为"它"而准备，为"它"而蓄能，为"它"而训练，为"它"而休整。重要的是不应仅仅把"它"作为一个目标或终点，而应把"它"视为真言（mantra），或作为诠释你、激励你、引领你的"目标祷语"。

这个可能只有几个字的"目标祷语"将引导着你在训练过程中的每一次决定和行动，它是你有所为和有所不为的缘由。

稍后，我们将通过一个简单的练习来帮你创建"目标祷语"。这个过程应由你独自一人努力完成。不要寄希望于向他人寻求帮助，即使在你看来,他或许比你更了解你自己。

毕竟,知己者莫过于己。你最清楚自己获得成功的方式,以及哪些方面仍需完善。这是一个激发你做出人生抉择的过程,由此帮助你为所做的每件事设置目标。在本计划当中,你每天都会多次致力于该"目标祷语"。

你的"目标祷语"将成为你决策的驱动力,同时也促使你养成 AP 体系所提倡的习惯,将心智(Mindset)、营养(Nutrition)、动作(Movement)以及恢复(Recovery)四大方面贯穿于训练之中。如果没有最佳的食物,大脑就会缺乏保障它正常运转的能量和营养素;如果没有恢复,大脑也无法按照不同的方式进行思考;如果不能渐进式地增加动作难度,大脑中的重要回路将不会被激活以促进新的思考。最后,如果不能调整心态,你的旧观念将会阻碍新思维的产生。

换言之,如果不采用这种整合了心智、营养、动作和恢复等四个方面的路径,你将无法为大脑创造一个使你有机会成为一名精英运动员的舒适环境,因为,仅凭心态还远远不够。

设定"目标祷语"启发词的过程,是为了指导你将你的行动动机同你认为最重要的行为互相匹配。利用 15 分钟的时间进行下面的练习,确定什么是重要的并确信它们与你的"目标祷语"相一致。它创建了一个可以审视你每日决策的环境以确保所做即所想。

你的"目标祷语"可以围绕着家庭、职业或者健康等等。无论它反映哪个方面,只要能触及对你来说最为重要的核心问题就都可以接受。如果你像我们的一些客户那样,每天不得不面临着生与死的抉择,那么你可能会需要两类"目标祷语":一类是为了"留下",一类则是为了"离开"。

一旦你建立了"目标祷语",就应当每天不断地诵念,让它成为你早晚例行的"仪式"。你可以把它打印出来,摆放在你的床头或桌子上,或粘贴在浴室的镜子和冰箱上,或者把你的"目标祷语"加印在你最喜欢的照片里。然而,不要只是在内心中默念这些祷语。还要能想象到自己按照它那样生活所获得的益处,并将其视觉化。在重大事件来临之前或者一些重要时刻,你可以将"目标祷语"中的一个关键词写在手腕上,这样就可以帮助你尽快地想象出你为何而来。

为什么"目标祷语"如此重要?因为我们的大脑以三种方式进行运转:有意

识过程、潜意识过程和创造性的无意识过程。通过这三种方式，我们对自己的看法得以建立和维持，这些看法无论好坏均能让我们信以为真。如果我们总是给自己消极的评价，我们的潜意识就将使我们的表现与我们想象中的"真实"形象靠拢，那么我们的表现就会变得糟糕。相反，积极的自我评价将转化为良好的表现，因为自我形象能够对积极的态度做出更加深入的回应。

Athletes' Performance 训练体系是一个综合性的系统，因此如果我们不改善自己的心智，那么即使形成了将动作、营养以及恢复贯穿于训练的习惯也几乎不会带来任何的帮助。事实上，如果我们缺少由"目标祷语"所带来的驱动力对我们的行为加以引导，那么做到上述的整合将会变得异常困难。

我们无时无刻都可能受到心智的影响，但是，只有在获得认可的情况下，我们的现状才将决定着我们的未来。世界级的运动员只有保持世界级的生活习惯，他们的良好表现才能得以延续。同样，那些在某一领域中艰难前行的人士正是由于缺乏良好的习惯和决策而始终处于挣扎的边缘。

决策是消极或积极的行动与思想多次反复的产物。通过"目标祷语"启发词的设定过程，我们将明确对我们而言最为重要的方面，借此建立"目标祷语"的落脚点，然后审视依据这些落脚点行动（或不行动）时所产生的利弊，进一步强化"目标祷语"的影响力。

这一过程对于成功人士而言之所以如此重要，是因为他们需要找到在饮食和训练书籍里无法直接获得的驱动力。无论你是否已经意识到，你都必须要有更深层次的原因引导你，那绝不像是仅仅为了增肌 10 磅或者减脂 20 磅那样简单。这是一种突破。无论你的日常行动与决策是否与你的"目标祷语"相匹配，一旦能够对它们完全掌控，也就意味着此时此刻你已经获得了成为一名成功人士所具备的能力。

让我们通过以下练习去发现"目标祷语"。请从下面表格中，立刻选出在你脑海中浮现出的十个词组，它们对你的人生而言最具价值和意义，并填入对应的空白处。我们并不规定你从每种类别表中只选择一个词组，你可以在一种类别表中选多个，也可以弃选。你也可以任意地填写某个特定的词组，只要你觉得它可以更好地代表你即可。

"目标祷语"启发词

写下对你来说意义重大的十个词组。然后从中立刻圈选出三个最有意义的单词。	写下一段话,讲述什么才是使你梦想成真的生活方式。
1.	
2.	
3.	写下你的"目标祷语"
4.	
5.	
6.	
7.	
8.	
9.	
10.	

身体表现	疼痛	外貌
耐力	减轻	清瘦
健康(体适能)	无疼痛	美貌
力量	自由	舒服
爆发力	活动	自信度
速度	动作	吸引力
恢复能力	功能	朝气蓬勃
个人极限	预防	健壮
健康	**人际关系**	**能量**
活力	家庭	精力充沛
长寿	承诺	获得力量
健康	责任感	安静
生活质量	给予	专注
存在感	联系	警觉
衰老	支持	活力
灵性	参与	热情
情感幸福	**工作表现**	**挑战(新事物)**
平衡	聚焦专注	发展
参与	高效	尝试
动机	生产力	开放
冷静	沟通	兴奋
幸福感	创造力	达成
满足	成功	挑战
乐观	组织	目标

"目标祷语"的设定过程具有个性化,也许举例加以说明会有助于理解。假设有这样一位 39 岁的已婚男士,他是两个孩子的父亲。他事业有成,是一名业界领袖,同时还是一名成功的运动员。我们称他为"约翰"。

约翰从九类词汇表中各选了一个词组。当然,你还可以再任意地写一个最适合你的词组,你也可以只在同一类别表中选多个词组。此处,约翰选择的词汇是:力量(身体表现类)、自由(疼痛类)、清瘦(外表类)、生活质量(健康类)、家庭(人际关系类)、专注(能量类)、乐观(情感幸福类)、成功(工作表现类)、发展(挑战类)。约翰还增加了一个自己给出的词汇——"多产",一共十个词组。

然后从选出的十个词组中,圈选出三个对你现在来说最有意义的词汇。它们应当反映了你生活中最重要的方面。

约翰选择了专注、家庭和自由。他认为家庭是他人生中最重要的方面;专注给予他能量(专注也同时被列在工作表现类别中,所以对他来说有双重含义);出现在疼痛类别中的自由也非常重要,他还认为,对他和他的家庭而言,自由意味着他们能有机会去体验生活所赋予的每一件事。

接下来,使用这三个词汇创建一个"祷语",来表述一种可能的最佳生活方式。然后尝试着描绘出祷语所指引的生活场景,先不要考虑实现这一场场景的具体方式。

约翰设法让"目标祷语"能够同时兼顾上述两个方面。他写道:"我将在对各种机遇的把握上保持专注,为我的家庭提供自由选择,与他们一同获得意义非凡的体验。"他的理由是,如果他专注于为家庭提供更多的自由,那么他每天一想到能为他本人及家庭创造各种美妙的机会,他就会采取行动以实现这一愿景。

在下一页的表格内有四个空白栏。让我们回到由那三个词汇构建的理想生活场景,然后想象一下不能按照这个最佳模式生活的所有不利影响,将它们写在表格首行左侧栏内。

对于约翰来说,尽管填写该栏内容非常容易,但还是有一丝担心。如果他不能在之后的工作和生活中持续保持专注,那么他将无法为自己和家人提供自由并创造更多的机会。他认为这可能会对他的子女,甚至自己的婚姻生活造成影响。他联想到了自己最近运动表现及其下滑的情景。他吃惊于自己的饮食开始变得糟糕,训练次数出现锐减,以及由这些变化可能造成的生活质量下降,甚至这种负面影响可能会持续很久。这种场景简直糟糕透了。

目标祷语启示词

动机陈述		
	弊端	益处
不遵循目标祷语的方式生活		
遵循目标祷语的方式生活		

现在,考虑一下如果不能按照这个最佳模式生活的话又会带来哪些收益和帮助,将它们写在表格首行的右侧栏内。

约翰努力尝试着在该栏处写下一些内容。他耸耸肩,认为目前的生活还算安逸。他的家庭目前比较幸福。尽管他错把忙碌等同于富有成效,但他在工作方面还是小有成就。他知道这种"好而不优"的状态不具有可持续性,况且还要放弃很多东西。所以,他要么由于效率不高而拼命工作,以至于可能更多地挤占陪伴家人的时间,要么可能由于低效而影响职业生涯。总之,这两种情况都不具有可选性。

十几分钟后,约翰的"正向收益"一栏仍然保持空白。显然不按照先前描述的最佳模式生活几乎无法带来任何有利影响。

接下来,设想一下按照你所描述的最佳模式去生活会有哪些不利影响,把它们填入表格底行左边的空白栏内。

约翰同样无法在这个栏目中填写更多的内容。他认为想要重新保持专注,并且遵循 AP 训练体系中的心智、营养、动作以及恢复等内容的要求,可能需要面临一个艰难的过渡时期。因为他需要彻底改变饮食习惯,围绕动作重建一些良好的习惯,在每天、每月以及每年训练计划中都要加入必要的恢复环节。但是,完成这些似乎并非难事。

设想一下按照你所描述的最佳生活模式去生活会产生哪些有利影响,把它们填入表格底行右边的空白栏内。

这时,约翰感觉可写的东西有很多。他认为自己的子女将会拥有光明的未来,他和他的妻子可以享受他们梦想已久的事情。他的脑海中浮现出自己职业生涯和运动表现处于巅峰的那段岁月，也意识到他应当并能够为接下来的成功树立一个新的标杆。他并非只能安于现状，而是完全可以打破目前的恶性循环。因为这种恶性循环正在吞噬他最为珍贵的东西——时间。

我将在对各种机遇的把握上保持专注，为我的家庭提供自由选择，和他们一同获得意义非凡的体验。

现在一起来看表格的左上和右下栏。如果你没有按照由那三个词汇构成"目标祷语"的方式生活，那么你理想的生活状态与你已拥有的生活状态之间就可能会存在巨大的落差。然而，仅需作一些简单的提升改变，假以时日，你就能够将右下栏的内容变为现实。

我们现在来看下右上栏和左下栏。这里的内容代表了阻碍你通往理想生活的一些障碍：右上栏的内容是你的不良习惯，左下栏的内容代表着你无意识地、自动地出现的借口和观念。

最后，再回顾一下你写下的所有内容。花一些时间仔细地研究和体会。那么，现在用五个词组甚至更少的词创建你的"目标祷语"，但它能反映你之前写下的所有情感、意图、目的以及能量。

专注是约翰选择的一个关键词。它为约翰打开了视野，使他"看"到了专注可为他的家庭提供自由和机遇。并且专注也有很大的现实意义。因为在这样一个数字化的时代，他发现，自己很难做到不去随时查看身边的数码设备，并且要花费一定的时间作出即刻回复。社会媒体、短信以及实时通讯等等占用了他大量的时间和注意力。因此，他总是感觉自己很忙但又觉得自己很多事都没有完成。实际上，他觉得自己总是不能如期完成工作。多年来，时间管理一直是他的强项，而现在却变成了他的短板。他的营养补充和运动表现为此也会受到影响。

约翰认为如果他能持续专注于让家庭获得自由，那么他就能实现自己的愿景。

经过对纸上所写的每件事以及它们背后含义认真思考后，约翰提出了由五个词组构成的"自我祷语"：为了家庭自由保持专注（Stay Focused For Family Freedom）。

在约翰提出的"目标祷语"当中，"为了（For）"是关键词。如果他提出的是

"保持专注之于家庭自由",那么这个"祷语"就只有一层意思,并且缺少感染力。换成"为了"之后,这句话包含了愿望和行动。约翰甚至将"For"的首字母大写以强调它的重要性,尽管这可能不符合英语的语法规则。约翰的这句"宣言"可能借鉴了 AP 训练体系的四个支柱:心智、营养、动作和恢复。

约翰的目标祷语启示词

写下对你来说意义重大的十个词组。然后从中立刻圈选出三个最有意义的单词。

1. 力量
2. 自由
3. 清瘦
4. 生活质量
5. 家庭
6. 专注
7. 乐观
8. 成功
9. 发展
10. 多产

写下一段话,讲述什么才是使你梦想成真的生活方式。

我将在对各种机遇的把握上保持专注,为我的家庭提供自由选择,和他们一同获得意义非凡的体验。

写下你的"**目标祷语**"

为了家庭自由保持专注

(Stay Focused For Family Freedom)

身体锻炼情况	疼痛感	表现
耐力	减轻	倾斜
活力	无痛	选择
力量	自由度	舒适度
精力	活动	自信度
速度	动作	吸引力
柔韧性	功能	年轻活力
个人极限	抗阻	健康状态
健康	**人际关系**	**能量**
活力	家庭	能量
持久度	承诺	增强力量
健康	责任感	休息
生活质量	付出	注意力

存在感	联系	警觉
精神境界	支持	活力
变老	存在	热情
情感状况	**工作绩效**	**挑战**
平衡	注意力	发展
存在	效率	尝试
动机	生产力	开放
平静	沟通	兴奋
快乐	创造力	达到
满足感	成功	挑战
乐观	组织	目标

毫无疑问,你的愿景和"目标祷语"与约翰的有很大不同。这非常重要,因为这是一个"个性化"的过程。那些想知道自己为何要改变不良健康行为的人必须要经过这一过程。我们可能更相信自己讲出的话而不是专家之言。因为我们作出的这种抉择在重要程度、自信心以及目标准备的构筑方面最具有说服力。

人们不会介意变化,因为精英运动员都会认为变化才是永恒不变的事物,但是他们并不愿意被告知该做什么。人们愿意去选择,这个练习的目的就是要帮助你从描述性词语表中进行选择,构建一个与你目前个人情况相关联的祷语。

当人们处于生活中的 A 点,而没有察觉需要 B 点的时候,他们通常维持现状。而当人们处于生活中的 A 点,同时发现 B 点更好时,他们就会作出改变。当人们处于生活中的 A 点,并且也注意到 B 点可能更好,然而他们发现 B 点难于掌控时,他们通常就会失去改变的动力,处于一种左右为难的境地。(我想要那种生活,但是它太难实现了!或者我无法做到。)

"目标祷语"是否描述出了你现在的生活动力?如果没有,那么请返回再重新尝试一次。记住,你所做的并非仅仅为了一个 12 周的健身计划。你正在掌握一门科学,并且创造一套专属于你自己的可持续运动表现系统,该系统将使你在以后的生活中不断获益。

你的运动表现日

全天活动浏览

现在你已经确定了激励你完成每件事的"目标祷语",那么下面让我们从你的"训练日"开始,制订一个实现它的策略。稍后我们分别按营养、动作以及恢复三个方面进行深入阐述。而在此之前,先让我们快速浏览一天的活动安排。

明日之成功始于今朝。严格意义上讲你的一天应该从午夜开始,因此睡眠应是你训练日中十分重要的部分,这也是我们将要围绕它构筑计划的原因。接下来的内容不是一些建议或者最佳方案,而是你每天必须做到的任务,并时刻用这种高水平运动表现的心态武装自己。

清晨仪式化行为

这个时间段是你一天中最能够控制的部分,它为你的成功定下了基调。把你的早晨和晚上要做的仪式化行为看成你可以完全控制的两个"挡书夹"。你会发现这个程序中,你的控制权比你想象中的要多,尤其是当你把"挡书夹"放置在恰当位置时。而这两者之间的时间段则具有较高的混乱程度。因此,我们的目标就是要在这些时间段当中,作出最佳决定。

心智:醒来后,用一分钟的时间去感谢家人、朋友、职业和所有生活中如意之事。思忖今日的努力将会给其他人带来积极影响。想象即将到来的训练日,将要完成的任务以及你将如何完成它们。想象你即将成为的样子,以及如何在最佳状态下开始你新的一天。花几分钟时间来想象践行"祷语"的种种益处。你可以把它打印出来放置在床头,或许你早已将它熟记于心。例如,前面提到的那位朋友约翰,就将重复"为了家庭自由保持专注"(Stay Focused For Family Freedom)。请在清晨仪式中不断重复你的目标祷语,想象它可带来的种种益处。

动作:你的身体仍处于休息状态,但我们必须让你的筋膜动起来。筋膜是人体的结缔组织,它从头到脚包裹着你体内的各种细胞和组织。筋膜也包裹和支持着你强有力的肌群。我们可以通过"动作准备练习"(见本书第71页)活动我们的筋膜。我们也可以激活软组织,例如在较硬泡沫轴上滚动(见第307页下),或使用按压棒(见第313页上)。

营养:虽然早晨醒来,你可能不会感到口渴,但睡觉后你会处于缺水状态。所以醒来后最好喝16盎司(454克)的水。睡觉前,把一杯水放在床头柜或浴室的台盆上(如果夜间醒来时可以把水喝掉)。

至于早餐,不要认为这是老生常谈,但它绝对是一日当中最重要的一餐。当然,训练后的某个时间点上的营养补充会更加重要。从这个角度来看,早餐的重要性就要位居次席。但我们没有任何借口不吃早餐,而且最好在醒来后30分钟内吃完早餐。

早餐可以促进新陈代谢,为大脑提供燃料,并为身体提供能量。早餐时,可以考虑喝一些诸如奶昔一类的高营养食物;或者吃一些简单食物,如涂有天然花生酱的全麦吐司、低脂希腊酸奶和香蕉;或者含有果干、杏仁的燕麦片和一个煮鸡蛋等。另一个很好的选择是英式松饼、炒鸡蛋、牛油果与100%纯果汁。无论你如何选择,你的早餐都应该包括高纤维素的碳水化合物、瘦肉蛋白、健康脂肪以及五颜六色的水果和蔬菜。

清晨仪式小结

心智:

想象训练日的场景

重复目标祷语,并想象践行它的益处

营养:

喝16盎司(454克)水

早餐或训练前补充营养

多种维生素、鱼油

动作:

动作准备

软组织按压

恢复

定向呼吸

对许多人来说，一日之计在于晨。当绝大多数人还在梦乡的时候，你已经完成了很多事项，并且避免了一些对你全天训练可能产生潜在影响的因素。下面我们将会简短地介绍训练前与训练后的营养选择。

早晨也是摄取适量多种维生素和鱼油的理想时段。维生素能够补充饮食结构中可能缺失的营养素。鱼油能够提供充足的 ω-3 脂肪酸，是保持心血管健康和头脑清晰必不可少的物质，还具有消炎和调节血糖的作用。

恢复：尽管你刚刚睡醒，但还是要花费一定的时间进行恢复。你要利用这个时间段进行深呼吸。用鼻吸气同时数到六，接着屏气数到四，然后用嘴吐气数到十。这种深呼吸方式可以减缓你的呼吸频率，缓解压力，保持平静。这样的深呼吸须重复做十次，这样可以帮助降低神经系统的紧张程度，减少皮质醇的产生。你可以在早上调整心态或做拉伸练习时进行这种呼吸练习。

上午仪式化行为

无论是工作还是训练，人们通常会在早餐到午餐这段时间埋头苦干。但作为一名优秀的运动员必须要把心智—营养—动作—恢复融入到早晨之后的几个小时当中。

心智：当你走出家门或者已离开家在外，你也应再想象一下你要成为的运动员模样。考虑一下接下来的几个小时你将如何进行训练。在心里重复默念你的"目标祷语"，想象执行目标祷语带给你的各种益处。

营养：早餐和午餐之间大约有五至七个小时。少食多餐能够控制食欲，调节血糖。它可以提高注意力，避免情绪波动和暴饮暴食，有利于保持肌肉质量。在上午的中间时段进行一次加餐以补充能量，可以摄入多彩高纤维素碳水化合物、蛋白质以及脂肪等构成的组合食物。

可以吃些水果、蔬菜、坚果、葵花籽或牛肉干。如果你有搅拌机或摇杯，可以制作奶昔或含有水果与乳清蛋白的鲜果奶昔，它们都是不错的选择。请注意，我们使用的词组是"燃料"（fueling），而不是零食（snack）。零食通常是垃圾食品的代名词，或者至少是你给宠物狗吃的食物。能量补充物可以给你的大脑和身体提供所需的能量以获得成功。

通过上午的加餐,你会发现将不再需要那种典型意义上的午餐。午餐的量会变得小一些,但午餐依旧应该由高纤维素的碳水化合物、瘦肉蛋白、健康脂肪和深色蔬菜、水果组成。

无论你上午在什么地方,即使呆在家中,也请不断饮水,因为即使是轻微的脱水也会损害注意力集中、协调性和反应时间。人体每磅体重每天需要摄入二分之一至一盎司(相当于每公斤体重每天摄入 28 至 56 克)的水以保持水合平衡。

动作/恢复:如果一天中的大部分时间,你都处于坐姿,如驾车、接收短信或开会,你就很难保持一个良好的姿态。因此,每天上午,你应多次检查你的姿势。检查你的肩胛骨是否后收和下移? 是否挺胸? 是否采取一种"高坐姿"(即,脊柱尽可能地拉长)?

训练日的用餐示例

时间——用餐

早上 7 点—— 燕麦,浆果,鸡蛋 2 个,2 汤匙亚麻籽

上午 9 点 15 分——训练前补剂

上午 11 点 15 分——训练后饮品

中午 12 点 15 分——土耳其三明治 100% 的全麦面包与 6 盎司火鸡、鳄梨,而且尽可能多选一些其他蔬菜,再加上一个用橄榄油和醋酱拌的菠菜色拉

下午 3 点——苹果,1/4 杯坚果

下午 6 点——5 盎司(141.8 克)烤鲑鱼,1/2 杯全麦蒸粗麦粉,熟柠檬,淋上橄榄油的蒸芦笋

晚上 9 点 30 分——1 杯低脂奶酪和 1/2 杯浆果

即使你可能要长时间地保持坐姿，但是仍然可以有效地利用这段时间。如进行一组十次的腹式深呼吸（Anchor breath），用六秒深吸气，屏气四秒钟，然后呼气持续八到十秒钟。

在长途飞行时，大多数人都会特意地站起来走动一下。那么，为什么在持续数小时的会议中，除了上厕所外，我们中的大多数人都不会站起来走动一下呢？如定时休息五分钟，并做一些简单的运动（见第 71 页）。这些运动可以改善现代社会久坐带来的消极影响，如圆肩、锁髋或核心力量减弱等问题。

在办公桌下放一个网球，你站立或坐着时，脱掉鞋子，用足底在网球上来回滚动，给足弓施加压力。这种扳机点治疗将有助于缓解慢性足部疼痛和筋膜紧张。据《东方医学》（Eastern Medicine）的报道，这个过程有助于促进整体健康。

下午仪式化行为

通常情况，上午的工作效率最高。然而下午才是"训练日"的关键时段。高中和大学运动员的训练往往都是在下午的中后期进行。当然，这不单纯是出于时序安排的考虑。有研究表明，这个时间段进行身体活动最为有效。即使日程安排使你很难在这个时间段进行训练，但为了保证训练的系统性，有些事项必须完成。

下午仪式化行为小结

心智：	**动作：**
快速检查当天的目标进度	动作分解
重复目标祷语，并想象践行它的益	姿势检查
处	
	恢复：
营养：	午后小睡
午后中间加餐	
保持饮水	

心智：午餐后，对全天的状态进行一次回顾。你是否一直在沿着你的目标前进？你是否在追寻着你早些时候设定的愿景？多次重复你的"目标祷语"并想象着它带来的益处。迄今为止你的行动是否支撑着你的目标？也就是说，你的行动是否将"目标祷语"变为现实？

营养：假设午餐在 12 点至 13 点之间进行，晚餐在 18 至 19 点钟之间进行，那么下午 15 点到 16 点之间就是少量加餐的最佳时机，以此保持你旺盛的新陈代谢和头脑清新。可在办公桌的抽屉里放一些坚果、牛肉、火鸡干、代餐棒和苹果等食品。一如既往地平衡碳水化合物、瘦肉蛋白、健康脂肪和深色蔬菜的摄取。

不要忽视补水，除了在早餐、午餐以及上午的加餐中饮水以外，你至少应该再喝第二瓶水。

动作：没有人会整天坐着开会或观看录像，中间连十分钟的休息都没有（上厕所除外）。如果你刚巧如此，那么你为什么不选择改变呢？花几分钟时间出去散步，做一些准备活动的练习，重新调整你的姿势以随时消除久坐带来的负面影响。如果你是一个团队的负责人，那么你可以号召你的团队成员运动起来，主动营造一种运动文化。

恢复：历史上一些著名的极为繁忙的领导人已经从 15 到 20 分钟的午间小睡中受益。所以你不可能没有打盹的时间。短暂的午间休息可使你头脑清醒，能极大地提高你下午工作的创造力。如果你睡不着,也不用担心,只须闭上你的眼睛,保持放松状态,同样会令你耳目一新。找一个黑暗、安静的地方,把门关上。这样你就不会受到干扰。设置一个定时器,这样你就不会担心睡过头。

运动前和运动后的营养补充

你肯定不希望营养摄取不足,尤其是你训练的时候。训练之前吃点东西,即使只吃半个苹果和一把坚果、一片涂有天然花生酱的全麦吐司以及酸奶或用水冲泡一杯橘子味的运动前能量补剂,并加一勺乳清蛋白粉。

在训练后30分钟内,最好是在十分钟内,你必须进行能量补充。不要让你的训练效果付诸东流。在训练结束后,你的细胞会完全开放,迫切需要补充营养物质。最快、最简单的方法就是使用运动后恢复性奶昔。它是用蛋白粉(或其他补剂),如 EAS 的恢复蛋白制作而成的。通过锻炼后及时地补充能量,可以停止应激激素皮质醇的分泌,并启动有益激素的分泌和营养物的利用,以加快恢复过程,最大限度地促进肌肉的增长。如果你努力训练,运动你的身体,但是不采取任何措施来修复它,那么你就是在浪费你的锻炼效果。谁恢复得最快,谁就最有效地占据竞争优势。

晚上仪式化行为

训练日的晚间休息也不能松懈。事实上,这一时段的恢复手段更加重要,尤其是准备入睡的时候。

心智:工作或训练结束后回家,你可以花一些时间在车上进行心理调节,形象地说就是把工作留在车里。想象一下践行你的目标祷语以及由此带来的益处。一旦进入家门,看到亲人,拥抱和亲吻他们,不要谈论工作。然后换上更舒适的衣服。这不仅是很好的身体恢复方法,还能让你进入心理放松的状态。

营养:在回家的路上仍需补水。如果白天没有补充足够的水,此刻将是补水的好机会。不仅如此,保持良好的水合状态能够使你避免晚餐吃得太多。但就餐前半小时或再长一点的时间里请不要饮水。

晚餐应包括瘦肉蛋白、五颜六色的水果和蔬菜、富含纤维素的碳水化合物和健康的脂肪。由于之前的多次加餐,晚餐的量可以减少一些,但并不是说到第二天早餐前你都不能再吃东西。睡前 15 至 30 分钟你还应少量补充一点能量,如一杯低脂的白干奶酪和半杯浆果。

晚上仪式化行为

心智:
在心理上从工作状态过渡到恢复休息状态
重复目标祷语,并可视化践行它的益处

营养:
晚餐和睡前加餐

保持水合状态的目标

运动/恢复:
泡沫滚轴和主动单一/局部拉伸或静态伸展
垫高下肢

运动/恢复:无论你在当天早些或晚些时候进行过训练,都应该做些泡沫滚轴的放松(见第 307 页下)、主动分离式拉伸(Active Isolated Stretching, AIS)或静态伸展。如果条件允许,释放你的双脚,把它们抬高至高于心脏的位置。

睡眠仪式化行为

很少有人考虑过睡眠时的程式化行为,事实上它不仅对睡眠质量有影响,也会对全天的运动表现产生重要影响。我们将在后面详细讨论睡眠在恢复中的重要性,包括保证每晚八小时睡眠的重要性等内容,但现在你只需要知道,睡眠仪式化行为十分重要,通过它能够让你的身体做好睡眠准备,并营造一个理想的保证获得高质量睡眠的环境。

如果在 24 小时里你已经成功地完成了这些仪式化行为,那么你就成功地度过了你的"训练日"。

进入深度睡眠。

结束一天,并坚持之后的 364 天。

训练日备忘录

八小时睡眠

完成上午的仪式

吃早餐

上午中间时段的加餐

完成上午工作时姿势检查,做五分钟运动,专注于呼吸

吃午饭

午后加餐

完成下午工作时的姿势检查,做五分钟运动,并专注于呼吸

睡个午觉或者至少垫高双脚休息20分钟

吃晚饭

睡前加餐

遵循睡眠仪式

完成训练计划

训练前补充足够的营养素(见第49页)

在训练过程中保持充分的水合状态(见第47页)

训练后十分钟内或运动后的十几分钟尽可能快地摄入营养素

保持24小时的水合状态(见第46页)

加餐一览

包括瘦肉蛋白、五颜六色的水果和蔬菜、高纤维的碳水化合物和适当的脂肪

早餐:全麦、燕麦、水果、鸡蛋、杏仁、鳄梨

午前、午后、睡前加餐:代餐棒或奶昔、三明治、水果、坚果、牛肉干

午餐、晚餐:瘦肉、鱼、蔬菜、水果、全麦面包、全麦面食、糙米

第二章 | 为"它"而蓄能

运动表现之营养

营养需求并不复杂。我们应该丢掉"营养"这个词，转而考虑"蓄能"。为了获得更好的运动表现，我们需要为自己的身体补充能量。我们补充能量就是为了去运动，去恢复，去赢得胜利。

我们对待营养的观点基本被最新的时尚餐饮、流行食材或媒体宣传的新奇"概念"所左右。我们在不计其数的图书或网页上寻找美食，却忘记了为自己找到最佳的"燃料"。海量信息让我们疲于奔命，在一系列相互矛盾的建议前我们很难作出正确的选择。

毫无疑问，我们希望在每个方面都能够展现出自己最完美的状态；我们希望拥有保持精神专注和身体强健的能量；我们希望提高自身的免疫能力来加速身体恢复。营养在我们的大脑和身体运行中起到了决定性作用，然而我们当中的绝大多数人调整饮食方式只是为了改变自己的身体成分。当然，你也不能过分夸大合理的能量补充对大脑和认知能力的重要作用，但是作为影响运动表现的最重要变量，大脑的运转能力与饮食方式息息相关。

在 EXOS 训练营中，当我们向不同运动项目和运动领域的精英运动员讲授基础营养课程时，仍有人在讲座之初对此不以为然，有些人前一天晚上刚吃了披萨饼，或者在我们讲话时正在饮用着苏打水。直到临近讲座结束，他们才意识到最好状态下的营养并不是仅仅关注胡萝卜或芹菜梗。身体蓄能的方式不仅可以成就你的最佳运动状态，同时也可能让你一蹶不振。

或许你还没有意识到饮食的重要性，因为你还没有体会到合理的营养补充带给你的那种美妙感受。那些不能提供合理能量补充和营养素的食物摄入得越多，出现炎症和能量赤字的几率就越大。而实际情况很可能是你正处于这一赤字状态之中，依靠糖和咖啡因来度过每一天，让你失去了充满能量的感觉。然而，只要摄入适当的营养素和理想的"燃料"就可以唤回你的活力。

这些营养物质并不会奇迹般地出现，它们必定来自食物。因此你需要对自己的生活和一日三餐进行审视，自问一下："我是否在食物和水合状态上做出了理想的选择？"

当今社会，人们总是摄食过多却又营养不良。每次进餐就是一次补充营养的机会，它可以确保能量的持续供应、免疫防护、整体修复、细胞再生和减少炎症。

提到营养时，你是否正在拒绝餐桌上的某些食物呢？请从现在开始，再不要将营养和饮食当作改变身体成分的手段。应该将营养看作是充分利用食物的过程——为你的训练日蓄能，为你的目标蓄能。

怎样吃

在三餐的构成上，可能你从未仔细考虑过。通常饥饿和个人的口味扮演了重要角色，但是这不应被看作进食的真正动机。营养的目标是为身体运转提供持续的能量和足够的营养物质。那么，我们该怎样去做呢？在精心准备一份膳食营养清单之前，让我们先从运动营养的视角，浏览一下我们认为重要的营养物质有哪些。

这是一个有关运动表现蓄能方式的模型。最近有一个趋势，大家都在探讨蛋白质、碳水化合物以及脂肪的价值以及各自适当的比例。但是在 EXOS，我们

多彩餐盘：

心脏健康	**红色** 樱桃 甜菜 番茄	
血液循环	**蓝色/紫色** 蓝莓 李子 茄子	
免疫系统	**白色** 大蒜 洋葱 菜花	
肌肉组织	**绿色** 西兰花 菠菜 猕猴桃	
大脑机能	**黄色** 菠萝 黄胡椒 杨桃	
皮肤和眼部健康	**橙色** 胡萝卜 桔子 甘薯	

将讨论的重点放在了如何蓄能、合成、保护、预防和水合。

下面的餐盘指南将引导你作出选择。

蓄能(fuel) = 粗加工的高纤维碳水化合物,为身体提供持续能量。

合成(build) = 瘦肉蛋白,为身体修复和恢复提供基础成分。

保护(protect) = 健康脂肪,消炎、滋养大脑。

预防(prevent) = 多种颜色的水果和蔬菜,提供膳食纤维、维生素、矿物质和修复与免疫功能所需的抗氧化剂。

水合作用(hydrate) = 每天每磅体重摄入二分之一至一盎司/的水(每天每公斤体重摄入 28 至 56 克的水)。

有效实施：三个核查点

在本章最后部分,你将了解到提升营养水平的所有必需品,并帮助你建立一套新的营养标准。这些内容也成为"第二天性"。①

核查点 1:蓄能核查点。这是一个实时检查清单,在你准备三餐和评估进餐食物时使用。

- 蓄能
- 合成
- 保护
- 预防
- 水合

你是否按照餐盘指南中蓄能、合成、保护、预防和水合等五大要素准备自己的三餐或加餐? 你是否涵盖了餐盘指南中的所有内容? 为了实现你的"训练日",你必须每次都要按照上述要求严格执行——或者至少达到 80% 的内容,当然最好是 100% 的执行。

---

① 译者注:就实质而言,第二天性就是后天产生的习惯性思维,它会引导你对问题的看法、解决方式和方法等。

核查点 2:进食策略核查点。共有 15 项重要准则,我们接下来会对这些内容进行简要的说明。这些准则对优化你的营养至关重要。执行过程中,与这些策略的一致性越高,你的感觉就会越棒,恢复得就越快,并且你也会更加认同。从营养的角度来说,你所做的一切都是为了夯实身体基础。

以下是构成核对点的 15 项准则:

- 把食物看作燃料
- 符合 80/20 法则
- 摄入粗加工的碳水化合物为身体蓄能
- 食用瘦肉蛋白保持力量
- 食用利于恢复的脂肪
- 食用多彩果蔬
- 每天保证早餐摄入
- 每隔三小时进餐
- 满足基本的水合状态的需求
- 运动中保持水合状态
- 为运动蓄能
- 运动过程中的蓄能
- 训练后的再蓄能与重建
- 达到基础营养支持的合理水平
- 增加运动补剂

核查点 3:快速营养目录。一旦你能够更好地理解下面五个关键的营养准则,那么就可以很容易地执行营养目录。每天结束时,对关键环节的执行情况做一个评分(好坏程度从 5—1 分)。你的目标应该是每个类别得到 4 至 5 分 。

	差				优
饮食心态	1	2	3	4	5
洁净饮食	1	2	3	4	5
进食频次	1	2	3	4	5
水合状态	1	2	3	4	5
补充恢复	1	2	3	4	5

- **饮食心态**：你是否为当日的蓄能主动制定了一套积极有效的饮食路径？
- **洁净饮食**：你是否选择了以粗加工、高营养密度食物为主的饮食菜单？
- **进食频次**：你是否在睡醒后的 30 分钟内摄入早饭，并每隔三个小时进食一次？
- **水合状态**：你是否在当天饮用了自身体重一半以上所需要的水（如，体重 80 公斤的人士，每天至少需要饮用 1120 克以上的水）？运动过程中你身体减少的重量是否小于体重的 2%？
- **补充恢复**：你是否在活动前、活动中以及活动后合理地补充了能量？你是否在这个过程中服用过复合维生素、鱼油和其他必备的营养补剂？

底线：在你进餐前，问问自己三餐或加餐是否可以作为蓄能、合成、保护和预防的最佳选择。

AP 训练体系中的营养并不是限制饮食。"限制饮食"指的是"定期供给或消耗食物和饮品"或称之为"固定营养"（Habitual nourishment）。虽然，"限制饮食"的讲法更加普遍，但是"固定营养"的含义更好，它指的是短期、非持续性地禁用某类食物。

我们确实希望食用那些可以滋养身体的食物，让我们获得能量，迎接每天的挑战并拥有世界级的运动表现。

因此，食物就是燃料。当你充满活力，并且具有优秀运动表现时，你的运动就会更加自如，感觉也会更好。当你懂得食物如何影响身体和能量之间的关系时，你也会很自然地作出倾向性选择。你将不仅仅是在摄取食物，而是为身体蓄能。

简言之，你会为了"它"而蓄能。此处的"它"指的就是获得成功和优秀的运动表现，也指在之前章节中精心设定的"目标祷语"。你此刻的蓄能就是为了支撑那个愿景，实现那个目标。实际上，为"目标祷语"而蓄能，并非单单通过消耗"燃料"去强化你的愿景，而是要强调身体蓄能的合理性。

还记得之前章节提到的好朋友约翰吗？当他将获得成功和高水平运动成绩的愿景体现在一次高效用餐时，他就是在重复自己的目标祷语，并将生活目标带来的益处可视化：为了家庭自由保持专注（Stay Focused For Family Freedom）。他知道富含营养的用餐就是在为自己的愿景蓄能。如果他处于缺少理想营养的环境当中——比如在旅途中，或是与朋友外出在缺少理想食物选择的餐厅就餐时——他同样会为了目标祷语而作出最佳膳食选择。

当提到合理蓄能时，有一个很大的观念误区，错误地认为只能食用清淡无味的食物。在 EXOS，我们有世界级的厨师团队，烹饪可口且营养丰富的菜肴。我们的运动员希望在我们的餐厅中完成能量补充，包括所有的日常饮食。

快速启动一周蓄能计划，并节省大量时间的简易方法就是在周六或周日购置所有物品，这样做能够有助于计划一周的用餐安排。这是一个主动进行选择的极佳方式。在计划、准备以及环境安排上的一点投入，将会为你换来巨大的回报。

下面的内容代表着营养底线：当你没能给予身体所必需的能量时，身体就会分解代谢，流失能量并消耗掉艰苦训练才能构筑起的瘦肌肉（lean muscle）。瘦肌肉或瘦体重（lean mass）会以更高的速率燃烧卡路里，甚至在你休息时也是如此。不幸的是，在这类分解代谢状态下，瘦肌肉或瘦体重是身体内第一个会转化成能量的物质。

当你的身体缺少合适的能量维持运转或恢复时，它承受日常生活和训练压力的能力就会大大受损，并且不会完全复原。这种不平衡状态会让你更易生病、疲劳、抑郁、发炎、受损并失去动力。

尽管你认为目前的能量补充非常合理，但我敢保证接下来几页内容将会向你展示更好的蓄能方式和提升运动表现的方法。因为在你做任何事情的过程中,营养都应用于能量和表现的提升。

你会为你的目标而蓄能。

请在心中牢记,下面是一些针对高水平运动表现蓄能的策略,它们简单却行之有效。

Athletes' Performance 训练体系的营养摄入

饮食心态

洁净饮食

进食频次

水合状态

补充恢复

1 | 饮食心态

饮食是为高水平运动表现而蓄能,不要仅是为了丰富感官上的味觉体验。当然满足味觉的做法没有什么不对,但是应把每次进餐当作一个特殊时刻(special occasions)。你日常营养的核心应是为你的成功提供能量。在下面的部分中,我们将针对之前讨论过的 15 条关键策略进行更深入的回顾:

1. 食物 = 蓄能

再次声明,忘掉你是怎样认识食物的。取而代之的是,从能量供应和维持身体运转的角度看待食物。

2. 80/20 法则

背景:每次正餐和加餐都应视作为身体蓄能的机会。80% 的时间里,选择对你身体而言最佳的食物,而那些非最佳却是你最喜欢的食物只能在剩余的 20% 时间里享用。

你要将正确进食的时间至少保持在 80% 以上,并且将 20% 作为底线。建议每周利用一天的时间吃完所有心仪的食物,这并非是对饮食计划的背离。七天中的六天食用"洁净"食物,意味着85.7%的时间比例。这仍是一个很好的目标,因为80%是可接受的基准比例。

执行:然而我们并不是降低标准门槛,尽管实现该营养补充方式并不轻松。它是一个与典型的"盲目饮食"相对的"意念进食(mindful eating)"[1]过程。

> **切记**:至少达到80%时间比例,100%的时间比例 = 训练日(Performance Day)。

2 | 洁净饮食

当说到洁净饮食时,它不仅仅是指彻底地将食物清洗干净,尽管这一点也很重要。洁净饮食意指,任何时候都要尽可能选择最佳的食物。

全食物(Whole foods)是最佳选择,因为这类食物未经加工和提炼,或者在食用之前对它们的加工和提炼程度已被尽可能降到了最低。全食物通常不会包含额外添加的盐分、糖或脂肪。

当在食品杂货商店购物时,你通常会发现全食物商品位于商店四周区域。那里会有农产品、肉类和海鲜、牛奶、冷冻食品和其他纯天然食品。这类食品毫无意外都被放置在冷藏区域。因为食物被加工得越少,它的保存期限就会越短。

食品杂货商店的中间过道属于"危险区域"。在这里你会发现零食、烘焙用品、麦片、苏打以及调味品。很多加工过的食品可以(也确实会)在货架上摆放数月。通常来说,选择四周区域的食物是一个很好的经验法则。

洁净饮食还表示要食用合理搭配的碳水化合物、蛋白质和脂肪。所有的食物都会被划分到这三类营养群组中,如果你忽略三者之中的任何一个,你将会丧失可以让你拥有最佳表现的重要营养。

---

[1]　译者注:意念进食是指进食者将注意力都转移到进食上,不受周遭所发生的事情影响,这种进食方法被称为"意念进食法"。

3.摄入粗加工的碳水化合物为身体蓄能

背景：碳水化合物在过去的十多年中一直"名声"糟糕，而且这种争议仍将继续。但是，恰当的碳水化合物可以满足他们在集中注意力和提高身体运动表现方面的能量需求，对于经常参加身体活动的人群而言，这一点已经得到共识。

碳水化合物是我们的首要能量来源。它为肌肉工作提供能量，也是大脑活动主要能量供应源。当碳水化合物摄入不足时，身体就不能高效有力地运转。要把碳水化合物作为身体能量的"储油罐"。如果不能摄入足够的碳水化合物，你就会耗尽体内"能源"，出现精神萎靡、注意力下降甚至厌烦的情绪波动。

当碳水化合物被分解时，葡萄糖（大脑和身体所需的主要燃料）就派上用场了。碳水化合物被加工的程序越多、越快时，它提供的能量也就越不稳定。食物被再加工的程度越小，功能就会越稳定，葡萄糖和胰岛素水平的向上波动的程度就会越少。血糖控制不佳也会增加炎症、心血管病、糖尿病发生的风险，并对大脑造成一定的损伤。

执行：并不是所有的碳水化合物都具有同等效力。避免食用加工过的碳水化合物，比如白面包、意大利面和焙烤等食物。它们具有很高的升糖指数（Glycemic index），也就是说它们可以被人体很快消化，并立即吸收，让你的血糖指数迅速飙升。严重的结果是你会就此崩溃并最终感觉无精打采。

因此，要尽量选择加工最少的碳水化合物。低或中度升糖的食物会使身体根据运转情况提取食物内的营养成分，碳水化合物的逐步释放有助于血糖的调节。可以将"褐色和接近土地颜色"作为碳水化合物食物识别的颜色和食物来源地。为了保证能量稳定，维持饱腹感并保护心脏，碳水化合物和谷物纤维含量至少应该达到 3 克，最佳选择包括粗切燕麦、藜麦（quinoa）、卡姆麦（kamut）①、扁豆、100％的全麦面包和红薯。还包括水果、蔬菜、大豆和全谷物面包里的纤维

---

① 译者注：藜麦，一种营养丰富的谷物，为主要传统食物，种植于安第斯山区；卡姆麦是一种具有古代基因的麦种，以当地的地名而命名，含有足够的面筋，可以制作发酵面包。

和养分浓度。

你的餐食应该在富含营养且色彩丰富的食物里循环选择,这其中也包括碳水化合物。选择加工最少的碳水化合物。如果你想吃意大利面或古斯古斯面(couscous)①,应该选择全麦的;如果你想吃米饭,应选择糙米或野生稻。

4. 瘦肉蛋白保持力量

背景:瘦肉蛋白在稳定能量水平方面扮演了重要角色,为身体恢复和修复提供营养,保护免疫系统运转。研究显示,那些获得每天所需蛋白质的人群全天都可以维持肌肉质量,并且比那些摄入不足的人群更加清瘦健康。运动员每天每磅体重摄入的蛋白质不要超过1克(相当于每天每公斤体重摄入蛋白质不要超过2.2克)。

这样看来,每天摄取的蛋白质总量似乎是一个很大的数字,但是请仔细考虑一下普通食物中究竟可以包含多少蛋白质:

鸡肉(4盎司,相当于113克;去皮、一副扑克牌大小):35克

鳕鱼和鲑鱼(6盎司,相当于170克):40克

金枪鱼(6盎司,相当于170克,水中包装):40克

瘦猪肉(4盎司,相当于113克):35克

瘦红肉(4盎司,相当于113克):35克

豆腐(6盎司,相当于170克):30克

白软干酪(一杯,1%或2%脂肪含量):28克

牛奶(一杯,1%或2%脂肪含量或脱脂):8克

一个鸡蛋:6克

一个蛋清:3克

---

① 译者注:古斯古斯面是北非摩洛哥、突尼斯一带以及意大利南部撒丁岛、西西里岛等地的一种特产,它是用杜兰小麦制成的外形有点儿类似小米的食物。

执行：蛋白质摄入需要在全天分段进行，在每次正餐或加餐中完成每天每磅体重0.8—1克需求。例如，你的体重是180磅（82公斤），你每天需要摄入大约180克的蛋白质。将这180克分配到六次进餐中，平均每次摄入30克。蛋白质有助于稳定能量，提升饱腹感并加速新陈代谢。由于蛋白质的消化需要身体消耗额外的能量，因此你每摄取一次蛋白质，你的新陈代谢系统的工作状态就会波动一次。通过从每餐和运动后恢复型搅合饮品（postworkout rcovery shake）中摄取蛋白质，你将会轻松并高效地满足体内的蛋白质需求。

最好的蛋白质选择包括鱼、鸡肉、鸡蛋、低脂牛奶、希腊酸奶、黄豆以及豆科植物。

在挑选蛋白质时，应遵循以下规则——食物原料的腿越少越好。也就是说，腿越少的动物，它所含蛋白质就越有利于人们健康。显然，鱼根本就没有腿，它是最好的蛋白质食物。通常选择烘烤而不选油炸的食物加工方法，选择白肉而不选深色的肉，以及选择去皮而不选带皮的肉类。

你也应该将运动后恢复型搅合饮品纳入你的饮食计划中。这种混合饮品每份包含10至25克的蛋白质以及碳水化合物。如果你每天饮用一至二份该类恢复饮品，并配以包含家禽和鱼的午餐和晚餐，以及包含酸奶或鸡蛋的早餐，你将很容易达成每日蛋白质的需求。

5. 食用利于恢复的脂肪

背景：正确类型的脂肪是身体强有力的守护者。脂肪对身体健康和细胞膜的修复是很重要的。对特定维生素和抗氧化剂的吸收而言，脂肪是必需品。它们缓慢释放能量，保持饱腹感并调节血糖，因此会降低身体对其他食物的血糖反应。好的脂肪会提供有力的营养，从而对关节、器官、皮肤和头发进行细胞修复。Omega-3脂肪酸会提高我们的认知能力，减少炎症发生，增强心脏健康。Omega-3脂肪酸之所以重要，主要在于身体无法自行生成，必须通过食物获取。通常情况下，人们都不能在日常饮食中摄取足够的Omega-3脂肪酸，这就导致了大脑功能低于正常水平，并增加了身体患炎症的几率。健康的脂肪可以从富含脂肪的鱼类获得，比如大马哈鱼、鲑鱼和金枪鱼；也可从亚麻籽、麻、核桃以及Omega-3

强化食品中摄取。

执行：确保在每餐中加入含有 Omega-3 脂肪酸的健康脂肪。坚果（花生、杏仁、核桃）、天然果仁、橄榄油和鳄梨中都是健康脂肪的主要来源。富含 Omega-3 脂肪酸的食物包括核桃、三文鱼、金枪鱼、鱼油、亚麻籽和亚麻籽油、长纤维植物以及奇雅子。

6. 食用多彩果蔬

背景：看看你的餐桌，它应该由水果、蔬菜和高纤维谷物等各种颜色的食物搭配而成的"彩虹"。我们的身体需要维他命、矿物质、抗氧化剂和酶来维持运转。水果和蔬菜会提供多种纯天然的营养素。尽管它们都能够为身体提供营养，但是我们需要关注食物的多种颜色，它们代表了不同的营养来源。通常水果被更多地选择，除此之外我们需要关注深绿叶蔬菜，确保它们能定期出现在食谱中。

执行：任何水果和蔬菜的功效不要弄错。下列蔬菜的作用最为明显：深绿叶蔬菜（甘蓝、菠菜、唐莴苣）、浆果、胡椒和甜菜。

3 | 进食频次

20 世纪 70 年代时期的饮食哲学是每日三餐，且两餐之间不准食用零食。如今，我们知道如果你想控制你的血糖和能量水平，提高注意力，调节肠胃，并增加瘦体重，你必须每天吃够六次小份到中份的餐饭或点心。这就意味着平均每三个小时需要进食一次。可以想象，你一整天都在补充能量而不是坐在那里等着三顿大餐。如果你不能控制血糖水平，你的能量和情绪就会出现很大波动，无法集中注意力。

和炉火燃烧一样，你的新陈代谢也需要持续的"燃料"。如果长时间没有添加木柴，炉火就会慢慢熄灭。每次进餐时（或为火焰添加燃料时），新陈代谢就会启动并燃烧更多的卡路里来消化食物，从而拥有一个高效的代谢状态。

在 AP 训练体系中，你将会有源源不断的能量供给。如果不能持续地为"火焰"提供燃料，你就会以消耗珍贵的瘦体重为代价，火焰也将在闷烧状态下渐渐熄灭。如果你不能保证进食的频次，那么最有可能用于身体消耗的代替物就是肌肉——而不是大众普遍认为的脂肪。

7. 每天保证早餐摄入

背景：实际上，早餐是一天中最重要的一顿饭。从夜晚上床之刻起，你就已经处于禁食状态了，所以起床之后不久的"解禁"并保持一整天的能量供应非常重要。如果在起床后的 30 分钟内就餐，你的新陈代谢系统就会迅速开启并为大脑补充能量，这会让你的一天都精力充沛。

执行：早餐应包括蛋白质、碳水化合物、水果和蔬菜以及健康脂肪。涂有天然花生酱的全麦面包、酸奶、一根香蕉、浆果、燕麦、杏仁以及煮熟的鸡蛋；再加上英式松饼炒蛋和百分百鳄梨果汁都是很好的选择。

8. 每隔三小时进餐

背景：少食多餐可以控制胃口，调节血糖，提升肌肉质量。提高注意力，消除情绪波动和暴饮暴食。

执行：早餐之后，少食多餐，并全天保持这种状态。不要找任何借口，你应该每天吃六顿饭，目的是确保每天三种主要营养素（碳水化合物、蛋白质和脂肪）能每隔三小时就可以为身体蓄能。

4 | 水合状态

尽管科技不断发展，但我们仍旧没有找到比水更好的饮品。遗憾的是，我们仍想用劣质饮品，包括苏打水、咖啡和酒精等来代替水；或者没有饮用足够的水分。可以将食物和能量补充作为主要部分优先考虑，而饮水放在稍后进行考虑。但是我们应当积极主动地看待水合作用，给予其同样的重视程度。

饮用充足的水分会增强活力，提升皮肤和筋膜的质量，保持肌肉和关节的润滑，促进总体健康，并防止暴饮暴食。水合状态会影响你的大脑和心智能力。水很容易获得且不需要多大费用，只要可以就应该尽可能多地饮水。

脱水会导致身体机能下降。体内如果缺少半升水，就会引起皮质醇激素水平的上升,即使轻微的脱水也会对情绪有负面影响。

　　每天通过适量地饮水,你可能完成了至少 25% 的补液需求。适量的水合可以调节肠胃。当人们感觉饥饿时,其实多数情况下是因为口渴。全天保持水合状态可以帮助你达到理想化的身体成分。当你感觉饥饿时,问问自己是真的饿了还是只是渴了。

　　水可以延缓衰老。因为日常生活中的脱水、静止不动以及精神创伤,经过一段时间会导致筋膜和肌肉周围的结缔组织和关节变得干燥老化。保持身体水合状态可以延缓这一干燥进程,提高肌肉组织质量和灵活性。

　　当你认真考虑这些情况时,没有任何理由再不保持水合状态了。

9. 满足基本水合状态的需求

　　背景:医学机构(IOM)建议男性每天要喝 3.7 升的液体,女性每天 2.7 升。这里的液体是不含热量的。运动饮料是为高强度的运动所设计的,并不是为了补充基本的水合平衡。

　　不要饮用含热量的饮料。这是掌握自己营养计划最简易的方法之一。如果你将软饮料、果汁、运动运料和酒精全部替换为水或天然茶叶,你体内的卡路里和糖分就会下降很多。

　　执行:每天每磅体重应该饮用二分之一至一盎司的液体(相当于每天每公斤体重饮用 31—62 克的液体)。补充的液体应是水或其他纯天然的不含热量的饮料,诸如绿茶。在你起床之后尽可能快地饮用 16 盎司(453.6 克)的水,以迅速"启动"你一天的水合状态。

　　切记:保持运动表现的最有效方法就是开启训练日的水合状态。实现该方式的唯一路径就是全天满足身体水合状态的需求——每天如此。

体重(磅)	每天饮用液体量(盎司)	每天饮用液体量(升)
120(54 公斤)	60—120(1.7—3.4 千克)	2—4
150(68 公斤)	75—150(2.1—4.3 千克)	2.5—5
175(79 公斤)	90—175(2.6—5.0 千克)	3—6
200(91 公斤)	100—200(2.8—5.7 千克)	3.5—7
225(102 公斤)	115—200(3.3—5.7 千克)	4—8
250(113 公斤)	125—200(3.5—5.7 千克)	4.5—9

如果你不太确定自己水合状态水平(hydration level),请观察自己的尿液。如果很清澈或是淡柠檬色,你的水合状态处于正常范围之内。如果是深柠檬色或苹果汁的颜色,说明你处于脱水状态。如果颜色暗黑浑浊,说明你严重脱水并应立即就医。

10. 运动中保持水合状态

背景:如果水分流失超过体重的 2%,将会降低你的运动表现。如果你属于经常汗流浃背的易出汗人群,或者正在极端环境下训练,那么关注饮料中的钠含量将非常重要。痉挛与电解质流失之间存在很大关系,尤其是钠缺失。选择每 8 盎司(226.8 克)至少含有 200 毫克钠的饮料,可以最大限度地补充电解质。

液体流失的总量(可通过一节训练课后体重减少的重量判断)是判断运动表现和降低中暑风险的指标。体重减少得越多,对身体表现和健康的影响就会越大。

执行:

- 训练前 1—2 小时,补液 17—20 盎司(481.9—567.0 克)
- 训练前即刻补液 7—10 盎司(189.4—283.5 克)
- 训练中(每 10—15 分钟)补液 7—10 盎司(189.4—283.5 克)
- 训练之后,针对减少的体重,每磅补液 20 盎司(567.0 克)

酒精对运动表现的负面影响

饮酒不应成为高绩效生活方式的一部分。我并不是在劝说戒酒,只是希望能够引起人们的注意,酒精会降低人体的运动潜能,最高可达 11.4%。它会增加皮质醇激素的释放,影响免疫系统,减少为肌肉纤维提供修复功能的蛋白质合成。酒精会减少荷尔蒙运转所需的水溶性纤维素,大量饮酒之后会损害反应时间长达 12 小时,影响快速眼动(REM)睡眠,降低身体复原能力。

如果你打算饮酒,请将饮酒次数限制在每周 1—2 次。如果想要超量饮用,那么尽量选择对健康会产生一定益处的酒品:比如红酒,含有起抗氧化剂作用的类黄酮。(如果饮用啤酒,应当确保在每天进餐中考虑摄入碳水化合物。)每次喝酒精饮品时都要喝一杯水,因为酒精饮品具有利尿作用。

底线:如果你想成为一名卓越人士和高水平运动员,酒精绝对不应列入你的整体计划之中。

5 | 补充恢复

到目前为止,你都应根据身体的蓄能需求考虑营养品。因为它也是促进身体恢复的重要手段。

当谈到进食和恢复时,大部分人会想到复活节晚餐或其他大餐。但是这些大餐所导致的"食物昏迷"会让你变得无精打采,在电视机前睡眼惺忪。

11. 为运动蓄能

背景:你肯定不愿意在重要营养素的摄入方面有所欠缺,尤其是在训练当中。然而,很多人上午训练是在空腹下进行的。训练是开启一天的极好方式,因此请在训练之前饮食,即使是少量进食,如半个苹果加一把坚果,一片全麦吐司面包加天然黄油,酸奶或由含有一汤匙乳清蛋白质加半杯淡橙汁组成的早餐开启你的训练。为了在赛场或训练场上有最好的表现,你需要从蓄能开始。你的重点应放在碳水化合物(蓄能)的摄入,并辅以一点蛋白质(帮助合成)。

执行：不管什么时候训练，提前合理的蓄能至关重要。运动前推荐的能量食物包括：半杯浆果和四分之三杯高纤维谷物配酸奶；一小碗麦片加香蕉；半个土耳其三明治和水果；半个花生酱加果冻三明治加水果；或者自己做的什锦杂果，包括一杯高纤维麦片，两大汤匙果脯，两大汤匙坚果。确保 16—20 盎司（456.6—567.0 克）的水保持水合状态。

12. 运动过程中的蓄能

背景：在训练期间，你绝对不希望能量完全耗尽。耐力运动员把训练比作"交合"过程，由于营养补充不良或水合作用，他们不得不放慢节奏甚至停止。抛开训练而言，如果你不采取合理的营养补充措施，你就要经历一个相似的能量赤字和挫折。训练期间你需要维持体内能量以便在整个训练过程中保持高水平的运动状态，同时保存能量，善始善终（并且自始至终保持能量有足够储备）。

执行：无论你训练课的强度有多大，每隔 15 分钟就需要补充 7—10 盎司（198—284 克）液体（普通人大约 4—6 大口的量）。如果训练课超过 45 分钟或在天气酷热下进行时，选择每 8 盎司（227 克）至少含有 200 毫克钠的运动饮料，防止痉挛，并维持电解质平衡。当你的训练水平可以为了获得更好的表现收益而饮用运动运料时，你应当摄入每小时 30—60 克碳水化合物的等效液体。这将确保在训练课的过程中合理蓄能，并保持良好状态。为了保持能量稳定，每小时需要补液 20—32 盎司（567.0—907.2 克）。另外，休息时通过饮水还可以平衡水合需求。

13. 训练后的再蓄能与重建

背景：训练结束之后，身体处于分解状态（分解代谢）。我们想要它恢复到合成（合成代谢）状态。恢复能量供应会增加血液胰岛素水平，降低血液皮质醇水平，增强免疫系统，恢复肌肉和肝脏糖原，刺激并修复肌肉蛋白质合成。

我们的终极目标之一就是生成更为"聪慧"的瘦体重。与此同时，无论是在休息还是训练过程中，为了实现这一目标势必要燃烧更多的热量。如果训练之后没有立即进食，我们的身体就会首先将辛苦得来的瘦体重转化为能量。我们

（恢复潜力）

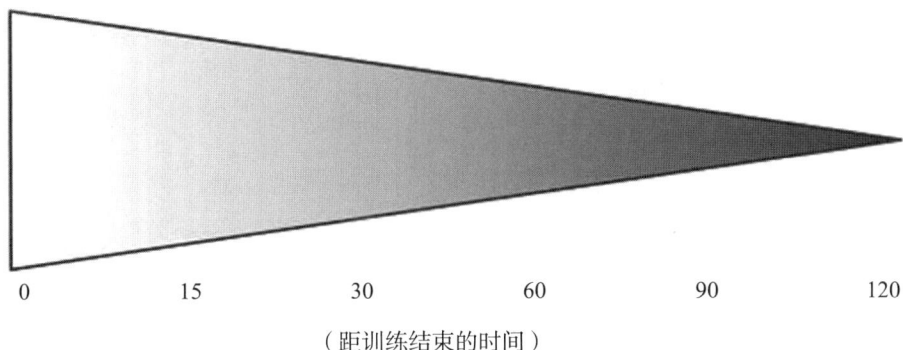

（距训练结束的时间）

很希望它会求助于脂肪，但是身体并不这样运转。由于瘦体重的流失，你的身体将无法高效地燃烧热量。

执行：当训练结束后，你的细胞会全部打开，并强烈需要营养填充。补充它们最快速和简易的方法就是在十分钟之内饮用掉由蛋白粉组成的运动后恢复型搅合饮品（postworkout recovery shake）（或补剂），例如100%的乳清蛋白辅以香蕉或者EAS恢复蛋白质。预包装的混合型搅合饮品包含高比例的蛋白质、碳水化合物和脂肪，并含有大量的纤维、维他命和矿物质。自制的恢复型搅合饮品可以用水和一汤匙或一小包粉末在一个封闭的塑料容器或搅拌机中混合制成，这种餐食制作快速便捷、携带方便且不会变质。

训练之后饮用搅合饮品，会加速身体的恢复进程，促进瘦体重的最大化增长。含有适当比率的碳水化合物和蛋白质的蛋白粉混合饮料已经成为我们AP训练中心的固定饮品，同我们一起训练的精英运动员可以从这些饮品中长期受益。如果你拼尽全力训练，全身投入运动，但没有采取措施进行修复的话，那么就会让你的训练大打折扣。如果不采取措施修复身体，那么实际上就是在伤害它。

无论你选择哪种产品，请选择那些可以提供正确蛋白质和碳水化合物混合搭配的食品和补剂（见下表）：

体重(磅)	蛋白质(克)	碳水化合物(克)
120—149(相当于 54—68 公斤)	20—25	50—60
150—180(相当于 68—82 公斤)	25—30	60—75
181—215(相当于 824—98 公斤)	30—35	75—90
215—245(相当于 98—111 公斤)	35—40	90—105

与训练期间相比,训练后的营养补充相对容易。我们通过训练是要变得更加强壮、更加健康、更有力量以及更加高效,但是如果没有训练后的营养补充,你就错失了一个将训练适应性最大化的机会,也有可能无法将潜能发挥到极致。如果你不想即刻饮用搅合饮品,也没有问题。根据你的训练时间进行安排,只需按要求将制定好的餐食或者能量补充调整到训练后的 30 分钟内进行即可。确保在训练后的 30 分钟内(最好是 10 分钟)补充进碳水化合物和蛋白质。它会使你在日复一日的训练中提高活力,加速恢复并促进良好状态的保持。

你需要什么来恢复身体?

14. 基本营养支撑

背景:通过执行 AP 训练体系中的营养计划,你可以为身体蓄能,用以实现高水平运动表现。这部分内容将提供最基本的营养策略,满足整个"训练日"的所有需求。维生素是可以调节身体反应的催化剂。由于身体无法自身生成维生素,因此你必须从膳食中获取。营养赤字会因为长年累月的摄入不足而持续恶化。没有什么药物可以完全代替食物中天然合成的维生素、矿物质和植物营养素之间的细微平衡。但是,不可否认,你需要维生素来帮助身体维持高水平运转,因此,如果你没有从食物中得到你需要的所有成分,那么营养补剂就成为维持你"训练日"的选择之一。

执行:包含了全部抗氧化剂和维生素 B 的复合维生素剂可以填补营养计划的缺口,在同细胞自由基破坏的对抗中,它可以为你输送援兵,保持身心健康。鱼油能够提供大量的 omega-3 脂肪酸,它含有消炎特质,是保持心血管健康和头脑清醒的必需品。野生鲑鱼、鲭鱼、湖红点鲑、鲱鱼、沙丁油鱼、金枪鱼和一些白鲑中含有 omega-3 脂肪酸,身体自身不能制造 omega-3 脂肪酸,只能从饮食中获

旅行中的营养策略

当你在旅行时,你很难控制自己吃什么、在哪吃。如果你想在旅行途中做出正确的营养选择,那就不要两手空空的出门。保持水合状态。每磅体重每天需要摄入 1/2 至 1 盎司(相当于每公斤体重每天摄入 28 至 56 克)的水。这在飞机旅行中尤其重要,在飞机上每小时要喝大约 8 盎司(227克)的液体。

你的旅行清单——旅行时不要忘了它

摇杯(用于制作搅合饮品)

水杯或瓶装水

袋装绿茶

高纤维谷物、燕麦棒、EAS 棒或精选棒

EAS 搅合饮品包、精选搅合饮品包或在封口塑料袋中的 100% 乳清蛋白质

坚果、种子、果脯和高纤维的谷物混合物

天然花生酱速溶燕麦

新鲜水果和蔬菜(苹果、香蕉、橘子、胡萝卜)

牛肉干、煮透了的鸡蛋或低脂奶酪

三明治(皮塔饼、玉米饼、面包)

全谷物饼干(必须含有至少 3 克纤维)

(注:封口塑料袋和塑料餐具应作为厨房必备物品常备)

做好旅游中饮食的最重要环节就是控制食物的选择。在机场可以寻找三明治店,并购买一些食物带上飞机。飞机上要保证食物和饮水。

早餐选择:鸡蛋、燕麦片、高纤维谷类、酸奶、花生酱、水果

午餐/晚餐选择:瘦肉、全麦面包、全麦意大利面、普通意大利面、糙米、水果和蔬菜

两餐中间蓄能:正餐代用棒(meal replacement bars)、混合饮料、三明治、水果、蔬菜、坚果、牛肉干

得。除非你至少每周三次食用鱼类,否则无法摄入足够的 omega-3 脂肪酸。每个人的食品柜中都应必备一瓶鱼油或鱼油胶囊。如果鱼油会让你打嗝,可用磷虾油代替。

旅行中的注意事项

1. 不要遗漏正餐:必须每隔三小时进食一次;

2. 随身携带能量棒和搅合饮料:它们是极佳的轻型能量补充以及训练前/后营养补充的选择;

3. 确保每顿餐食都有瘦肉蛋白:三明治上配有烧鸡、牛柳、烤鱼、烧猪肉、火鸡、火腿和烤牛肉是最佳选择,不要食用任何煎炸的食品;

4. 加入谷物、有益健康的碳水化合物、水果和蔬菜:每餐应有烤土豆、大米、意大利面、全麦面包、新鲜水果或蔬菜;

5. 保持水合状态!每磅体重每天需要摄入 1/2 至 1 盎司(相当于每公斤体重每天摄入 28 至 56 克)的水,在飞机旅行中尤其重要,确保在飞机上每小时喝 8 盎司(227 克)的液体;

6. 机场就餐:在飞机场所有的饭店之中找到三明治店和售货亭。自制丰盛的三明治或色拉,在任何售货亭或飞机场商店中都可以找到什锦杂果、坚果、能量棒和水;

7. 记录事项:如果可能遗忘清单中的旅行营养事项,请随身携带笔记本,记录下你在旅行期间的各项饮食内容。

维生素 D,也被称为"阳光维生素",有助于提高免疫力,促进骨骼健康,对减少压力、调节血压有重要作用。你的身体可以通过皮肤吸收 UVB 紫外线来合成维他命 D。

如果你生活的地方鲜有阳光,擦太多的防晒霜或只吃素食,都有可能无法摄入充足的维生素 D。每天额外摄入 600 国际单位(IUs)可以帮助你确保获得足够的维生素 D。在食用任何新的补剂之前,都需要同你的医生或医学专业人员咨询。如果有可能,在食用补剂之前,最好先完成血检。

15. 增加运动补剂

背景:在EXOS,我们不从补剂的角度考虑,而更倾向于从补剂为我们的训练和基础营养可以提供的营养选择上考虑。

食物永远是首选,接下来考虑那些能够将你的表现以安全和道德的方式提升到更高水平的补剂。在AP训练体系中,我们推荐EAS的产品,不仅是因为EAS是我们长期的合作伙伴,还因为EAS是第一个获得美国国家卫生基金会(NSF)资格认证的公司,它们可以保证产品中不包含违禁成分,并达到了产品标签中所声明的标准。

以下是一些可供参考的补剂:

羟基丁酸甲酯(HMB):训练中肌肉损伤会导致肌肉蛋白质的分解。HMB是一种亮氨酸(氨基酸支链)代谢物,有助于防止组织蛋白质分解。提升肌肉发展所必需的HMB摄入量是每天3克。虽然人体自身可以从氨基酸亮氨酸中天然合成一些HMB,但可以转化成HMB的亮氨酸仅有一小部分。因此,直接食用HMB补剂而非通过亮氨酸转化是一种更为简单和高效的方法。建议每天摄取HMB,这样它可以一直存在于血液当中,持续保持身体的强壮和较高的瘦体重成分。

β-丙氨酸(BETA ALANINE):β-丙氨酸是一种天然的氨基酸,能够形成身体中的肌肽,它可以控制由高强度或长时间训练引起的肌肉中氢离子堆积。氢离子堆积是导致肌肉疲劳的重要因素,β-丙氨酸可以帮助延缓累积进程。这可以使得你锻炼出更多的肌肉,增强力量,提高爆发力。

每天分多次摄取 3—6.4 克的 β-丙氨酸,可以延缓肌肉疲劳,帮助运动员承受更大强度训练。你可以从日常饮食中获得一些 β-丙氨酸,但是通常只有 15%—20% 的肌肉参与到酸堆积的控制。我们建议一整天分剂量摄取 β-丙氨酸。第一次摄取,你可以将 β-丙氨酸部分剂量用在训练前的 60—90 分钟之内,下一次用在结束训练后的两个小时之内。

肌酸(CREATINE):与大众普遍的认识相反,肌酸不是会让你体型变大的魔法石。这是一种早已经研究证实可以促进机能增进的辅助产品。在 20 世纪 90 年代,它同肌肉拉伤和肾脏受损联系在一起,但是这一结论很早之前就已被推翻了。如果你的基本营养健全合理,肌酸可以很有效地帮助你为肌肉补充能量,修复爆发力项目中重复的、短期的肌肉爆发所带来的影响。

肌酸可以从动物产品中得到,尤其是肉类。但是,1 磅(454 克)的生肉只包含 1—2 克的肌酸。你的身体每天可以合成 1—2 克肌氨酸,基本上是在肝脏、肾脏和胰腺。

研究已经发现肌酸可以提高肌力,并可以提高 15% 的功率输出,也可以改善瘦体重。最佳水平的肌氨酸可以提升 20 秒以上的高强度爆发训练后的肌肉恢复能力。

肌酸可以支持大脑的功能运转,尤其是素食主义者、纯粹素食主义者或肌酸含量较低者。研究显示素食主义者每天摄入 5 克肌酸,坚持六天,就可以有更好的短期记忆和更快的工作进度。

每天摄入 5 克肌氨酸可以增加体内肌酸储存量。尽管有人建议每天食用 20 克并持续七天,但是在 AP 训练体系中,我们建议每天 5 克就足够了。

咖啡因(CAFFEINE):如果你拥有充足的睡眠,并且按照 AP 训练体系中的营养计划执行,那你就不需要咖啡因的帮助。但研究证明,偶尔食用咖啡因可以帮助运动员训练。咖啡因会刺激中枢神经系统,促使身体将脂肪作为能量被更有效地利用,并且保留肌糖原。你会感觉更有活力,你的主观疲劳感受度也会随之降低。

切记:为了你的"训练日"每天要检查你的日常营养策略

- 将食物看做燃料
- 符合80/20法则
- 摄入粗加工的碳水化合物为身体蓄能
- 瘦肉蛋白保持力量
- 食用利于恢复的脂肪
- 食用多彩果蔬
- 每天保证早餐摄入
- 每隔三小时进餐
- 满足基本的水合状态的需求
- 运动中保持水合状态
- 为运动蓄能
- 运动过程中的蓄能
- 训练后的再蓄能与重建
- 基础营养支撑
- 增加运动补剂

在 AP 训练中心,我们经研究已经发现,咖啡因可以有效地提高最大功率的输出,尤其是当运动员需要一个特别的推动力时。一份 75—200 毫克的咖啡因就可以给你很强的推动力。但如果你有高血压或心脏不好,在食用咖啡因之前一定要向医生咨询。

再次强调,咖啡因不能定期食用,你会对此产生抗体,使它的功效降到最低,导致身体对其产生依赖性以及其他系统并发症。但是少量食用,将具有提升表现的重要作用。

营养	运动表现	剂量
HMB	提高肌肉蛋白质的保护效率	1.5 克,每天两次
β-丙氨酸	在高强度训练中提高缓冲能力,在高强度工作负荷下增强承受能力	1.5—3.2 克,每天两次
肌氨酸	在反复的高强度和爆发力活动中提高身体表现能力	体重不到 290 磅（相当于 132 公斤）,每天 5 克,体重超过 290 磅（相当于 132 公斤）每天 10 克
咖啡因	中枢神经刺激剂 延缓疲劳	训练前 45 分钟,每千克体重 1—3 毫克
益生菌	提供健康的菌类用于保护内脏,使得免疫功能发挥到最大	每天 10—50CFU（菌落形成单位）
乳清蛋白质或蛋白质混合物	为肌肉恢复提供氨基酸	训练之后每千克瘦体重 0.3—0.4 克
多种维生素剂	没有正餐时用于补充	每天一次（或按推荐服用）
鱼油	抗炎物质 促进心血管健康 促进头脑清醒	每天 1—3 克 EPA/DHA

运动表现体系推荐食品

我们已经讨论过大量自制的可口且富含营养的食物。但是有一些食物对"训练日"的蓄能具有特殊的功效。这些营养丰富的食物包含维生素、抗氧化剂和纤维,而且热量很低,效果极好。

这些食物当中,有些我们已经非常熟悉,但是可能从未考虑过它有这么高的价值。有些则是儿时吃过但之后就再没想过。你知道吗？现在就是再给这些食物一次机会的时刻了。优秀运动员总会发现一些新的（或旧的）方法将他们的比赛能力推到另一个高度,营养也不例外。

这些食物中,有些除了富含营养之外,还包含餐食中的重要因素:美味与口感。就营养而言,美味且健康总会让人无法抗拒。

下面就是运动表现推荐的50大食物。

杏仁	洋蓟	鳄梨	大豆
甜菜	浆果	西兰花	球芽甘蓝
野牛	樱桃	奇异子	肉桂
柑橘类水果	椰子	甘蓝菜	黑巧克力
日本毛豆	鸡蛋	法诺(一种富含纤维和蛋白质的谷物)	亚麻籽
大蒜	姜	食草长大的牛肉	希腊酸奶
绿茶	麻仁	羽衣甘蓝	酸乳酒
猕猴桃	小扁豆	橄榄油	牛至(用于调味的一种香草)
牡蛎	香芹	美洲山核桃	开心果
石榴	南瓜	藜麦	迷迭香
鲑鱼	沙丁油鱼	菠菜	燕麦片
葵花籽	红薯/山药	瑞士甜菜	百里香
姜黄	核桃		

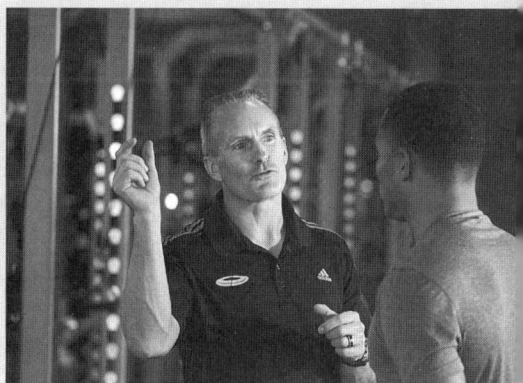

第三章 | 为"它"而训练

运动表现之动作

　　不管你从事什么样的运动项目,也不管你是否是机动作战的职业人士,想要成就最好的自己,就需要理解动作的科学,动作是所有运动员的主线。

　　你可能会认为自己的"动作"已经很好了,但是,在 EXOS 的工作中,我们发现通过提高运动模式的有效性,运动员的速度、功率和耐力得到了提升。有效地"动"会提高运动员的表现能力,并让你免受损伤困扰。

　　我们将人体及其运动的方式视为一个整合系统。我们不会在身体的不同组件、系统和部位之间树立屏障,将其割裂对待。身体就是一个完整的系统。

　　十多年前,我们在第一本书中介绍了 Core Performance 训练体系,这是一种典范的转移,将动作模式的训练应用于赛场表现的提升。我们过去都是跟随下列训练分类成长起来的:爆发力举(Power lifting)、奥林匹克举(Olympic lifting)、肌肥人训练或耐力训练。这些训练都可以成为我们的选择,然而同其他事物一样,你可以发现更加有效的方法。

我们对客户的责任,就是向他们展示应该如何提高自身在实际任务中的表现,不管是在竞技场还是战场。而这也是本书的精华:向你传授这一体系。

现如今,你可通过 YouTube 的在线专家找到大量适合你的练习方法,它们当中的一些甚至具有非常好的效果。当然,用于训练运动员的方法也有很多,然而只有少数的一些是被证明可以使你更有效地运动,获得更高水平的表现并减少损伤的风险。

令人不安的是,在我们的行业中,经常看到一些专业人士要求运动员在没有准备好的情况下去应对挑战。这些所谓"专家"正在把人们带入歧途,最终会导致运动损伤或失败,而根据已有的研究和知识来说,这些情况是完全没有必要发生的。我们明白你在团队中的角色非常重要,更不用说在你的家庭中,甚至在很多场合里,你都是无可替代的。因此,帮助你远离损伤,实现高水平表现是我们的首要任务。

我们需要你认识到身体应该怎样运动,关于这个问题或许你一直都没有关注过。人体是一个惊人的"代偿器(compensator)",就像是一辆需要校准的汽车,尽管你可能已经适应了它的运转方式,但远称不上完美。

目前,我们无法奢望给每个人进行个性化的评估。因此,我们关注不同项目中的不同人群的特点。基于他们的评价数据的平均数,以期为大部分人群设计出解决办法,以减少损伤几率,提升运动表现。

如果把你看成是一辆高性能的跑车,那么你的动作,就是这辆车的底盘,需要定期的保养与检修,只有这样才能为专项技能提供基础保证。不管是一项具体的运动项目还是军事任务,都需如此。

我们强调有效运动模式的功率和效率,这是高水平运动表现的先决条件。但我们所见过的大多数顶级运动员在基本的运动模式中都有重大的缺陷。他们的身体存在由于过度激进或不正确的训练方法导致的一些缺陷,就如同一台高性能的电脑中存在软件病毒一样。这也是由较差的习惯、姿势,以及大强度训练之后没有及时恢复造成的。或许你已经是一名高水平运动员,但你是以高昂的代价才达到这样的高度。

当运动员进入 EXOS 的训练中心时,我们会通过包含了十几种动作模式的筛查手段对其进行评价。这就如同检查并诊断汽车的机械性能一样。这些筛查通常会发现稳定性不足和灵活性受限(关节活动度)问题。

在我们的训练体系中,你会掌握多种评价工具,以便能够完成自我的动作筛查。该体系本身就是一个持续性评价的工具,发现并解决身体的不平衡。你需要对自己的表现进行记录,包括身体的感觉如何、身体在镜子中的形态如何、你运用了多少力量,或者完成动作的流畅性如何,以及身体一侧的动作是否比另一侧更加容易? 如果答案是肯定的,这又将是关注的重点。在竞技体育或军事训练中,超过70%的损伤并非因外伤导致,而是由长时间的身体失衡引起。所以,这类伤病已经不是能不能发生的问题,而是何时发生的问题,也是很多退役运动员从开始训练到参加最高级别比赛,最终只有一个短暂的运动职业生涯的原因。当年轻的时候,你或许认为这不是什么大问题。毕竟,那时候你就像是一辆新车。但是,当身体每完成一万公里的里程时,你就需要面临一个更大的挑战,因为身体是你驶向成功的交通工具。

最近亚利桑那州立大学和南佛罗里达大学开展了一项研究,61名受试者经"功能性动作筛查"(Functional Movement Screen)被认定为存在损伤风险,"功能性动作筛查"由 Gray Cook 开发,是领域内最受推崇的筛查方法之一。随后,这组人群开始接受每周三天的"AP 训练体系"的训练,三周之后69%的个体不再具有损伤的风险;六周之后,这一数字达到了90%。

因此,记录下这类的非平衡性情况,然后运用相关的手段进行纠正。练习这些动作模式,直到它们成为我们的"第二天性",当你具备完全掌控"运动表现训练系统"的能力时,自信心就会建立起来。

计划开始的基础阶段,你可能会发现自己无法完成某项动作,或无法使身体调整到最佳姿态。这会让你很不舒服,甚至感到沮丧,认为这种训练毫无意义,甚至还有可能承受来自身边那些仍然具有顽固思维模式的队友的讥讽。但是,当你正在迈向新的高度时,其他人或许仍然停留在过去五到十年的状态中而没有任何进展。

你能不断达成目标的原因就是你可以学会新的技能,以一种开放的心态前进,完善你专注的每件事。这也是对高水平运动员的定义。如果只是做你感兴趣且熟悉的事情,你将变得没有深度,不会成长。这关乎你运动表现的提升。

本书介绍的训练计划中,我们将会探讨大量发展功率的相关原则。我们还将分享很多在提高灵活性、稳定性以及动作模式高效性的同时,增加力量、功率和耐力的方法。

整个训练计划的目标是对那些为更好完成任务所必需的动作进行"清洗和刷新"。本书的训练计划会提高动作的效率,减少身体受到的压力和负担,使身体能够快速恢复。

无论你所处的训练环境如何,或许拥有世界级的设施和人员配备,或许只是一些简陋的健身俱乐部,你都可以用到本书当中绝大部分的动作和概念,并可以得到与理想训练环境下相同的预期结果。本书中没有借口,只有结果。我们想要将你置于一种可以随时、随地实现结果的状态之中,因为你明白了 Athletes' Performance 训练体系的原则,并且能够付诸行动。

Athletes' Performance 训练体系动作

1. 躯干支柱准备
2. 动作准备
3. 反应力量训练
4. 动作技能训练
5. 实心球训练
6. 训练相对功率
7. 能量系统训练

1 | 躯干支柱准备

本章节的标题名称是"躯干支柱准备",但只是指我们在训练课开始阶段进行的动作。这里的躯干支柱力量(pillar strength)概念是由肩部、躯干(或核心)和髋部参与的训练动作。所有的动作都会用到躯干,能量也是从躯干产生和转移的。如果躯干缺乏稳定性或灵活性,就会导致动作无效和能量泄漏。无效的运动模式和能量流失又将导致不良的运动表现和更大的损伤风险。

躯干支柱作为中心轴线为身体活动提供支撑。传统的健身计划认为热身只要包含手臂和腿部的活动即可。现在以躯干支柱作为热身的第一环节则更具有重要意义，这也是躯干支柱准备的重要作用。躯干支柱准备由一系列可以激活并增强躯干支柱力量的简单动作构成，它能够在进阶到更富有挑战性的动作之前保持更好的身体稳定性。

为了获得最佳的躯干支柱力量，我们需要保持一个完美的姿势，让身体尽可能保持对称。与大家普遍认为的观点不同，没有运动员可以保持完美的对称。即使是刚出生的婴儿，身体也并非完全对称，但是当身体作为一个整体时，就应当是一个完美的平衡对称系统。

久坐不动和训练不当会锁定髋关节，造成身体的不对称，从而导致功能障碍和损伤。我们希望重新回归类似于婴儿时期、近乎完美的运动模式。一旦躯干支柱力量得到有效的发展，我们就能更有效地移动，动作也会变得更加有力。

躯干支柱力量非常重要，因为每个动作都要求伸展肌肉，而每块肌肉的一端通常会附着在脊柱区域。通过稳定的脊柱，我们可以获取能量并传导力量，使身体更加具有弹性且高效，很轻松地就可以生成速度、功率和耐力。

这听起来还不错，对吗？很遗憾，当那些刻苦训练的运动员经历了比赛和动作准备之后，他们脊柱的情况就像是一辆已经行驶了12年的汽车。我们运动员的"里程表"显示他们经历了长途跋涉。当然，你也可能面临相同的情况。

一般来说，我们会看到运动员因上身（胸大肌、背阔肌和斜方肌）紧张而出现圆肩和颈前伸的情况。这种紧张最终会引起所谓的"上交叉综合征"，造成身体前弓，运动员的爆发力，甚至是呼吸都会因此受到影响。

不过好在我们可以回调你的里程表，通过加强脊柱的力量，重新发现身体正确的姿势排列和潜在的爆发力。试想一下婴儿学习移动的方式，最初时如同突击队员一样依靠前臂爬行，然后逐渐进阶到用手爬行，直到最终可以直立身体。你的训练方式也是如此，重新完成这些动作，让躯干产生力量。

躯干支柱力量是肩、躯干以及髋在三个运动平面上（额状面、矢状面和水平面）的整合。

额状面将身体一分为二,成前、后两个部分,产生前后轴线。额状面的运动包括侧桥支撑(lateral-pillar bridges),切步同时保持身体在支撑面内,或者侧弓步等。

　　矢状面从前向后将身体一分为二,成左、右两个部分,产生冠状轴。矢状面运动包括屈和伸,比如下蹲、硬拉和高抬腿。

　　水平面沿水平方向将身体一分为二,成上、下两个部分,产生纵向或垂直轴。水平面运动,包括四肢的内旋和外旋、旋转投掷实心球,以及挥动球拍或高尔夫球杆等。

髋关节稳定性：髋袖是下半身的控制器，它主导着与膝盖相连接的大腿，同时也会影响你的双脚的姿态。要十分注意髋袖的中心位置并加强这一区域及其周边的肌群，因为这是控制髋部上下两部分的关键区域。

髋袖由骨盆内部和周围的四十多块肌肉组成，40%的肌肉会带动髋关节的内旋和外旋，直接与人体下半部分的大量的动作和功率有关系。当涉及减少损伤风险、提高运动表现时，髋部是最容易被忽视的区域。大部分背部和髋关节问题的产生就是因为髋关节不合理的灵活性和稳定性，以及髋部的不准确使用。绝大部分人群的髋关节都存在锁定或不稳定的问题。如果你的一个髋关节囊是被锁住的，那么你的一根股骨就好像焊接在了骨盆上——想象一下在髋关节处永久地套上一件铸件是什么感觉。

本计划从躯干支柱准备开始，将会通过髋袖而非膝关节来帮助你更好地控制股骨。我们将会用大量的时间通过动作练习来挑战髋袖。

躯干（核心）稳定性：躯干的稳定性远远比凹凸有致的腹部和洗衣板般的腹肌更重要。核心由躯干的肌群组成。它是髋关节和肩关节稳定性之间的重要桥梁，这一区域包含骨骼、关节和肌群，比如说腹直肌、腹横肌、腹内斜肌和腹外斜肌、骨盆底、腰大肌、膈肌、竖脊肌、背阔肌以及很多位于脊柱椎骨之间起稳定作用的小肌群，俗称多裂肌。

多裂肌属于小肌群，通常会由于背部损伤而停止运转，且永远不会被重新激活，进而引起长期的背部问题。这些肌肉不能单独工作，必须通过训练核心肌群来帮助其变得强壮和稳定，正确的肌肉募集模式会使它们同肩关节和髋关节同步工作。

为了从本计划的动作练习中获益，你必须全天保持躯干的均衡和激活状态，而不是单单在训练中进行。想象一下，让你的胃部保持平直对抗髋部骨骼。收紧腹部，如同让皮带扣滑落下来一样。但这与吸收肠胃的同时屏住呼吸不同，需要保持腹肌收紧的同时，仍然保持呼吸。

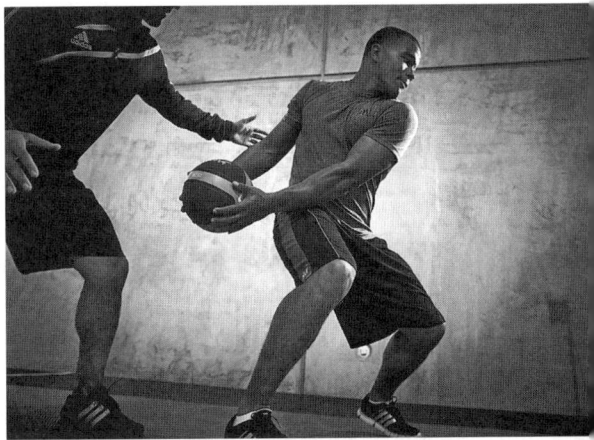

掌控你的呼吸模式（稍后详述）和躯干支柱准备能够确保你的躯干可以获得由内至外以及由外至里的支撑，因此你可以按照自己的方式有效运动，预防长期的动作模式退化。在本计划中，这一过程会进入你的潜意识当中，最终成为自动化。

肩关节稳定性：我们通常会认为是手臂承担了施加在上体的负重，但是实际上是应当由肩部支撑或"肩负"这部分重量。

大部分人没有意识到我们乘坐汽车、飞机旅行以及肩负登山包时背部是怎样弓起的。很多人倾向于认为弓背只会对老年人有所影响，但事实并非如此。除非你采取一些措施纠正它，否则我保证你会很快患上一些肩肘、背部和颈部的问题，这会限制你的运动表现。

我们的本能反应是向前降低肩部，尤其是在长时间保持坐姿或肩负背包之后。但是你应该做些相反的动作：抬高你的胸骨，让你的肩胛向后、向下悬垂，这才是正确的姿势。想象自己个子很高，好像有一个鱼钩挂在胸骨上，把你提升起来一样。

大部分运动员都经历过肩部疼痛，尤其是肩部前面靠近凹槽的地方，这里是肱二头肌附着在肩关节的部位。产生这个问题在于胸椎的不灵活，以及肋骨和骨盆之间排列不齐，导致了功能异常的动作模式，并且影响到与之相关的所有部位。因此，胸椎功能的正常发挥是长期肩部健康的基础。

很多人在处理肩关节问题的时候，应该认识到这是由于错误的姿势导致胸椎偏离身体的正常排列造成的。该问题在年轻人群、长期背部负重背包或佩戴头盔的机动作战的职业人群中尤其明显。

本书计划中的动作要求向后、向下牵引肩关节，而且要把这一动作当成日常习惯。为了使改变能够持久，必须拉长旋内肌群（例如胸部和背阔肌）、加强旋外肌群（背部上方的肌肉、肩肘和肩部其他部位的肌群）。

小结：髋关节、躯干（或核心）和肩关节的稳定性能够提供躯干支柱力量，以其为中心轴线进行运动。传统的训练计划认为热身只要包含手臂和腿部的活动即可。但是由于人体运动是从脊柱开始的，所以以脊柱作为热身的第一环节则更具有重要意义。这也是躯干支柱准备的重要作用，激活你的肩关节、躯干和髋关节。

小结：躯干支柱准备是一系列简单的动作，激活并加强躯干支柱力量，在进行其他需要以躯干支柱为基础的动作模式之前保证身体的稳定性和高效性。我们希望确保在进行下一步的运动之前，身体的每个部分都被充分启动和激活。通过激活肩关节、躯干和髋关节，你能够以更好的准备状态进行训练课的其他单元的训练项目。躯干支柱准备设置了心理和生理阶段，将躯干支柱力量融入进你训练中的每个动作。因为每项练习或动作模式都需要这样。躯干支柱准备允许我们在进行其他部分的训练计划之前，花费几分钟的时间将注意力集中在心理和肌肉的调整上。

2｜动作准备

动作准备已经改变了运动的发展，在提高运动员整体的表现的同时减少了运动损伤。

我们已经将动作准备这一环节在精英运动员身上实践了二十多年，它是一系列主动的热身练习，能够有效地提高核心温度，激活神经系统，延展、强化、稳定以及平衡肌肉，正如它本身的命名那样，动作准备是"为接下来的动作做好准备"。

传统的热身方法由伸展—保持的静态拉伸（stretch-and-hold static stretching）和固定自行车骑行等一般热身方式组成。我们希望将热身这段时间更加高效地利用起来。（尽管在练习之前静态拉伸并不是最好的拉伸方式，但它是在练习之后提高身体柔韧性的最佳选择。）

我们的目标是提高肌肉长期的灵活性和柔韧性，而不仅仅只是让肌肉拉伸或恢复到原来位置——这跟偶尔做做按压放松的情况一样，当然静态拉伸和按压都是符合"伸展—保持"原则的有效策略——你希望身体能够记住这些新的关节活动范围。这可以通过拉长肌肉（即主动延长）的过程实现，它比传统的拉伸更加有效。不同之处在于：你不仅仅是被动地拉伸肌肉；还要在完成主动拉伸的同时，立即在新的活动范围内有效地收缩肌肉，进而达到加强肌力的目的。与传统的拉伸运动不同，通过主动拉伸可以使人体肌肉在新的关节活动范围内进行运动。

这一哲学体系对于那些从事军警特种职业的人士尤其重要。假设你已经在飞机或其他交通工具上负重背包数小时，然后突然跳跃而出，你的动作和决定都非常具有爆发性，因此在此类复杂危险的环境中，一旦你具备了动作质量的基础，就会保护你免受危险。

动作准备还是一项很强大的自我评估工具。在你掌控动作模式的过程中，还要将注意力集中在你的身体姿势和躯干支柱力量上。同时，要时刻注意你身体左右两侧以及前后的任何不对称性。随着训练计划执行的不断深入，动作准备将会成为诊断你身体状况的日常工具，它会让你的注意力集中在你需要注意的区域上。

人们没还意识到包括热身时段在内的所有动作，都是一种显示身体疼痛、不稳定性、缺乏灵活性和不对称性来源的自我评价手段。动作准备通常代表了基础动作模式，是你作为人类必须顺畅自如完成的基础动作，作为高水平运动员更应如此。

动作准备会将很多原本你认为不太重要的低强度内容整合进热身的时段当中。动作准备或许看起来像是主动地将普拉提和瑜伽自然地融为一体。事实也确实如此，但同时它还激活了身体当中所有小块的稳定肌群，以维持平衡。你会重新审视并重新唤醒婴儿时期就掌握的正确动作模式，因为这些动作模式是你离开母体时就已"编程"进你的脑海当中。

小结：动作准备已经在精英运动员中实践了二十多年，它是一系列积极的热身练习，能够有效地提高核心温度，激活神经系统，伸展、强化、稳定以及平衡肌群,为更多挑战性的运动做好准备。动作准备会重新建立人体年轻时候曾经享有的灵活性、协调性和关节稳定性,提高力量的平衡性和协调性。换句话说,它会提高身体处理信息的能力。

动作准备在最初阶段将会具有很大的挑战。不过,请记住竞技体育中的天之骄子也同样经历了这些磨难。

3 | 反应力量训练

反应力量训练[①]是为了将力量和速度结合起来而设计的动作练习。这些包含了从上至下、从一侧到另一侧以及身体前后转动动态练习,可以激活身体的中枢神经系统,通过刺激快肌纤维让你能够迅速、高效地产生所需的力量。这些动作包括在不同的运动平面,以不同的速度和负荷进行的双腿跳跃(Jump)、双腿交替跳跃(bound)和单腿跳跃(hop)。

反应力量训练分为双腿跳跃、双腿交替跳跃和单腿跳跃。双腿跳跃是指两条腿同时起跳,随后同时落地的跳跃动作;双腿交替跳跃是一侧腿起跳后,另外一侧腿落地的跳跃动作;单腿跳跃是一条腿起跳,该侧腿落地或双腿同时落地的跳跃动作。

反应力量训练的动作要经历"伸长—缩短循环"(Stretch-shortening Cycle, SSC)过程,这是一种肌肉快速伸长,然后再紧接一个肌肉快速缩短的运动过程。例如,将一只手放置在桌面上,然后,用另一只手将桌子上的手指快速扳起并放开。你会听到强有力的敲击桌面的声音。"伸长—缩短循环"就是利用了牵张反射原理,在运动过程中通过贮存弹性能量来产生更大的爆发力。

人体就像是孩子玩的弹簧高跷,可以强有力地贮存和释放能量。反应力量训练可以提升协调各种动作的能力,尤其是变向能力。通过贮存和释放弹性能量,你会产生相当大的速度和爆发力,同时减少能量消耗,并提高耐力。

---

① 译者注:Plyometrics 在国内被翻译成"超等长训练"、"快速伸缩复合训练"或者"增强式训练",但是从练习的机理来看,这种类型的训练主要是通过神经肌肉系统地强化练习,实现力量快速而有效地输出,因此本译文中全部使用"反应力量训练"作为这种训练的称谓。

每个动作都包含一些弹性成分。你的身体,尤其是在你的筋膜和肌肉系统周围,都拥有弹性的特质。所以毫不夸张地讲,你可以将自己身体视为由一系列的弹力带组成的系统,它们串联在不同的平面和索具上,以恰当的关节角度被牵拉。

想要拉开一条弹力带,你需要固定好一端,比如说将其一端固定在你的拇指上,然后向后牵拉另一端,就如同要将它向房子的另一端弹射出去。在我们的训练计划中,特别注重稳定性的作用。简单来说,稳定性就是指肌肉和筋膜的锚点(Anchor point),它们让你可以通过牵拉这些弹力带和悬带,释放出更有爆发性的能量。

当身体开始运动时,它会拉伸拮抗肌,储存潜在的能量,然后在需要的方向上释放能量。弹性并不需要大块肌肉,只要肌肉和筋膜悬带(Fascial slings)足够结实和紧致,可以从它们原来的位置被牵拉即可。拉伸它们的弹性,使得肌肉和筋膜能够快速反弹回去。拉伸的速度或速率以及张力反弹的情况与如何快速地发力并复原是相关的。

弹性很重要的一个特点是它不仅仅能够帮助你跳得更高或者跑得更快,它还能让你更加有效地移动。本书训练计划的目标是对肌肉的收缩装置施加压力,让你以更少的时间和更大的爆发力来储存和释放能量。

> 切记:练习越具有动态性,就越能产生更大的弹性。动作越慢,人体的注意力就会越集中在稳定性和力量上。

反应力量训练可以提升爆发力,同时也是保护运动员的最佳训练之一。弹性帮助你承受快速施加的负荷,以及在你从事项目中的每次跨步和每场比赛中对肌纤维的牵拉。如果你曾经看到过运动员跳跃后高空接球或者扣篮,落地时伴随着四肢摇摆并翻滚,一定很想知道他们为什么不会受伤,答案就是弹性系统。它是人体的一种能力,可以感知伸展的速率、储存能量并将肌肉等恢复到原来的位置。下次你再看到足球运动员击球时,考虑一下有多大的外部力量施加给弹性系统,以及身体完成这些力量的吸收。弹性为运动员提供了一套无意识的刹车和减速装置,用来承受这些高强度快速地拉伸负荷,以保证身体不会被拆解。

你的关节为身体提供框架结构,而肌肉筋膜系统的弹性特质保持身体各部分相互连接。

本单元的动作分为四大类别:快速反应、短时反应、长时反应和超长时反应(Rapid, short, long and very long response)。

快速反应训练是非常短暂、快速的动作练习,可以提高组织的耐受力。这些低冲击力、高速的练习可以提高地面反应力量和动作速率。

短时反应训练是大力量、低频率的动作,例如跳箱(Box blasts)、团身跳(Tuck jumps)、跨栏跑跳(Hurdle hops)。这些练习通过触地后立刻反弹的练习,提高身体的弹性。这些动作具有最快的发力率(Rate of force)和尽可能小的活动度,这也是为什么这类练习被划分在高阶反应力量训练。

长时反应训练是中等力量、较大活动度的动作,重点在于针对稳定性和功率,为更高阶和更多的爆发性练习打下基础。双脚接触地上的时间会较长,但是每次动作重复产生更高水平的功率。

超长时反应训练的活动度更长,涉及的力量也更大。训练包括利用蹦极绳或负重背心进行的抗阻蹲跳(Resisted squat jumps)和分腿跳(Split jumps)。反应力量训练到这个阶段,我们开始进入到功率训练,增加了外部负荷。

反应力量训练的关键是每次动作重复时都要保证全力以赴、发挥出最大的功率。随着训练的提高,这会成为身体的一种反射作用,而不再受大脑控制,进而成为比赛时的本能反应。

小结:通过反应力量训练,你可以提高身体弹性,它代表了产生和减少力量的能力。通过此练习,身体会更有弹性,更加柔韧。弹性可以减少损伤风险,在更短的时间内产生更多的力量(根据需要也可能是更少的力量)。反应力量训练是身体稳定性、灵活性、力量、爆发力和动力学平衡的完美组合。

4|动作技能训练

自 1999 年成立以来,我们训练中心所教授的重要训练哲学理念之一就是动作技能。在之前的系列书中,我们从未如此深入地挖掘这一内容。

当然,我们所做的一切都与动作有关,整个训练计划强调躯干支柱力量的发展以保证身体的稳定性、灵活性和弹性,从而形成完美的动作,获得良好的运动表现。

动作模式是我们在孩童时期就已获得的技能。正如我们之前讨论过的一样,幼儿最初学习移动时如同突击队员一样依靠前臂爬行,然后逐渐进阶到用手爬行,最后能够站立起来。这些都是技能。每个运动项目或军警特种职业的人士都必须掌握一套特定的动作技能,能够让自己尽可能以最少的能量消耗进行最高效的运动。

在本章节,我们集中两个领域的动作:线性和多方向性动作。

线性动作技能训练指的是在一个方向上,发展主导身体移动所必须的技术和功率。线性动作可以分为启动、加速、过渡以及绝对速度技术等。加速指身体从静止位到达高速状态,或是改变功率或方向——例如从 0 至 15 码(0—14 米)。绝对速度指在某段距离中保持一定速度所需的技术,其中包括了峰值速度。可以把这一过程看成赛车过程中有效的挡位切换。你肯定清楚如果直接从 1 挡跳到 5 挡,会导致发动机损耗或者直接抛锚。如果你处于一个不能完成高速任务的低效姿态,你的身体也会经历相同的境遇,最终让你精疲力竭。运动专项所需的动作技能就是为了提高你的速度、功率和耐力。

动作技能代表的是你在正确的时间以正确的发力角度作用于地面或其他物体时发挥最高速度的能力。一些人可能会认为动作技能训练就是速度训练,实际上它只是其中一个部分。将这一过程称之为"动作技能",我们并不是为了起一个好听的名字,我们意在让人们意识到人体必须具备在必要的时刻能够快速而有效地生成速度和功率的能力。

在动作技能中,我们重点关注的是各种角度,以帮助你从足与胫骨间、胫骨与大腿间、大腿与脊柱间产生力并了解这些人体部位与地面的相互关系。你需要完成加速、减速、储存能量然后再次加速。本单元中你会注意到我们将这些训练组合在一起，全面提升你的灵活性、稳定性、速度以及爆发力，将你的动作技能推向更高的一个层级。本训练计划能够让你在更长的时间段里移动得更加快速、更有力量。

来过我们训练机构的大多数运动员都自认为他们的动作技能非常好。一些人认为通过提高稳定性和灵活性，动作就能够变得更快；增加力量训练、合理摄入营养补剂、进行高速的间歇训练，速度就会提高。

当然，这其中也有一定道理，所有的上述因素都是训练系统的一部分。但是，除非你一开始就专注于动作技能的练习，否则你很难将其他方面取得的努力转化为最大化的效果。

让我们以绝对速度为例。绝对速度就是一项动作技能，而不仅仅是人的自然能力或遗传特征。我们引以为豪的是可以让运动员的动作更快，无论他们的体型或年龄如何。当你通过训练让双脚以最合理的方式触及地面，向前推动髋关节直至躯干呈直立姿态，你的绝对速率肯定会获得提升。我们会在实际的动作练习中将冲刺跑分解至与它有关的不同要素中去。

一旦运动员能够意识到这些动作是怎样同他们所从事的运动直接联系起来时，他们立刻就会对动作技能中的动作产生顿悟。这就像电影《功夫小子》（The Karate Kid）讲述的一样，主人公丹尼最终领悟到所有花费在粉刷 Miyagi 先生篱笆和为他的汽车打蜡的时间，实际上就是在帮助他完善空手道技能所必需的动作。当然，我们的运动员可能不会在整修训练设备时融入这种训练，但这些训练的确会让运动员在执行动作的时候看起来更好。

这就是我们为运动员整合的全部内容：稳定性、灵活性、弹性、相对功率和耐力等等，不管在运动领域还是机动作战层面，这些概念都会在你驰骋的竞争性环境中发生共鸣。这就是你训练的原因所在。

我们的动作技能领域涉及内容非常广泛，远远超出本书的范围，因此我们建议登陆以下网址（www. coreperformance. com. ）查阅更多信息。我们的目标是提供那些可以在最小的空间内完成，并同竞技场上表现直接相关的高强度的动作技能。

无论你是什么类型的运动员,学习更好的发力方式,更快的速度和更好的灵活性完成切步动作,你就可以在摆脱防守队员或紧贴对手的过程中占得先机。这一原理同样适用于军事战术情景,我们将所有以最大速度穿越十字街道的动作模式进行分解,这一过程中双肩要求始终朝向目标,并能够准确射击。

动作技能很像构成墙体的砖石。以美国橄榄球联盟(NFL)选秀训练中著名的40码(36米)冲刺技术为例。我们已经训练过数百名NFL的希望之星,通过对站姿、起动、加速和转向动作的整合训练,以提高绝对速度的关键动作技能。如何有效地将上述动作技能串联起来并且实现由一种技术向另一种技术过渡决定了这些新星运动员选拔的成功与否。

我们将这些动作技能综合起来用于每个项目的专项任务。例如,以一名橄榄球外接手跑动路线为例。他的动作技能包括两点站姿、准备姿势、加速、减速、切步、再加速、接球和在边线前再减速等。这是一个具有橄榄球专项特点的动作——15码左右(14米)的动作模式——但是无论你从事何种运动项目,里面涉及的动作技能都已涵盖其中。

动作技能的关键点在于执行时可以游刃有余。如果我们在一开始时没能掌握这些基本的动作模式,那么练习动作技能所得到的效果只处于中等水平。如果一名运动员患有慢性踝关节疾病,因缺少足够的踝关节灵活性,而不能使胫骨和膝关节在足上方合理地移动,那么他就不可能正确地执行动作;如果他的踝关节以90°锁死,那么我们就永远不可能获得正确的身体姿态,更不用说拉伸相关肌群了。

踝关节在锁死情况下,运动员就不能够完成切步或加速。因此,其他部位将出现代偿,使得这些肌肉和关节不得不承受过大的压力。这是一个恶性循环,但是我们可以防患于未然。通过掌控躯干支柱准备和动作准备练习,我们可以为完成各种动作技能而建立良好的基础。

让双脚保持最佳状态

近几年,极简主义的运动鞋越来越流行。只要穿着合适,它就会成为一项提升表现的重要策略。

我们的双脚分布着最大比例的感觉接受器(Sensory input receptors)。在人体206块骨头中,足部占到了25%。人体脚上有28块骨头、33个关节、107条韧带和19根肌腱。这意味着训练时尽可能地让双脚接近地面非常重要。它可以提高软组织质量和腿部力量,帮助你快速恢复。

循序渐进,从传统的注重稳定性的鞋子过渡到训练鞋,再到最后的"赤足"阶段。至少给自己几周的时间让你的动作模式开始适应鞋子的改变。

可以从"清晨仪式"开始,让你的脚踩在网球、垒球或者高尔夫球上来回滚压,每侧脚各完成30秒。单足站立保持平衡可以提高髋关节的稳定性,球在足弓处的滚压可以放松筋膜,激活足部的多个扳机点。同时,还可以强化大脚趾的重要性。

这种不穿鞋,同时滚动大脚趾的晨练程序是大部分人所不习惯的。但大脚趾是整个动力链的触发器。因此,我们希望人们在走路的时候,保持脚步线性向前,滚动自己的大脚趾。

很多初次穿着五趾鞋的人士会抱怨无法将脚趾充分地伸展开顺利地把鞋穿上。这是穿鞋人的问题,而非鞋子的错。你应当能够伸展脚趾顺利穿鞋。穿鞋的速度从另一个侧面表明脚趾的灵活度和动作控制的能力。

不妨将此作为锻炼趾骨的手段。我们应当能够像我们的手指一样轻易地将脚趾分开。但是,这么多年穿鞋的方式束缚了我们的脚趾。怎么办? 定期脱下鞋袜,将脚趾全部分开。

穿着极简主义的鞋子,双脚应当在髋部正下方接触地面,从而在全身产生更有效的能量传递。步幅变得更短、更紧凑。双脚能够自然地做出反应,进而增加足弓的力量。

将足弓想象成弹簧。如果你的足弓很好,蹬踏地面时足弓就会像弹簧一样扩张并迅速反弹恢复。这就是足弓的作用——储存并释放能量。它会拉伸并迅速恢复原状。在一般的鞋子中,我们失去了很多这类动力学特征。

当过渡到极简主义的运动鞋时,通常都会产生一些不适感,然而一旦出现任何的疼痛就要停止穿着。在穿着极简主义运动鞋进行训练的前后,应让足弓滚压网球、棒球或高尔夫球,然后使用软组织按压棒放松小腿。足部保健一直非常重要,尤其在换上极简主义的运动鞋之后更是如此。要及时发现皮肤、足茧和疱疹上的切口或破损,保持脚趾甲整洁、美观。穿上极简主义的运动鞋会使你更容易出现足趾嵌甲,它同草地趾①(Turf toe)或脚踝损伤一样,会削弱力量。

人们并不太关心他们的双脚,尤其是男孩子。如果你希望体验极简主义运动鞋带来的训练提升,那么注重足部的保护将非常重要。

引入极简主义运动鞋绝对会有很多益处。请从躯干支柱准备、动作准备以及恢复训练阶段开始穿着这种运动鞋进行练习吧,你绝对会看到立竿见影的效果。

线性动作

线性动作技能是指人体在高速情况下传导力量的能力。它可以分解为四个组成部分:起动(Start)、加速(Acceleration)、过渡(Transition)和绝对速度(Absolute speed)。

启动时,要建立一个身体平衡的姿势,尽可能将身体重心升高,使其位于身体支撑面之前。想象一下顶尖短跑运动员的姿态。他们没有弯腰弓背,而是保持了一个高站姿,身体稍稍前倾。这样可以使传导至地面的力量最大化,并且保证最大速度在可控范围。

启动时,下半身应呈现三屈曲姿态。双脚分立,与髋同宽。踝关节背屈(脚尖向上)尽可能至最大程度,脚与胫骨形成大约45度角,目视向前方10码(9米)处。肘关节屈曲90度,双手在髋部于头部之间摆动。

无论你采用的是田径项目中蹲踞式起跑,还是站立式姿势,或者你所从事项

---

① 译者注:草地趾因第一跖趾关节过度背伸造成,随着人工草皮的出现,其发生率和发现率出现增加。大多数学者认为随着使用时间变长人工草皮的硬度增加,以及人工草坪专用足球鞋柔软性的增加都会造成跖趾关节应力增加。

目中通常采用的姿势,加速都与准备姿势有紧密联系。加速持续的距离在 0 至 15 码(0 至 14 米)之间。之后,我们将过渡到绝对速度阶段,此时身体会更加趋于正直,双腿动作也更具周期性。在手臂和腿部动作的中间,你会感觉到跑动来自于身体中心的顺畅移动。这可以使你达到最高峰值速度,并保持这一速率。它可以在接下来的比赛中维持 15 至 20 码(14 至 18 米),不论是 50 码(45 米)的冲刺跑或数百码的竞速跑。

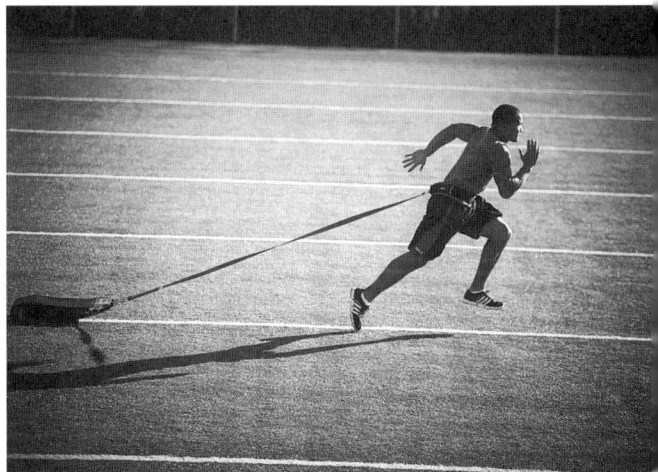

加速的作用就是要在相同的动力学机制下让你跑动效率更高,在提高速度的同时减少用力程度,从而跑动更长的距离。

在加速时,双脚蹬地,确保你的髋关节、膝关节和脚踝充分伸展。这可以使作用于地面的力量达到最大化,力量传导经过全身,产生尽可能多的爆发力用来加速。当加速时,身体前倾 45 度,从脚踝开始,保持髋部、躯干和颈部成一条线性。你应该有沿着脊柱向上挺拔伸展的感觉。

双腿应当似活塞式向前驱动,每一步都要冲击地面。你应当保持一侧髋部屈曲的同时另一侧完全伸展(经过躯干支柱准备和动作准备练习之后,你将掌握这种运动方式)。

随着脚部蹬离地面,腿部将进入到摆动期,你处于髋(90 度)、膝(不足 90 度)、踝(完全背屈)的三屈曲姿态。维持这一姿态的关键是保持脚趾向上(或是背屈),这是跑步动力学中最重要的要素。

当你想要把能量通过强有力的脊柱从身体上部传导至下部时,上半身的生物力学特性也在加速阶段发挥着重要的作用。脊柱需要保持一个紧绷姿态,并且加入手臂运动。如果不动用手臂,你就不能完全整合躯干的力量。单纯依靠你的脊柱和双腿是不能够完全做到弹性势能的有效储存和释放,而这对于将运动表现推进至更高·层至关重要。

绝对速度和"跑步经济性"

通过有效地运用手臂和肩关节,可以产生并"重复利用"更多的能量。放松肩部,保持双臂大约90度屈曲,就像你的双手不断地从后面的口袋抽出来伸向鼻子一样。伴随着肘关节沿躯干前后的推动,胸部、肩的前部以及躯干能够得到有效的伸展。手肘很自然地会迅速回到身体前方,形成有效的钟摆运动。

那么,上述内容与加速存在怎样的关系? 一句话:它与每个方面都相关。人体的运动具有整体性,你会发现手臂的动作支配着腿部的活动。

为了获得较好的线性动作和加速度,你必须具有充分的活动度。在相对功率发挥作用之后(加速之后不久),灵活性将在加速过程发挥重要作用,成为连接上下半身的关键因素。例如,手臂发力时,如果你的肩关节受限,那么就会影响你维持脊柱稳固姿态的能力;如果髋关节和膝关节缺乏灵活性,就会影响你身体充分伸展的能力;踝关节的灵活性不足,会导致很难完成背屈,而背屈对高效的跑步动力性十分重要。

多方向速度

多方向速度对绝大多数的运动和军事环境都非常重要。为了提升你的多方向速度,我们也要像对待其他任何复杂技术一样,首先将其先分解成单独的组成要素。

我们先教授基本的站立姿势,即篮球运动员熟知的三威胁①姿势(Triple-threat position):双脚分开站立,比肩稍宽,膝关节呈 90 度弯曲,形成稳定的支撑面。

背屈的力量

找个同伴做一个简单的测试,看一下你执行背屈的情况。面部向下俯卧于地面,一只腿抬起来,就像在完成腿部卷曲练习一样。屈膝小腿同地面呈 90 度角,就像是处于腿部屈曲的中间阶段,让同伴将你的脚向后拉向地面。与此同时你要对抗拉力,不要让同伴移动。你会感觉自己的腘绳肌就像燃烧一样,对大多数人来说,此时脚趾会拉向胫骨,两块大的肌肉会从小腿背面凸显出来。

现在,假设相同的姿势,你的腿屈曲再次与地面成 90 度角,但脚趾向上指向天花板,然后让同伴试着向下拉动你的足后跟。你会很惊讶地发现腓肠肌松弛没有参与到运动当中,而腘绳肌所承受的张力则达到刚才的两倍。

为什么说这个很重要呢?因为每次迈步时,你的腿都会经历这样的动作过程。如果你的脚趾是向下的,你的腓肠肌就没有参与到运动中来,腘绳肌就不得不承担两倍于脚趾向上时腓肠肌参与或激活状态的工作量。脚趾向下时,你的腘绳肌将更易疲劳,因为在肌肉组织上施加了更多的负荷,造成速度降低,表现下降。会出现慢性腘绳肌紧张的情况,进而导致腘绳肌损伤。

足部蹬踏地面的方式经常会困扰跑步者。一些人尝试用脚跟蹬地,而另一些人则尝试用脚趾奔跑。这两者都是错误的。在合理的背屈情况下,你迈步时足部与地面的撞击区应该正好位于髋关节下方,而不要超过身体的前方,从耳朵到脚踝都保持一条线性。

如果身边有同伴,让他或她试着推你一侧的髋关节,然后向上移动到你的肋骨部位,用力推你的肩部。你会立即感觉出正确的姿势和你需要具备的“角度”。或许你还经历在那么一瞬间具有《功夫小子》式的领悟,真正意识到所有

---

① 译者注:三威胁是篮球项目中的持球动作,要求持球人腿部弯曲,双手胸前持球,因为在这个姿态下可以投篮、传球和运球突破,所以被称为三威胁姿态。

增强躯干支柱力量的训练是多么的有价值。

在这种平衡的三威胁站姿下,你可以横向迈步、滑动、交叉步或后撤步、跳跃、加速或在这些动作之间任意转换。你将会掌控所有这些动作,并通过日常练习,将它们衔接起来,在有效移动的同时,提升协调性、速度以及爆发力。

接下来我们将会介绍随机灵敏性(random agility),这是一种面对外部刺激时作出反应和移动的能力。随机灵敏性的测试通常在体育场或军事场地中进行。我们将会提供组成多方向运动的主要概念。如果你可以掌握横向及基本准备姿态的切步(Lateral and base cutting)以及爆发式交叉步,你就会具有一个扎实的多方向运动的基础。通过与加速技术结合,能够提升多方向运动的速度。

横向基本姿势是大多数项目的基础。想象一下你学习投球或射击时的情景。动作开始时需要较大的躯干支柱力量参与,双脚分开站立略宽于髋,屈曲踝关节和膝关节。身体在髋关节处轻微前倾,让自己处于一个平衡且有力的姿态。

在这种姿态下,你应该感觉身体重量落在足部中段至跖骨球间,并略向前移。从侧面看,我们应该能够看见足和胫骨之间、胫骨和大腿之间以及大腿和脊柱之间的角度。在向前或横向移动、转身或跳跃时,应始终保持平衡。你都应该做好充分准备,以应对对手传来的球。

这就是基本准备姿态。在你起动时,无论向右、向左、向后、转身,都由这种姿势开始或结束。在大部分运动中,几乎所有人都以横向基本准备姿态作为开始或结束动作。这种姿势可以让你的身体具有很好的动态平衡——正如它的定义,保持你的脊柱在身体基本支撑面之内。

我们如此坚定地发展躯干支柱力量的原因是它可以让我们更加主动地利用

横向基本姿态,即我们熟知的切步。切步动作主要是通过支撑脚让身体迅速减速,在保证身体处于基础支撑面之内的同时,向其他方向移动。想象一下自己正在向右侧移动,以右脚为支撑,为躲避对手或障碍物而作出切步动作向左侧移动。这听起来很简单,但是却很少有人能够正确地执行动作。因为我们发现大多数运动员的单侧脚踝和/或髋关节缺乏灵活性。所以,他们的身体无法做出正确的角度,拉伸正确的肌肉来做出恰当的切步动作。再者,绝大多数运动员的躯干支柱力量都相对薄弱。当他们单脚着地时,肩部和脊柱仍然朝切步外侧移动,造成胸部和肩部超过了脚的位置。他们缺乏足够的躯干支柱力量以确保减速过程中脊柱处于身体的基础支撑面之内。这种情况不仅会导致运动表现不良,同时还会增加脚踝、髋关节尤其是膝关节的损伤风险。如果在这种情况下遇到对手的推挤,身体所承受的力量就会更加明显。

一旦你掌握了这些动作模式,你会成为一个高效且灵活的运动员,能够将储存的快速力量在相反的方向上释放出来,在更少的用力程度下发挥出更高的速度和功率。

执行切步动作时,不能忘记内侧腿(即支撑腿)也在减速环节中发挥着重要的作用。内侧腿应当保持在身体基本支撑面之外,协助减速,而且可以在外侧的切步脚失控时,做出补救动作。内侧腿要能"承受"住全身的重量,让你可以向另一个侧反向移动。

大部分人存在横向动作模式不良,造成速度较慢,动作比较僵硬且容易受伤,尤其是在腹股沟区域。例如,很多项目的教练员教授运动员"向左侧滑步"的方法是让他们伸出左腿或引导腿和脚指向左侧。这是一个非常危险的动作,因为当腿外旋转并指向某一方时,你完全不具备切步动作的能力,无法利用伸出的脚作为反向运动的支撑腿。

切记:横向基本姿态要求两只脚保持正直向前,垂直于髋,这样才可以让的内侧脚完成蹬地和切步。如果脚发生外旋,就会失去这种能力。当你试图制动的时候,脚就会朝着脚趾的前方移动。膝关节随即沿着胫骨向前滑动,有可能超过脚尖,这会在膝关节出处形成剪切力,导致更大的损伤风险。

要确保脚趾指向正前方。蹬离后方腿，以横向基本姿态分立双脚，让躯干和脊柱处于基本支撑面之内，根据实际需要向任何一个方向移动：做出向前、后撤步、反向返回或垫步垂直跳等动作。

为了提高多方向技能，特别是考虑到很多运动员在冬季或在家期间，训练容易受到室内空间的限制，我们专门挑选了一些不需要占用很大空间的练习项目。我们会把这些练习加入到日常的动作训练中。我们也会采用折返跑训练，因为在更多能量消耗的情况下，训练可以提升动作模式。大多数场地项目和团队项目的运动员在这种训练中产生的疲劳感远远超过他们的心肺能力。

动作之一是在腰部处放置一个灵敏带。一旦你的准备姿势不正确，就有可能被拉到一边。在这种情况下，你会自动保持最佳姿态，感觉就像一名身旁的同伴正在推你。由于在回到初始位置前你的身体承受了一定的阻力，因此再次返回时，你的身体将承受一个更大速率的向回拉力，造成你的减速力量相应增加，该练习可以提升身体整体的弹性、爆发力以及身体姿态。

我们也会使用迷你带进行侧向双腿交替跳跃练习，向你展示如何生成侧向爆发力，以及如何稳定外侧腿；在对侧腿移动时维持髋关节、膝关节和踝关节良好的稳定性；在进行切步时维持支撑面稳定。

海曼斯奖杯

多方向速度的另外一个主要的动作模式是交叉步。如果你要向左侧完成横向移动并向左冲刺跑，那么就需要向跑动的方向转动肩关节和髋关节，迅速进入加速模式。交叉步练习可以让你以强有力的跨步完成这段距离。

假设在支撑面用右腿进行一次有效的交叉步。随着外侧腿（右腿）的下压，内侧腿（左腿）将朝着你要移动的方向牵拉髋关节（髋旋）。而当外侧腿蹬离地面时，应确保具备加速时相同的动力学机制：膝关节、足跟以及脚趾同时向目标方向发力，准备以有效的角度全力踏向地面。

多方向速度的要求很高，这也是教练员们称其为"讨厌鬼"的原因。你只有具备了相对功率、效率、耐力和敬业精神才有可能有效地掌握这项技术。多方向速度要求所有的动作能力协同工作,包括最重要的一项,即你的意志品质才能最终让你完成训练,变得非常迅速有力。

小结:通过动作技能的训练,我们将会重建孩童时期学习到的基本动作并使之更加完美;重点关注通过线性和多方向速度动作模式,练习专项动作技能。通过将动作分解为多个可习的内容,我们将会以更高的动作效率和更少的损伤率,更快地完成相关动作。

5 | 实心球训练

作为发展人体灵活性、稳定性,尤其是功率的一项工具,实心球有着数千年的历史。

但是在运动员的"兵工厂"里,实心球不仅仅是一个强有力的武器,它是本计划的一个完整单元。我们通过实心球训练提高相对功率和弹性,通过多种"爆发式"的实心球练习,促进力量与速度的整合。

你的训练就是摧毁实心球,竭力将它砸坏。很多练习与力量房中的练习动作相似,但实心球的伟大之处在于我们可以采取急速动态或弹射的方式进阶。例如当我们练习"蹲起推抛"(squat press to throw)时,抛出重物将会获得额外的益处。不仅如此,实心球练习还是一项高效、有趣的运动。仅仅需要一个球和墙壁,你就可以将最好的弹性、功率和耐力贯穿于所有的动作模式中,并让失意情绪得到发泄。

用实心球结合过顶和旋转动作完成多次"快速胸前推"(Rapid chest presses)。这个练习可以发展你快速投掷、转体或者大力击打的能力。我们还可以将实心球以不同的形式撞击墙壁和地面来发展功率。

所有的这些运动都会提升你的"动力链"效用。这是一个充满想象力的术语,代表身体将能量从一个部分向另一个部分传导的能力。联想一下高尔夫运动员如何开始双脚发力,然后通过髋关节、肩关

节、手臂以及双手最后将力量传导至球杆。

这种强有力的能量传导也可以在武术项目中看到。同高尔夫一样，这种能力与运动员的体型没有任何关系。以李小龙为例，身材矮小的他可以通过有效的动作来产生强有力的爆发力。他在平衡站姿下身体轻微地蜷曲，就能够朝目标方向释放惊人的能量。这个案例很好地向我们解释了如何完成每个竞技动作。

同任何装备一样，实心球的选择非常重要。我们需要的是重量在6到12磅（2.7至5.4公斤）之间的橡胶实心球。当然也可以使用更重的实心球，但在初始阶段还是推荐使用上述重量。当你对墙抛掷实心球时，需要应对实心球反弹回来的重量和速度。球的气压越大，从墙上反弹回来的速度就越快。为了能够使球减速并再次加速掷向墙壁，你需要使用更大的力量，动作强度也随之增加。因此，我们不仅要逐渐提高训练组数和重复次数，还需要增加气压来增加训练强度。

在实心球的训练初期，你可以通过减少球内气压，来降低球反弹回来的速度。这样做可以让你掌握动作的时机和协调性。随着对抛接动作的不断适应，应当逐渐增加球内气压。

实心球的使用方法非常多，开始阶段的动作要求持球完成专项动作模式，然后在行进间完成球的加速和减速。这样会有助于获得运用动力链效用储存和释放弹性势能的能力。

弹性可以转化成为功率，与肌肉体积无关。它是单块肌肉和肌群之间有效募集、协同工作产生高效动作时，储存和释放能量的能力。我们的目标是让身体更加高效地产生弹性爆发力，同时保护身体免受短期疼痛和长期慢性疾病的困扰。

实心球可以强化脊柱姿态，因为如果身体出现轻微的不平衡、不稳定或排列不齐，那么实心球的重量将让你感到不适并缺乏爆发力。这种直接的生物反馈机制可以促使你的身体回到正确姿态。

随着不断进阶，你应当进行更多的弹射和动态抛投练习，为更大的功率输出做好准备。在执行这些动作时，要找一个坚固平面，最好是混凝土或砖砌墙——只要能够完成抛接实心球练习即可。EXOS具有丰富的实心球训练经验，我们根据实心球的弹性特征进行了不同划分。

在进行实心球抛接动作时,需要将注意力集中在手部位置。你的前导手——距离墙最近的那侧手——应当置于实心球下方。后侧手垂直于前导手并与之相碰,小手指相互接触。手部形成杯子状的托盘,让实心球坐于其中,确保在活动范围之内对球的控制。双脚最先发力,并将力量经髋关节、躯干、肩关节传导至双手。这样可以提高运动效率,比单纯依靠手臂投掷实心球更好地发展功率。

同很多运动员一样,实心球训练单元也会成为你最喜欢的练习之一。

小结:实心球训练不仅仅是一件经得起时间考验的训练器材。它还是 AP 训练体系的重要单元,通过在三个运动平面上发展力量,使你更好地掌握基本动作模式。

6丨相对功率训练

功率 = 力量/时间

功率的计算公式是力量除以时间。相对功率反应了功率与体重的比率。一名体重为 175 磅(79 公斤)的运动员减重至 160 磅(73 公斤),如果功率与肌力不变,则他的相对功率将出现激增。

相对功率会让运动员更加高效。术语"相对"寓意为"每磅(每公斤)体重",所以我们希望打造出每磅(每公斤)体重都是最有效率的运动员。在其他领域中,它指的是功率与重量的比率。生活中很多有趣的事物——如汽车、飞机、摩托车等等——都有其特定的功率/重量比。

对运动员来说,相对功率能够让事情变得简单很多。他可以更好地控制身体的重量,也可以有效地减速或再加速冲向地面或其他地方。功率是按照身体需要产生的力量,使你更快速、更容易地达到你期望的目标。

在使用"功率"这个词时,我们需要考虑单位时间。当我们开始讨论不同项目的运动员以及他们运动能力时,所涉及的每项内容都是在单位时间范围之内。这就是促使运动员赢得比赛的元素。这种差异体现在一名橄榄球项目

的外接手可以在很小的空间内完成制动并迅速切步至其他方向,而另一名运动员则可能由于爆发力不足而延长制动的距离,切步动作也更加吃力。前者能够很轻易地甩开对手并接住传球而另外一名运动员则被紧紧盯防无法摆脱。

通过增大肌肉体积或者增加体重以达到功率提升的目的,其实是一种谬论。例如,一名运动员体重 200 磅(91 公斤),体脂率为 10%,那么他大约有 180 磅(82 公斤)的瘦体重和 20 磅(9 公斤)的脂肪。现在让他继续保持 10% 的体脂率,但是增加 10 磅(5 公斤)的瘦体重(肌肉)。测试一下他体重变化前后的纵跳成绩,其中纵跳与跳远一样都是相对功率的主要测试之一。如果该名运动员前后测试成绩维持不变,那么大多教练员和科研人员就会视其为一种非常积极的信号。毕竟他在增重 10 磅(5 公斤)的情况下仍能够完成相同的跳跃高度。在这个观点下,他们会认为运动员的平均功率和峰值功率输出获得了明显的提升。

但在 EXOS 看来这是个失败。我们对于功率的训练期望值是如果增加 10 磅(5 公斤)的瘦体重,纵跳高度也应得到提升,而且速度会变得更快。我们并不想增加瘦体重后仍旧保持相同的功率。相反,要在现有瘦体重下发展更大的相对功率。

我们的目标就是围绕相对功率进行讨论。

人们通常认为瘦体重越多越好,但是对大部分非对抗性或非场上位置主导的运动项目来说却不是这样的。大部分运动项目,如果仅仅是为了瘦体重的增加而增加往往会降低身体的运动效率。增加瘦体重会引起全身体重的增加,同时还要看瘦体重增加的部位,因为它可能会使你在加速或减速过程中的每次跨步难度增加。

我们希望在减少脂肪的同时,能够继续保持并提高瘦体重的工作效率。"聪慧"型的瘦体重肉比大块健美型的肌肉更具价值,因为它拥有更突出的灵活性、稳定性、动作模式、功率、力量以及耐力。健美型的肌肉只是为了秀,而聪慧的瘦体重则是为了"动"。

在相对功率单元,我们将会在推(上半身和下半身)、拉(上半身和下半身)和旋转三种动作中进行交替。

本计划中所有训练都旨在最短的时间内获得最大的收益。例如,我们进行上身推练习,参与的肌肉很容易疲劳。当然,这是我们期待的结果。现在如果我们在上身推练习结束后,立即进行上身或下身拉练习,就可以让参与上身推练习的肌肉获得短暂的休息。

如果我们直接进行反向性练习,例如上身的推与拉,这类相对或反向性的动作会引起肌群间的相互抑制,从而促进肌肉恢复。因而,我们可以提高训练计划的质量和效率,更快实现目标。

不仅如此,我们还可以增加训练密度,即单位时间内的训练量。我们不会采用单纯的休息方式,而是通过动作的相互交替实现训练时间的最大化,刺激激素的主动释放。如果你曾经去过健身房,可能会注意到有些锻炼者做完一组练习后会休息1至5分钟,然后再进行下一组相同动作的练习。为了让训练更加有效,我们要同时训练心血管系统和肌肉系统。与间歇训练相似,这类训练会给身体施加压力并刺激它适应这一压力,与此同时在训练结束几小时或几天之后降低体脂,增加热量消耗,提高整体运动表现水平。

我们会通过增加组数和/或重复次数,加大阻力,以及调整每次重复练习的节奏等手段去挑战身体能力;同时,帮助你获得功率和力量。

节奏,简单来说,指你做完某个整个动作模式的韵律。举例说明,假如我说要一个"3-2-1"的节奏,就是指你在3秒钟内完成负重的下降,然后停顿保持等长姿态2秒钟,最后1秒中内推举起杠铃,因此3-2-1节奏即是离心(下降)、等长(最低点)和向心(上升)收缩。

牢记,不管是在体育运动中还是日常生活中,疲劳很容易引发损伤。身体素质不仅要靠心肺循环系统的能力,也要拥有有效的运动模式、更大的相对功率、力量和弹性,使身体可以很快从疲惫状态中恢复过来。

小结:功率是力量除以时间。相对功率反应了功率—体重比。每磅(每公斤)体重可以生成最大功率的运动员拥有最好的相对功率。

7 | 能量系统训练(ESD)

使用术语"心肺(cardio)"或"心血管(cardiovascular)"本身没有什么不对，它们的意思是"心脏和血管的，与心脏、血管相关的，或者涉及心脏、血管的"等。遗憾的是，它们更多的是与长时、缓慢、无效的训练联系在一起。那些力图通过缓慢且恒定的训练，在脂肪燃烧区消耗更多的热量以达到减重效果的观念不仅浪费时间，而且必败无疑。

心肺功能练习传统上被认为是减重或燃烧脂肪的一种方式。我们则将其视作产生更多功率的手段。功率是你完成训练的速率，以及长时间维持高强度运动的能力。我们把这一创造更多功率的过程称之为能量系统训练(Energy Systems Development)，或 ESD。

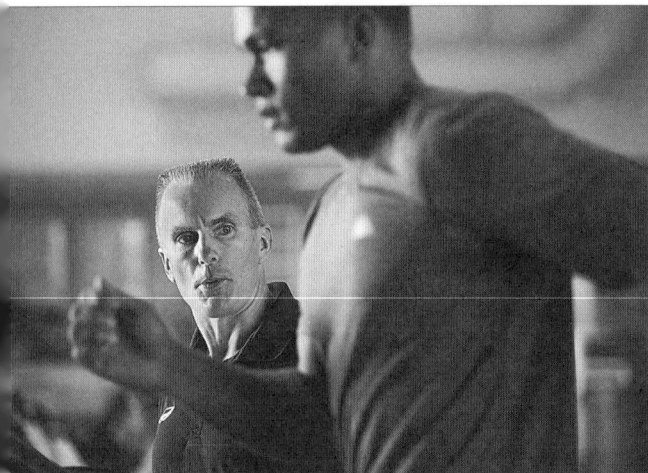

能量系统训练(ESD)可以提升耐力，让我们能够通过短时主动恢复，在短时间内执行多组高效、高速动作，随后再进行额外的爆发式动作。你能够重复进行更高强度训练而不会感到疲劳。当场上所有人在比赛结束后深感疲惫时，你依旧保持着比赛之初的速度，并充满活力，这些都会让你具有很强的竞争优势。

我们的目标并非减肥或燃烧脂肪，当然这种情况在某种程度上或许会发生，但是我们更注重提升身体生成和运用能量的能力。长时且节奏缓慢的训练非但不会强化这种能力，相反会让你的身心俱疲，造成反复性损伤。能量系统训练(ESD)会要求在更少的时间获得更多的能量和专注度。

如果你是一名耐力运动爱好者，或许会期望冲击七种不同的训练强度区域，但是在本书中我们不会这样做。我们会运用能量系统训练(ESD)作为你正在进行其他训练的补充，你将看到你的努力所产生的协同效应(Synergy)。训练承受能力的发展来自于 AP 训练体系每个部分的累积效应——从躯干支柱准备、动作技能再到能量系统训练(ESD)和再生。

　　我们十分确信,间歇训练可以通过训练与恢复的交替切换,有助于耐力的提升。不仅如此,间歇训练还可以在运动期间燃烧更多的热量,并且这种效果能够在训练结束后持续很长一段时间。与连续进行 30 到 60 分钟有氧运动的轻松感受不同,15 至 25 分钟能量系统训练(ESD)就可以让你感觉筋疲力尽。因此,你将获得事半功倍的训练效果。

　　在能量系统训练(ESD)计划中,我们依据强度划分为全力(Sprint)、费力(Hard)、适中(Moderate)和容易(Easy)等四种不同用力程度。这看起来似乎很简单,但却很高效,而且你会发现这种方法一点都不轻松。请佩戴上心率表,观察每次重复、休息间歇以及重复超越上次训练课动作的机体反应。

　　许多训练计划会使用心率区间来界定用力程度,但我们不会这么做,因为心率区间通常是基于最大心率的百分比,然后用"220 减去年龄"。这种计算方法最多只有 50% 的精确性。与之相反,我们更希望你集中在自己的训练和努力上,根据训练课的目的,在给定时间内完成更快的次数或更长的距离。

　　随着身体素质的提升,你会发现自己在相同的心率下跑得更快,每次心跳具有更高的功率输出。这是一个非常重要的概念,我们称之为每搏输出功率(Pulse power),它体现在人体系统的能力,包括高效动作模式、相对功率以及耐力等方方面面。

　　在本单元中,我们会发展三项能量系统:磷酸原系统、乳酸系统和有氧系统。磷酸原系统能够在运动的前 20 秒确保能量的从无到有,就像汽车的一挡,依靠身体储存的能量而不是氧气。由于它不会持续太久,因此身体需要快速切换至中挡(更高挡)。

　　乳酸系统指的是身体承受高强度运动的能力,顶尖运动员可以持续一个小时之久。乳酸系统的缺点是身体排放废弃物的速度高于清除它们的速度,从而增加血液中 pH 值平衡。这也是肌肉产生灼烧感的原因所在。

　　介于大强度训练负荷之间或长时间、低强度负荷之间的恢复期中,身体受控于高效的有氧系统。有氧系统通过启用体内储存的能量和氧气来帮助人体从高强度运动中恢复。

我们在能量系统训练(ESD)计划中采用训练与恢复间隔的方法,就是因为冲刺的组数或间歇越多,你的有氧系统参与得就会越多。这也是为什么高强度训练可以同时提高有氧阈值(Thresholds)和最大摄氧量,即最大心输出量。

每个能量系统训练(ESD)都以一段时间的热身开始。然后交替进行训练与恢复的阶段性间歇。根据训练计划的阶段性要求,你可以选择 1 至 12 次的重复间歇,最后进入到冷身阶段。

训练与恢复之间的间歇关系被称之为训练/恢复比。恢复的效果越充分,训练质量就会越高。比值越低——例如,1 秒钟的训练对应 1 秒钟的休息(1:1)——则挑战性越大,因为留给身体恢复的时间更少。

心肺训练应该在几堂训练课的结束阶段进行,因为在开始阶段所有训练完成的质量最高,身心俱佳且注意力集中,之后将专注于训练质量的延续或训练量。这一概念,直观来看很像是金字塔,最大功率在顶部,能量系统训练(ESD)在最底部。你可以从下面的模板中看到每堂训练课结束时会有一个能量系统训练(ESD)模块。该训练计划的快速总览,可以整合入你的训练模板中去。

力量训练日的能量系统训练(ESD)			
	Day A	Day B	Day C
基础阶段	乳酸能力 0:30 困难/4:30 适中	乳酸功率(长时) 1:00 困难/1:00 容易	
功率阶段一和阶段二	乳酸功率(长时) 300 码折返跑(大约1:00)	乳酸功率(短时) 150 码阶梯折返跑(大约0:30)	磷酸原功率(长时) 100 码全力跑(约0:15)
功率阶段三和阶段四	乳酸功率(短时) 150 码阶梯折返跑(大约0:30)	磷酸原功率(长时) 60 码阶梯冲刺跑(约0:15)	磷酸原功率(短时) 50 码全力跑(约0:07)

训练与再生的能量系统训练（ESD）		
动作训练课 线性/组合	动作训练课 多方性	再生
乳酸能力 5：00 困难/1：00 容易	乳酸能力 0：30 冲刺跑/4：30 困难 （追踪距离）	有氧 20：00 容易

为了能够在训练计划中应用能量系统训练（ESD）训练环节获得最佳状态，你需要明晰这类训练课的要求。我们已经尽可能简化了这部分内容，让你即使在疲劳状态下也能够顺利完成。

全力＝用力程度在 90% 以上，尽可能快地跑动（主观体力感觉等级为 RPE 10/10）

费力＝非常努力，呼吸非常急促，无法（并非不想）讲话（主观体力感觉等级 8—9/10）

适中＝努力，呼吸急促，讲话有难度（主观体力感觉等级 7—8/10）

容易＝难度足以出汗，但依然可以进行对话（主观体力感觉等级 4—5/10）

除了要学会用主观用力程度描述强度以外，你还需要通过对训练结果的追踪，进行一些其他训练。在一些训练课中，我们会根据距离确定训练间隔。例如，记录完成次数所花费的时间。随着体能的改善，完成既定距离的耗时应该减少。如果训练间隔基于时间，那么就要记录你可以完成的距离。

这么做的目的是获得动作模式的高效性和功率的最大化（通常是以瓦特为单位，或通过速度进行测量）以及在整个时间段里保持训练质量，让高质量的训练持续。这并非为了单纯检查你是否在身心方面完成了一项艰巨的任务。你的动作不应该看上去松懈懒散，即使在最为疲劳时也不该如此，任何时候都不应该。这里是精英运动员星光闪耀的舞台，更是新人欣然接受、不断挖掘运动潜能的必经之路。

小结:不同于传统的心肺训练,能量系统训练(ESD)注重发展耐力训练的质量。你可以优先发展速度和功率,其次是速度耐力和功率耐力,从而提高脉搏功率。为了满足在整场比赛中始终处于最佳状态的要求,你需要整合所有的能量系统(磷酸原、乳酸和有氧),从第一个急速动作或第一次对抗开始到最后一次动作结束,身心都要维持在最佳竞技状态。

Athletes' Performance 训练计划:入门

目前为止,我们已经提供了很多信息,毫无疑问你可以掌握它们。我们的目标是为你提供简单的解决方法,使训练投入得到最大化的回报,并且将损伤率降到最低。

那么我们该如何做到呢?

我们将整个系统编组为三种训练课类型:动作技能、功率练习和再生训练。动作技能训练又分成三类子课程。第一类课程是线性速度练习(Linear Speed),可以提高和加强你的加速能力和绝对速度;第二类课程是多方向速度练习(Multidirectional Speed session),重点是切步、滑步和交叉步;最后一类课程是组合式练习(Combination workout),包含了速度练习的所有方面,我们稍后会谈到这些。

功率训练课程包含五个阶段,每个阶段又都各有侧重。如果你是首次进行本训练计划,那么你要线性地推进到每个阶段,持续15周的时间。一旦上述计划完成,你将可以在比赛或训练安排中灵活运用这一模块化系统,稍后会作详细介绍。

众所周知,"工作 + 休息 = 成功",我们会提供九项不同的再生训练课程,你可以基于当天的状态和需求从中挑选。你也可以在日常训练中加入多个组合,例如早晨首选一项练习,训练课之前或之后选择一项,或晚上作

为减压方式再选择一项。

为了高效地完成本书中的训练，我们首先需要清楚如何从一个阶段进入到另一个阶段。在形成计划的宏观目标，或者明确周与周之间需要完成内容之后，我们将确定一周中需要完成的内容。每周计划一旦最终形成，我们就可以投入到每天具体的训练之中。

本计划的功率训练包含五个阶段：基础阶段、功率训练（阶段一至阶段四）。每个阶段都有特定的目标。

基础阶段主要通过"清洗"你的动作模式、清除任何不对称性、提高灵活性和稳定性，为功率训练打下坚实的基础。在本阶段要挑战自己，你会发现身体力量会达到一个新的水平。我们训练过的几乎所有优秀运动员都做到了这些。你要明白，在训练进阶到下一个阶段之前必须打下良好的基础。

其他四个阶段是功率训练第一阶段至第四阶段。在功率训练的第一阶段中，我们会运用单侧动作（每次一侧肢体动作）和双侧动作（每次两侧肢体动作）。这样可以使得我们建立生成力的能力，并为下一阶段更大的功率训练夯实基础。我们将逐步减少训练的组数，并每周逐步减少各组的重复次数。你应当在增加阻力的同时尝试快速地移动身体，因此要采用更少的重复次数，但阻力和强度增加。

在功率训练的第一阶段，我们遵循的训练节奏是 3 - 0 - X。意思是在上举动作的离心部分（下降阶段）用时 3 秒钟。然后在爆发性上举之前不要停顿。这种方式能够通过刺激肌内协调将你的力量提升达到最大化。将注意力集中在爆发性动作的思考上，最终你的动作自然也就具有了爆发性。在 3 - 0 - X 中，3 = 3秒钟下降，0 = 中间没有停顿，X = 爆发式上升的时间。

在功率训练的第一阶段，能量系统训练（ESD）由功率训练、动作技能训练以及再生训练组成。第一天的训练需要在 60 秒左右完成 300 码（274 米）的折返跑。记录每次跑动的时间，如果你有心率表，还可以记录每次折返跑之间的恢复时间。你需要将记录的数据与功率三阶段进行对比。

第二天进行 150 码（137 米）的梯形折返跑练习（ladder shuttles）。该练习需由同一起点出发并返回，包括 5 码（5 米）折返、10 码（9 米）折返、15 码（14 米）

折返、20 码(18 米)折返以及 25 码(23 米)折返组成,总共完成 150 码(137 米)的跑动距离。第三天进行 100 码(91 米)冲刺跑练习,侧重于本计划中已经得到改善动作模式。进入到再生练习阶段,每天需要进行 20 分钟的非冲击性训练,诸如跑步机、健身脚踏车以及游泳等练习。

在功率训练的第二阶段,我们还将进行单边与双边动作的混合练习。训练量降低,但是强度增加。同时通过减少训练组数,进一步提高阻力和步速。这一阶段的练习是对阻力总量与身体快速移动的双重挑战。在功率训练的第二阶段,我们将采用力量与反应力量交替练习组合,提升力的生成率和弹性。

你要做一些力量训练使得肌肉募集最大化之后立即进行一个类似反应力量训练或弹性训练形式的动作,这样我们就可以获得更快的移动速度和弹性。这种训练可以在速度和力量之间建立联系,以达到发展功率的目的。

在功率训练的第二阶段,我们将把训练节奏提高至 1 – 0 – X。即 1 秒钟的下落,没有停顿,然后爆发举起。

功率训练第二阶段的能量系统训练(ESD)部分,要同本阶段的训练基调相匹配,全力完成每次折返跑,进一步减少跑动时间。第一天,完成三次 25 码(23 米)共计 150 码(137 米)的折返跑,用时控制在 30 秒左右。第二天,完成 60 码(55 米)的绳梯折返跑(ladder shuttles,5、10 和 15 码的折返冲刺跑)。第三天,我们要求在 7 秒内完成 50 码(46 米)的冲刺跑。

在功率练习的第三阶段,我们再次进行单边与双边动作的混合练习。运用刚刚获得的功率和弹性,增加训练量实现力量及力量耐力发展最大化。在这个阶段,按照 2 – 0 – X 的节奏进行训练,并采用第一阶段中的能量系统训练(ESD)策略。此时你的最佳跑动时间和平均用时应当优于第一阶段的表现。本阶段也可以反映出你在几周之内的提升幅度。当然,它并不意味着这个阶段会变得容易,你需要产生更多的瓦数,使你有可能在更少的时间内跑动更长的距离。这也就意味着你保持的最佳时间越长,说明你的状态越好。你从第一次重复至最后一次表现差异越大,说明你的状态越差。当然,每个人都会产生疲劳,但是你要能够做到快速地恢复。

在功率训练的第四阶段,练习动作同前几个阶段相类似,但是我们要在单边动作中增加稳定性和力量,而在双边动作中增加强度来获得最大功率。这一阶段的训练节奏同第二阶段一样(1 – 0 – X),所以你会用到更多的弹性。能量系统训练(ESD)策略也同第二阶段相同。你的目标依旧是超越你的最佳时间和平均时间。在每堂训练课应当考虑建立个人记录,包括时间(越快越好)或是阻力总量。

　　首次执行这一计划时,从基础功率训练开始,然后由功率训练的第一阶段向第四阶段逐步推进。基础阶段有两周的时间(六次功率训练课),其他阶段则分别持续三周(每个阶段包含九次训练课)。训练计划一旦启动,就应当遵循训练课的次数,这对于纠正功能不良的动作模式十分重要。每个功率训练阶段结束后,都要用半周的时间回到基础训练阶段,让身体能尽快恢复为下一阶段的训练做好准备。系统训练开始后,各训练阶段的进阶按以下方式进行:

周进度	阶段
1—2	基础训练
3—5	功率训练第一阶段
6—6.5	基础训练
6.5—8.5	功率训练第二阶段
9.5 – 10	基础训练
10 – 12	功率训练第三阶段
13 – 13.5	基础训练
13.5 – 15.5	功率训练第四阶段
16.5 – 17	基础训练

　　在本计划进行到 17 周之后,应当根据目标适时调整每个阶段的训练时长。例如,四周之后你需要参加一项重要的比赛或任务,那么你可以制定如下计划:半周的基础训练,一周的第一阶段功率训练,二周的第二阶段功率训练,最后为了降低强度再进行一次半周的基础训练。

　　在将上述阶段组合匹配时,要特别注意,每三周至少要加入半周的基础训练,以保证身体得到恢复并逐渐适应训练,充满活力地进入下一阶段。本计划按模块式设计,具有很强的适应性,可以根据口常需要和条件将任何阶段组合起来进行练习。

在对功率训练阶段做出选择后,下一步就是决定你的每周计划或微周期。在 AP 训练体系中,微周期意味着要对你的日程和要求能够做出动态调整,根据每周的要求而不同。

Athletes' Performance *训练设备*

本计划还会用到一定数量的运动设备:哑铃、杠铃、壶铃、力量练习凳、软踏、网球、"花生球"、TRX 悬吊设备、无轨迹训练器、弹力管、迷你带、软组织或泡沫轴、栏架、弹力绳/带、滑垫、实心球、跳跃带、按压棒以及牵拉绳。

好在大部分简单的健身馆就有这些器材。其他的一些器材或许你已经拥有(如,网球)或仅需很低的价格购买到。

当十多年前我们写第一本书时,涉及的器材如实心球和泡沫轴只有少数健身场馆配备,而如今这些器材已经成为标准配备。在本计划中,请注意这些工具对训练的成功非常关键,而且收益很大。很多器材甚至小到都可以打包放进一个"救生袋"里。

当然,我们从来都不想用器材不足作为借口。因为,这些器材都易于携带。本计划设计还专门针对缺少器材的情况,设计了很多不用借助器材,而只需自身重量的抗阻练习动作。

切记:不管身边有无练习器材,优秀运动员总会找到练习的方法。

每个微周期应包含三次**功率训练课**,至少有一次**动作技能训练课**、一次**再生训练课**、一次可选择性的辅助训练课(比如瑜伽、普拉提、交叉训练等),以及至少安排一天休息。这些训练课可以任意组合。但是要记住,如果连续安排四天训练,那么在这期间至少有一天进行再生训练。

训练课类型	每周频次
功率训练	3 次
动作技能训练	至少 1 次
再生训练	至少 1 次
辅助训练	任选
休息日	至少 1 次

在基础阶段,**功率训练课**仅仅有两种形式。由于微周期中功率训练需要有三天,因此需要两周的时间来平衡这两种变化形式,这意味着你需要以相同的训练次数完成每种形式。比如,在第一周,要做形式 A,然后是形式 B,然后再回到 A;第二周,则从形式 B 开始,然后是形式 A,然后再回到 B。你要持续每周交替进行这两种形式,直到你为下一阶段进阶已经做好准备。

以下是三种基础训练阶段的微周期计划范本:

范本选择	微周期	周一	周二	周三	周四	周五	周六	周日
案例 A	第一周	功率训练形式 A	动作技能:线性动作	功率训练形式 B	再生训练	功率训练形式 A	瑜伽	休息日
	第二周	功率训练形式 B	动作技能:多方向性动作	功率训练形式 A	再生训练	功率训练形式 B	瑜伽	休息日
案例 B	第一周	功率训练形式 A	再生训练	功率训练形式 B	休息日	功率训练形式 A	动作技能:线性动作	休息日
	第二周	功率训练形式 B	再生训练	功率训练形式 A	休息日	功率训练形式 B	动作技能:多方向性动作	休息日
案例 C	第一周	功率训练形式 A	再生训练	功率训练形式 B	动作技能:线性动作	功率训练形式 A	瑜伽	休息日
	第二周	功率训练形式 B	再生训练	功率训练形式 A	动作技能:多方向性动作	功率训练形式 B	瑜伽	休息日

在其他训练阶段(功率训练第一至第四阶段)中,有三种功率训练变化形式,它们每周都要进行一次,这使得此阶段的微周期更加趋于一致。以下是这些阶段的微周期计划安排范本:

范本选择	周一	周二	周三	周四	周五	周六	周日
案例 A	功率训练形式 A	动作技能:组合动作	功率训练形式 B	再生训练	功率训练形式 C	瑜伽	休息日
案例 B	功率训练形式 A	再生训练	功率训练形式 B	休息日	功率训练形式 C	动作技能:组合动作	休息日
案例 C	功率训练形式 A	动作技能:线性动作	功率训练形式 B	动作技能:多方向性动作	功率训练形式 C	再生训练	休息日

一旦微周期的计划准备就绪,剩下唯一要做就是按照当天训练卡中列出的训练形式,执行训练。特定训练阶段的功率训练形式 A、B 和 C 可以出现在相同的训练卡上。**动作技能训练课**或**再生训练课**可以单独一个训练卡,出现的位置略有不同。

训练课设计

在个人训练课中,应包含以下训练要素:躯干支柱准备、动作准备、反应力量训练、动作技能训练、实心球、相对功率训练、能量系统训练(ESD)和再生训练。这些训练要素构成训练课的框架,为整个训练提供支撑,保证运动表现提升所必需的每个方面都能够得到发展。

功率训练课

在微周期中,一旦选择每日训练卡,那么就可以根据要求由上至下顺序完成训练。让我们以功率训练第一阶段的力量 A 训练课为例。开始是五种"躯干支柱准备"动作练习,然后是六种"动作准备"练习,最后是两种"反应力量训练"动作练习。在完成预先设定的所有练习组数和重复次数之后,就进入到"相对功率"训练的部分。

功率训练模板将几周的训练内容在一张表单上呈现出来。仔细观察这一模板,你会发现第一板块的内容是全身功率训练,包含两个动作:"膝上直臂高拉—

杠铃"（HANG SNATCH PULL）和"足跟后坐式拉伸—泡沫轴"（Reach，Roll，and Lift—Heel Sit）（Foam Roll）。

力量训练	第一周		第二周		第三周	
	膝上直臂高拉—杠铃 足跟后坐式拉伸—泡沫轴　　　每侧6次					
全身功率训练	6		5		4	
	6		5		4	
	6		5		4	
					4	

这张表格中，从左至右分别列出了第一周、第二周和第三周的练习内容，每列自上而下列出了目标重复次数。

表格中纵向出现的数字对应的是灰色栏里大写英文字母命名的练习动作次数。在上表中，对应的是"**膝上直臂高拉—杠铃**"（HANG SNATCH PULL）。灰色栏中数字左侧由非大写英文字母命名的动作［上表中为"足跟后坐式拉伸—泡沫轴"（Reach，Roll，and Lift—Heel Sit）（Foam Roll）］代表对练习的描述。

因此，在这个模块中，第一周你需要完成"**膝上直臂高拉—杠铃**"（HANG SNATCH PULL）六次，然后完成"足跟后坐式拉伸—泡沫轴"（Reach，Roll，and Lift—Heel Sit）（Foam Roll）六次，总共完成三组；第二周完成"**膝上直臂高拉—杠铃**"（HANG SNATCH PULL）五次，然后进行"足跟后坐式拉伸—泡沫轴"（Reach，Roll，and Lift—Heel Sit）（Foam Roll）六次，总共完成三组；第三周完成"**膝上直臂高拉—杠铃**"（HANG SNATCH PULL）四次，然后进行"足跟后坐式拉伸—泡沫轴"（Reach，Roll，and Lift—Heel Sit）（Foam Roll）六次，总共完成三组。

按照训练模板练习，我们会发现其实每个板块中的动作彼此相互衔接。

简而言之，就是所有动作循环进行，一个动作练习完成后立刻进行下一个动作练习，中间没有休息。例如，下表第一周第一组进行"**罗马尼亚硬拉—水平弹力带杠铃组合**"（RDL—HORIZONTAL BAND，BARBELL）九次，然后进行"腘绳肌拉伸—平躺屈膝"（Bent-Knee Hamstring Stretch）六次，然后进行"后撤弓箭步—哑铃（REVERSE LUNGE—DB）九次，最后完成"拉伸—屈髋肌—侧卧转体"（Sidelying Quad/Hip Flexor Stretch with Rotation）六次。该练习循环共完成三次。

所有与英文大写（**中文加粗**）练习动作所需重复次数对应的数字，其右边的空白栏用来记录该组的抗阻负荷。对抗阻情况的记录，可以有效审视之前的运动表现，并有助于明确当前的努力程度，确保训练的不断进阶。

力量训练	第一周		第二周		第三周	
	罗马尼亚硬拉—水平弹力带杠铃组合（3-0-X） 腘绳肌拉伸—平躺屈伸膝　×每侧6次					
	9		8		7	
	9		8		7	
	9		8		7	
					7	
全身功率训练						
	后撤弓箭步—哑铃（3-0-X） 拉伸—屈髋肌—侧卧转体　×每侧6次					
	9		8		7	
	9		8		7	
	9		8		7	
			8		7	

动作技能训练课

动作技能模板同**功率训练课**的模板大致相同，但要求负荷刺激是连续的，且在整个计划过程中维持不变。对此有三种选择：线性动作练习、组合动作练习（包含线性和多方向性）和多方向性动作练习。线性动作练习的时候，主要集中于加速度和绝对速度；多方向训练时集中于交叉步、滑步和切步；组合训练时则将动作技能的所有方面在训练课中完成。

在微周期训练期间，可以进行两次**动作技能训练课**，但训练重点要在线性和多方向动作练习之间进行切换。如果你每周只进行一次动作技能练习课，

线性动作技能训练			
	动作	组数	重复次数
脊柱准备	臀肌按压—泡沫轴	1	30 秒双侧交替
	髂胫束按压—泡沫轴	1	30 秒双侧交替
	股四头肌按压—泡沫轴	1	30 秒双侧交替
	背阔肌按压—泡沫轴	1	30 秒双侧交替
	足底筋膜按压—扳机点	1	每侧 50 次
动作准备	屈膝直线走—迷你带	1	每侧 5 次
	抱膝	1	每侧 5 次
	后撤弓箭步—肘触踝—旋体	1	每侧 5 次
	后交叉弓箭步（歇步）	1	每侧 5 次
	高抬腿—直线走	2	10 秒双侧交替
	高抬腿—直线跳	3	10 秒双侧交替
	准备姿势—原地跑	3	6 秒
反应力量训练	立定跳远—落地平蹲	3	5 次
	单腿交替跳—反应与制动	2	每侧 5 次
动作技能训练	姿势控制—扶墙	2	30 秒双侧交替
	蹬摆—扶墙	2	每侧 8 次
	单腿交替—加速技能—扶墙	2	每侧 8 次
	负重加速跑—雪橇	3	15 码
	加速练习	2	15 码
	负重加速跑—雪橇	3	15 码
	加速练习	4	15 码
	冲刺跑	2	40 码
	低姿高抬腿—雪橇	4	25 码
能量系统训练	自由选择	2～3	5 分钟高难度 1 分钟低难度
再生训练	日常软组织练习 冷水浴或按摩		

可以选择组合动作练习或每周交替做线性和多方向动作练习。

一旦选择了训练课类型,就只要按照训练卡上的要求进行练习,明确自己练习的动作和负荷。

线性动作技能训练			
	动作	组数	重复次数
脊柱准备	臀肌按压—泡沫轴	1	30 秒双侧交替
	髂胫束按压—泡沫轴	1	30 秒双侧交替
	股四头肌按压—泡沫轴	1	30 秒双侧交替
	背阔肌按压—泡沫轴	1	30 秒双侧交替
	足底筋膜按压—扳机点	1	每侧 50 次
动作准备	屈膝直线走—迷你带	1	每侧 5 次
	抱膝	1	每侧 5 次
	后撤弓箭步 - 肘触踝—旋体	1	每侧 5 次
	后交叉弓箭步（歇步）	1	每侧 5 次
	高抬腿—直线走	2	10 秒双侧交替
	高抬腿—直线跳	3	10 秒双侧交替
	准备姿势—原地跑	3	6 秒
反应力量训练	立定跳远—落地平蹲	3	5 次
	单腿交替跳—反应与制动	2	每侧 5 次
动作技能训练	姿势控制—扶墙	2	30 秒双侧交替
	蹬摆—扶墙	2	每侧 8 次
	单腿交替—加速技能—扶墙	2	每侧 8 次
	负重加速跑—雪橇	3	15 码
	加速练习	2	15 码
	负重加速跑—雪橇	3	15 码
	加速练习	4	15 码
	冲刺跑	2	40 码
	低姿高抬腿—雪橇	4	25 码
能量系统训练	自由选择	2～3	5 分钟高难度 1 分钟低难度
再生训练	日常软组织练习 冷水浴或按摩		

能量系统训练课

你会发现每次功率训练课和动作技能训练课的最后一部分都是能量系统训练（ESD），因为我们的计划设计就是从动作质量过渡到高质量动作的维持。以金字塔为例，顶端代表的是高质量动作，从顶端逐渐下移代表要以高质量动作的维持作为塔基，将这一原理引证到训练之中，你就可以理解隐藏在训练质量背后的科学性。每次训练课都是以动作质量开始，并且保持这种高质量动作直至训练课的结束。

能量系统训练（ESD）训练中，在第一列是训练组数，第二列是对应的重复次数、距离、休息间歇。配备一台计时器，并为功率训练做好准备。切记，每个人都会疲劳，你训练的目的就是在训练中产生最大的功率输出，并且在次数、组数以及每天的训练之间更加快速和彻底地恢复。你在前面章节中刚刚认识和掌握的呼吸技巧将会在提升运动表现方面发挥很大作用。

再生训练课

再生训练课有以下几种选择：一般性再生练习、自我按压、柔韧性练习、上背/肩部疼痛缓解练习、下背痛缓解练习、髋部疼痛缓解练习以及膝关节痛缓解练习。微周期阶段无论在何处进行**再生训练课**，只须根据需要作出选择并且按照训练卡上的动作要求练习即可。除了安排专门的**再生训练课**之外，你也可以在**功率训练课**或**动作技能训练课**的结束部分进行再生训练课中的任何动作练习。

辅助性训练课

除了**功率训练课**、**动作技能训练课**和**再生训练课**之外，你应当至少预留一天，进行一些轻松有趣的活动。低强度的瑜伽和普拉提课程对平衡身体十分有益。我们经常会忽视发展身体所必需的灵活性和稳定性，而这类课程练习是构筑机体特征的有效路径。

其他一些活动，比如游泳、远足、攀岩、骑行等，都是非常有趣且能够保持活力的有效运动方式。你也可以感受到这些活动对表现提升所带来的积极影响，你也因此能够获得更大的动力。

训练课模板

一般再生练习			
	动作	组数	重复次数
能量系统训练	自由选择	1	20 分钟低难度
再生训练	胸椎按压—扳机点	1	每侧 5 次
	臀肌按压—扳机点	4	45 秒双侧交替
	阔筋膜张肌按压—扳机点	1	45 秒双侧交替
	颈部按压—扳机点	1	45 秒
	下背部按压—泡沫轴	1	45 秒
	下背部按压—泡沫轴	1	45 秒双侧交替
	臀肌按压—泡沫轴	1	45 秒双侧交替
	髂胫束按压—泡沫轴	1	45 秒双侧交替
	股四头肌按压—泡沫轴	1	45 秒双侧交替
	足跟后坐式拉伸—泡沫轴	1	10 次
	腘绳肌拉伸—平躺屈伸膝	1	每侧 10 次
	外展肌拉伸—拉伸带	1	每侧 10 次

下背痛缓解练习			
	动作	组数	重复次数
能量系统训练	自由选择	1	20 分钟低难度
再生训练	胸椎按压—扳机点	1	每侧 5 次
	下背部按压—按压棒	1	45 秒
	臀肌按压—扳机点	1	45 秒双侧交替
	阔筋膜张肌按压—扳机点	1	45 秒双侧交替
	下背部按压—泡沫轴	2	45 秒
	下背部按压—泡沫轴	2	45 秒双侧交替
	臀肌按压—泡沫轴	2	45 秒双侧交替
	髂胫束按压—泡沫轴	2	45 秒双侧交替
	股四头肌按压—泡沫轴	2	45 秒双侧交替
	足跟后坐式拉伸—泡沫轴	2	10 次
	腘绳肌拉伸—平躺屈伸膝	2	每侧 10 次
	屈髋肌拉伸—半跪姿	2	每侧 10 次
	90—90 度拉伸—手臂画圈	2	每侧 10 次

柔韧性练习			
	动作	组数	重复次数
能量系统训练	自由选择	1	20 分钟低难度
再生训练	足底筋膜按压—扳机点	2	每侧 50 次
	足跟后坐式拉伸—泡沫轴	2	10 次
	腘绳肌拉伸—平躺屈伸膝	2	每侧 10 次
	外展肌拉伸—拉伸带	2	每侧 10 次
	旋髋肌拉伸—仰卧	2	每侧 10 次
	屈髋肌拉伸—半跪姿	2	每侧 10 次
	90—90 度拉伸—手臂画圈	2	每侧 10 次
	肩关节拉伸—侧卧	2	每侧 10 次
	屈髋肌拉伸—侧卧	2	每侧 10 次

膝关节痛缓解练习			
	动作	组数	重复次数
能量系统训练	自由选择	1	20 分钟低难度
再生训练	股四头肌按压—按压棒	1	45 秒双侧交替
	腘绳肌按压—按压棒	1	45 秒双侧交替
	阔筋膜张肌按压—按压棒	1	45 秒双侧交替
	臀肌按压—扳机点	1	45 秒双侧交替
	股内侧肌按压—扳机点	1	每侧 10 次
	阔筋膜张肌按压—扳机点	1	45 秒双侧交替
	臀肌按压—泡沫轴	2	45 秒双侧交替
	腘绳肌按压—泡沫轴	2	45 秒双侧交替
	髂胫束按压—泡沫轴	2	45 秒双侧交替
	股四头肌按压—泡沫轴	2	45 秒双侧交替
	内收肌按压—泡沫轴	2	45 秒双侧交替
	胫骨前肌按压—泡沫轴	2	45 秒

上背/肩部疼痛缓解练习			
	动作	组数	重复次数
能量系统训练	自由选择	1	20 分钟低难度
再生训练	颈部按压—按压棒	1	45 秒
	胸椎按压—扳机点	1	每侧 5 次
	颈部按压—扳机点	1	45 秒
	胸椎按压—泡沫轴	2	45 秒
	下背部按压—泡沫轴	2	45 秒双侧交替
	背阔肌按压—泡沫轴	2	45 秒双侧交替
	胸肌按压—泡沫轴	2	45 秒双侧交替
	足跟后坐式拉伸—泡沫轴	2	10 次
	肩关节拉伸—侧卧	2	每侧 10 次

功率训练：基础阶段

	功率训练 A		
	动作	组数	重复次数
脊柱准备	臀肌按压—泡沫轴	1	30 秒双侧交替
	髂胫束按压—泡沫轴	1	30 秒双侧交替
	股四头肌按压—泡沫轴	1	30 秒双侧交替
	背阔肌按压—泡沫轴	1	30 秒双侧交替
	足底筋膜按压—扳机点	1	每侧 50 次
动作准备	拉伸—腘绳肌—原地（燕式平衡）	1	每侧 5 次
	抱膝	1	每侧 5 次
	后撤弓箭步—肘触踝—旋体	1	每侧 5 次
	侧向弓箭步	1	每侧 5 步
	高抬腿—线性走	2	每侧 10 步
	高抬腿—线性跳	3	每侧 10 步
反应力量训练	下落单腿蹲—双脚跳单脚落	2	每侧 6 次
	单腿跳—下蹲跳与制动	2	每侧 6 次
	侧向跳—制动—迷你带	3	每侧 6 次

相对功率训练	训练课一		训练课二		训练课三	
全身功率练习	过顶上举—下蹲—壶铃（21 ×） 拉伸—腘绳肌—深蹲 侧桥—屈髋—单臂后拉					
	每侧 9 次		每侧 8 次		每侧 7 次	
	每侧 9 次		每侧 8 次		每侧 7 次	

全身功率练习	平板卧推—单臂交替/双腿交替屈伸—哑铃（21x） 过顶举—滑动　　　×每侧6次		
	每侧8次	每侧9次	每侧10次
	每侧8次	每侧9次	每侧10次
	罗马尼亚硬拉—水平弹力带杠铃组合 腘绳肌拉伸—站姿　　　×每侧6次		
	每侧8次	每侧9次	每侧10次
	每侧8次	每侧9次	每侧10次
	引体向上—三点等长 胸椎按压—扳机点　　　×每侧5次		
	10秒双侧交替	15秒双侧交替	20秒双侧交替
	10秒双侧交替	15秒双侧交替	20秒双侧交替
	10秒双侧交替	15秒双侧交替	20秒双侧交替
	分腿蹲—单臂—哑铃 屈髋肌拉伸—半跪姿　　　×每侧6次		
	每侧8次	每侧9次	每侧10次
	每侧8次	每侧9次	每侧10次

转体动作	下砍—半跪姿—稳定—无轨迹练习器 腹桥—悬吊带					
	每侧 8 次		每侧 9 次		每侧 10 次	
	每侧 8 次		每侧 9 次		每侧 10 次	
	单臂推举—身体侧屈—壶铃					
	每侧 8 次		每侧 9 次		每侧 10 次	
	每侧 8 次		每侧 9 次		每侧 10 次	

能量系统训练	能量系统训练:30 秒"困难"级练习/4 分 30 秒"适中"级练习				
	1	2	1 分钟休息	3	1 分钟休息

再生训练　日常软组织练习

冷水浴或按摩

功率训练 B			
	动作	组数	重复次数
脊柱准备	髋关节多维练习—无轨迹练习器	1	每侧 10 次
动作准备	斜抱膝	1	每侧 5 次
	后撤步—蹲	1	每侧 5 次
	后交叉弓箭步（歇步）	1	每侧 5 次
	于足爬（毛毛虫）	1	5 次
	高抬腿—侧向走	2	每侧 10 步
	高抬腿—侧向跳	3	每侧 10 步
实心球训练	胸前推实心球—单腿蹲	2	每侧 10 次
	过顶传实心球—单腿站立	2	每侧 10 次
	转体抛实心球—跪姿	2	每侧 10 次
	转体抛实心球—单腿站立—侧对墙	2	每侧 10 次

相对功率训练	阶段二		阶段四		阶段六	
过顶蹲起—滑垫迷你带 土耳其起身—壶铃 ×每侧3次						
9次		8次		7次		
9次		8次		7次		

单臂后拉—对侧单臂单腿支撑—哑铃(21×) 腘绳肌拉伸—站姿 ×每侧6次						
每侧8次		每侧9次		每侧10次		
每侧8次		每侧9次		每侧10次		
每侧8次		每侧9次		每侧10次		

屈膝挺髋—离心式仰卧—滑垫 屈髋肌拉伸—半跪姿 ×每侧6次						
4次		5次		6次		
4次		5次		6次		
4次		5次		6次		

后撤—后拉—无轨迹练习器(21×) 足跟后坐式拉伸—泡沫轴 ×每侧6次						
每侧10次		每侧9次		每侧8次		
每侧10次		每侧9次		每侧8次		
每侧10次		每侧9次		每侧8次		

弓箭步—壶铃滑垫(21×) 跪撑—蹲起 ×6次						
每侧8次		每侧9次		每侧10次		
每侧8次		每侧9次		每侧10次		
每侧8次		每侧9次		每侧10次		

推举—半跪姿—稳定—无轨迹练习器 腹桥—下拉—无轨迹练习器 ×每侧10次						
每侧8次		每侧9次		每侧10次		
每侧8次		每侧9次		每侧10次		

能量系统训练

能量系统训练:1分钟"困难"级练习/1分钟"适中"级练习					
2×4	2分钟休息	2×5	2分钟休息	2×6	2分钟休息

再生训练

日常软组织练习

冷水浴或按摩

功率 1

功率训练 A			
	动作	组数	重复次数
脊柱准备	手脚趾交握—绕环	1	每侧 10 次
	髋外展—侧卧	1	每侧 10 次
	挺髋—节段式	1	每侧 10 次
	拉伸—侧链—站姿	2	每侧 3 组 4 次深呼吸
	胸椎旋转—跪撑—单腿靠墙外展	1	每侧 4 次
动作准备	拉伸—腘绳肌—原地（燕式平衡）	1	每侧 5 次
	抱膝	1	每侧 5 次
	后撤弓箭步—肘触踝—旋体	1	每侧 5 次
	侧向弓箭步	1	每侧 5 步
	高抬腿—线性走	2	每侧 10 步
	高抬腿—线性跳	3	每侧 10 步
反应力量训练	下落单腿蹲—双脚跳单脚落	2	每侧 6 次
	单腿跳—下蹲跳与制动	2	
	侧向跳—制动—迷你带	3	每侧 6 次

相对功率训练	第一周		第二周		第三周	
全身功率练习	**高抓上拉练习** 足跟后坐式拉伸—泡沫轴					
	6 次		5 次		4 次	
	6 次		5 次		4 次	
	6 次		5 次		4 次	
					4 次	

初级阶段及第二阶段	罗马尼亚硬举(水平弹力带,杠铃)(3-0-X) 腘绳肌拉伸—平躺屈伸膝　×每侧6次					
	9次		8次		7次	
	9次		8次		7次	
	9次		8次		7次	
			8次		7次	
	后撤弓箭步—哑铃(3-0-X) 拉伸—屈髋肌—侧卧转体　×每侧6次					
	9次		8次		7次	
	9次		8次		7次	
	9次		8次		7次	
			8次		7次	

转体练习	转体后拉—无轨迹练习器(2-1-X) 内收肌拉伸—半跪姿　×每侧6次					
	每侧8次		每侧7次		每侧6次	
	每侧8次		每侧7次		每侧6次	

辅助练习	屈膝挺髋—单腿仰卧—滑垫					
	每侧8次		每侧10次		每侧12次	
	每侧8次		每侧10次		每侧12次	
	侧桥—屈髋—单臂后拉					
	每侧12次		每侧10次		每侧8次	
	每侧12次		每侧10次		每侧8次	
	弓箭步—壶铃滑垫					
	每侧12次		每侧10次		每侧8次	
	每侧12次		每侧10次		每侧8次	
	腹桥—下拉—无轨迹练习器					
	每侧12次		每侧10次		每侧8次	
	每侧12次		每侧10次		每侧8次	

能量系统训练	150码(137米)折返跑					
	4次	休息3分钟	5次	休息3分钟	6次	休息3分钟

再生训练　日常软组织练习

冷水浴或按摩

	功率训练 B		
	动作	**组数**	**重复次数**
脊柱准备	脚趾攀岩	1	6 次
	呼吸—俯身抱球	2	5 次呼吸
	髋外展—侧卧	1	每侧 10 次
	拉伸—屈髋肌—侧卧转体	2	每侧 3 组 4 次深呼吸
	胸椎旋转—跪撑—单腿靠墙外展	1	每侧 4 次
动作准备	斜抱膝	1	每侧 5 次
	后撤步—蹲	1	每侧 5 次
	后交叉弓箭步(歇步)	1	每侧 5 次
	手足爬(毛毛虫)	1	5 次
	高抬腿—侧向走	2	每侧 10 步
	高抬腿—侧向跳	3	每侧 10 步
反应力量训练	胸前推实心球—分腿蹲	2	每侧 10 次
	过顶传实心球—弓箭步	2	每侧 10 次
	实转体抛实心球—弓箭步	2	每侧 10 次

相对功率训练	第一周		第二周		第三周	
	下蹲推抛实心球 跪撑—蹲起　　　×6 次					
	6 次		5 次		4 次	
	6 次		5 次		4 次	
	6 次		5 次		4 次	

引体向上(3-0-X) 足跟后坐式拉伸—泡沫轴	×6				
9		8		7	
9		8		7	
9		8		7	
		8		7	

平板卧推—单臂交替/双腿交替屈伸—哑铃(3-0-X) 过顶举—滑动	×6				
9		8		7	
9		8		7	
9		8		7	
		8		7	

侧向单膝跪立拉力器砍柴练习(2-1-X) 旋髋肌拉伸—仰卧	×6				
每侧 8 次		每侧 7 次		每侧 6 次	
每侧 8 次		每侧 7 次		每侧 6 次	

手臂交替屈伸/双腿交替屈伸组合—哑铃					
12 次		10 次		8 次	
12 次		10 次		8 次	

腹桥—悬吊带					
8 次		10 次		12 次	
8 次		10 次		12 次	

单臂推举—身体侧屈—壶铃					
每侧 12 次		每侧 10 次		每侧 8 次	
每侧 12 次		每侧 10 次		每侧 8 次	

90—90 度拉伸—手臂画圈					
每侧 6 次		每侧 6 次		每侧 6 次	
每侧 6 次		每侧 6 次		每侧 6 次	

能量系统训练

5—10—15 梯形折返跑练习					
2×3	休息 2 分钟	2×4	休息 90 秒	2×5	休息 1 分钟

再生训练　　日常软组织练习

冷水浴或按摩

	功率训练 C		
	动作	组数	重复次数
脊柱准备	拉伸—腘绳肌—原地（燕式平衡）	1	每侧 5 次
	斜抱膝	1	每侧 5 次
	抱膝	1	每侧 5 次
	侧向弓箭步	1	每侧 5 次
	后撤弓箭步—肘触踝—旋体	1	每侧 5 次
	后撤步跳	3	每侧 10 步
反应力量训练	侧向跳—反应与制动	2	每侧 6 次
	静蹲跳	3	4 次
实心球训练	胸前推实心球—动态 2	2	每侧 5 次
	转体抛实心球—半蹲	2	每侧 10 次
	转体抛实心球—半蹲—侧对墙	2	每侧 10 次

相对功率训练	第一周		第二周		第三周	
	单臂后拉—对侧单臂单腿支撑—哑铃（3-0-X）					
	背阔肌按压—泡沫轴		×每侧 20 秒			
	10		9		8	
	10		9		8	
	10		9		8	
	单腿蹲—哑铃（3-0-X）					
	股四头肌按压—泡沫轴		×每侧 20 秒			
	10		9		8	
	10		9		8	
	10		9		8	

平板卧推—单臂—悬空式—哑铃（3-0-X）			
胸肌按压—泡沫轴　　　×每侧20秒			
10	9	8	
10	9	8	
10	9	8	
罗马尼亚硬拉—单腿双手持哑铃（3-0-X）			
臀肌按压—泡沫轴　　　×每侧20秒			
10	9	8	
10	9	8	
10	9	8	

拉推组合—站姿—转体—无轨迹练习器（2-1-X）		
90—90度拉伸—手臂画圈　　　×每侧6次		
每侧8次	每侧7次	每侧6次
每侧8次	每侧7次	每侧6次

俯卧撑		
30秒	35秒	40秒
30秒	35秒	40秒
屈膝挺髋—离心式仰卧—滑垫		
30秒	35秒	40秒
30秒	35秒	40秒
交替下拉—无轨迹练习器		
30秒	35秒	40秒
30秒	35秒	40秒
蹲起—单手推举哑铃		
30秒	35秒	40秒
30秒	35秒	40秒

能量系统训练

100码（91米）冲刺					
6	休息1分钟	8	休息1分钟	10	休息1分钟

再生训练

日常软组织练习

冷水浴或按摩

功率 2

功率训练 A			
	动作	**组数**	**重复次数**
脊柱准备	脚趾屈伸	2	每侧 5 次
	挺髋—节段式—侧移	2	每侧 6 次
	屈髋肌拉伸—半跪姿—侧向	2	每侧 4×3 次呼吸
	重心变换—跪撑	2	每侧 4 次
	拉伸—主动转髋—仰卧	2	每侧 10 次
动作准备	拉伸—腘绳肌—原地(燕式平衡)	1	每侧 5 次
	抱膝	1	每侧 5 次
	后撤弓箭步—肘触踝—旋体	1	每侧 5 次
	侧向弓箭步	1	每侧 5 次
	高抬腿—侧向走	2	每侧 10 步
	高抬腿—线性走	3	每侧 10 步
反应力量训练	连续单腿跳	2	每侧 6 次
	连续侧向换腿跳	3	每侧 6 次

相对功率训练	第一周		第二周		第三周	
全身功率练习	**单手高抓哑铃** 足跟后坐式拉伸—泡沫轴　　　　×6 次					
	每侧 5 次		每侧 4 次		每侧 3 次	
	每侧 5 次		每侧 4 次		每侧 3 次	
	每侧 5 次		每侧 4 次		每侧 3 次	

初级阶段及第二阶段	分腿蹲—后足抬高—哑铃（1-0-X） * 分腿蹲跳—后足抬高　　　　×每侧4次 屈髋肌拉伸—侧卧　　　　　×每侧6次					
	每侧 7 次		每侧 6 次 *		每侧 5 次 *	
	每侧 6 次 *		每侧 5 次 *		每侧 4 次 *	
	每侧 6 次 *		每侧 5 次 *		每侧 4 次 *	
	每侧 6 次 *		每侧 5 次 *		每侧 4 次 *	
	罗马尼亚硬拉—单腿双手持哑铃 * 拉伸—举腿—单腿下落　　　　×每侧6步 腘绳肌拉伸—平躺屈伸膝　　　×每侧6次					
	每侧 7 次		每侧 6 次		每侧 5 次	
	每侧 6 次 *		每侧 5 次 *		每侧 4 次 *	
	每侧 6 次 *		每侧 5 次 *		每侧 4 次 *	
	每侧 6 次 *		每侧 5 次 *		每侧 4 次 *	
转体练习	转体后拉—反应式—无轨迹练习器（×××） 内收肌拉伸—半跪姿　　　　×每侧6次					
	每侧 6 次		每侧 5 次		每侧 4 次	
	每侧 6 次		每侧 5 次		每侧 4 次	
辅助练习	弓箭步水平抗阻—壶铃滑垫					
	每侧 10 次		每侧 8 次		每侧 6 次	
	每侧 10 次		每侧 8 次		每侧 6 次	
	侧桥—屈髋—单臂后拉					
	每侧 8 次		每侧 10 次		每侧 12 次	
	每侧 8 次		每侧 10 次		每侧 12 次	
	后撤弓箭步—水平抗阻—滑垫无轨迹练习器					
	每侧 10 次		每侧 8 次		每侧 6 次	
	每侧 10 次		每侧 8 次		每侧 6 次	
	腹桥—手臂交替屈伸—悬吊带					
	每侧 8 次		每侧 10 次		每侧 12 次	
	每侧 8 次		每侧 10 次		每侧 12 次	
能量系统训练	150 码（137 米）折返跑					
	2×4 次	休息 60 秒	2×5 次	休息 45 秒	2×6 次	休息 30 秒
再生训练	日常软组织练习 冷水浴或按摩					

	功率训练 B		
	动作	组数	重复次数
脊柱准备	脚趾敲击—站姿	2	每侧 5 次
	拉伸—腘绳肌—行进间(燕式平衡)	2	每侧 6 次
	拉伸—屈髋肌—侧卧转体	2	每侧 3 组 4 次深呼吸
	仰卧 90 度屈髋沿线向前伸降腿	2	每侧 6 次
	胸椎旋转—跪撑—单腿靠墙外展	2	每侧 8 次
动作准备	斜抱膝	1	每侧 5 次
	后撤步—蹲	1	每侧 5 次
	后交叉弓箭步(歇步)	1	每侧 5 次
	手足爬(毛毛虫)	1	5 次
	高抬腿—侧向走	2	每侧 10 步
	高抬腿—侧向跳	3	每侧 10 步
反应力量训练	胸前推实心球—半蹲	3	10 次
	过顶抛实心球	3	每侧 5 次
	转体抛实心球—半蹲—侧对墙	3	每侧 10 次

相对功率训练	第一周		第二周		第三周	
	跳箱 跪撑—蹲起　　×6 次					
	4 次		5 次		6 次	
	4 次		5 次		6 次	
	4 次		5 次		6 次	

引体向上（1-0-X） * 过顶下砸—实心球 ×4 足跟后坐式拉伸—泡沫轴 ×6					
7 次		6 次		5 次	
6 次 *		5 次 *		4 次 *	
6 次 *		5 次 *		4 次 *	
6 次 *		5 次 *		4 次 *	
平板卧推—单臂—哑铃（1-0-X） * 斜板俯卧撑—反应式 ×4 过顶举—滑动 ×6					
每侧 7 次		每侧 6 次		每侧 5 次	
每侧 6 次 *		每侧 5 次 *		每侧 4 次 *	
每侧 6 次 *		每侧 5 次 *		每侧 4 次 *	
每侧 6 次 *		每侧 5 次 *		每侧 4 次 *	
下砍—站姿—转体—无轨迹练习器（1-0-X） 旋髋肌拉伸—仰卧 ×6					
每侧 6 次		每侧 5 次		每侧 4 次	
每侧 6 次		每侧 5 次		每侧 4 次	
后拉转体—悬吊带					
每侧 10 次		每侧 8 次		每侧 6 次	
每侧 10 次		每侧 8 次		每侧 6 次	
腹桥—收腹屈膝—悬吊带					
8 次		10 次		12 次	
8 次		10 次		12 次	
俯卧撑—悬吊带					
10 次		8 次		6 次	
10 次		8 次		6 次	
90—90 度拉伸—手臂画圈					
每侧 6 次		每侧 6 次		每侧 6 次	
每侧 6 次		每侧 6 次		每侧 6 次	

能量系统训练

5—10—15 梯形折返跑练习					
2 × 4	休息 60 秒	2 × 5	休息 45 秒	2 × 6	休息 30 秒

再生训练

日常软组织练习

冷水浴或按摩

功率训练 C			
	动作	组数	重复次数
脊柱准备	拉伸—腘绳肌—原地（燕式平衡）	1	每侧 5 次
	斜抱膝	1	每侧 5 次
	抱膝	1	每侧 5 次
	侧向弓箭步	1	每侧 5 次
	后撤弓箭步—肘触踝—旋体	1	每侧 5 次
	后撤步跳	3	每侧 10 步
反应力量训练	连续侧向跳	3	每侧 6 次
	下蹲跳	3	4 次
实心球训练	弓步走胸前推实心球—动态一	2	每侧 5 次
	转体抛实心球—半蹲	2	每侧 10 次
	转体抛实心球—半蹲—侧对墙	2	每侧 10 次
	蹲体跳抛球	3	5 次

相对功率训练	第一周		第二周		第三周	
	单臂后拉—对侧单臂单腿支撑—哑铃（10×）背阔肌按压—泡沫轴　　　　×每侧 20 秒					
	每侧 7 次		每侧 6 次		每侧 5 次	
	每侧 7 次		每侧 6 次		每侧 5 次	
	每侧 7 次		每侧 6 次		每侧 5 次	
	单腿蹲—哑铃（10×）股四头肌按压—泡沫轴　　　　×每侧 20 秒					
	7 次		6 次		5 次	
	7 次		6 次		5 次	
	7 次		6 次		5 次	

平板卧推—哑铃（10×）			
胸肌按压—泡沫轴	×每侧 20 秒		
10	9	8	
10	9	8	
10	9	8	

罗马尼亚硬拉—杠铃（10×）			
臀肌按压—泡沫轴	×每侧 20 秒		
7 次	6 次	5 次	
7 次	6 次	5 次	
7 次	6 次	5 次	

拉推组合—站姿—反应式转体—无轨迹练习器（×××）			
90—90 度拉伸—手臂画圈	×每侧 6 次		
每侧 6 次	每侧 5 次	每侧 4 次	
每侧 6 次	每侧 5 次	每侧 4 次	

交替下拉—无轨迹练习器			
每侧 12 次	每侧 10 次	每侧 8 次	
每侧 12 次	每侧 10 次	每侧 8 次	

后撤弓箭步—哑铃			
每侧 12 次	每侧 10 次	每侧 8 次	
每侧 12 次	每侧 10 次	每侧 8 次	

斜板卧推—单臂交替—哑铃			
每侧 12 次	每侧 10 次	每侧 8 次	
每侧 12 次	每侧 10 次	每侧 8 次	

屈膝挺髋—滑垫			
30 秒	35 秒	40 秒	
30 秒	35 秒	40 秒	

能量系统训练

50 码（45 米）冲刺跑					
2×6 次	休息 30 秒	2×8 次	休息 30 秒	2×10 次	休息 30 秒

再生训练　日常软组织练习

冷水浴或按摩

功率3

	功率训练 A		
	动作	组数	重复次数
脊柱准备	手脚趾交握—绕环	1	每侧 10 次
	髋外展—侧卧	2	每侧 10 次
	挺髋—节段式	2	每侧 10 次
	拉伸—侧链—站姿	2	每侧 4×3 次呼吸
	胸椎旋转—跪撑—单腿靠墙外展	1	每侧 4 次
动作准备	拉伸—腘绳肌—原地(燕式平衡)	1	每侧 5 次
	抱膝	1	每侧 5 次
	后撤弓箭步 - 肘触踝—旋体	1	每侧 5 次
	侧向弓箭步	1	每侧 5 次
	高抬腿—侧向走	2	每侧 10 步
	高抬腿—线性走	3	每侧 10 步
反应力量训练	单腿跳—反应跳与制动(负重背心)	2	每侧 6 次
	单腿交替跳—反应与制动	2	每侧 6 次

相对功率训练	第一周		第二周		第三周	
全身功率练习	**高抓上拉练习** 足跟后坐式拉伸—泡沫轴　　　×6 次					
	6 次		5 次		4 次	
	6 次		5 次		4 次	
	6 次		5 次		4 次	

初级阶段及第二阶段	手持哑铃反向弓步(2-0-X) 屈髋肌拉伸—半跪姿　　　　×每侧6次					
	每侧 8 次		每侧 7 次		每侧 6 次	
	每侧 8 次		每侧 7 次		每侧 6 次	
	每侧 7 次		每侧 6 次		每侧 5 次	
	每侧 7 次		每侧 6 次		每侧 5 次	
	罗马尼亚硬拉—单腿双手持哑铃 直腿下放　　　　×每侧6次					
	每侧 8 次		每侧 7 次		每侧 6 次	
	每侧 8 次		每侧 7 次		每侧 6 次	
	每侧 7 次		每侧 6 次		每侧 5 次	
	每侧 7 次		每侧 6 次		每侧 5 次	
转体练习	转体上提(1-1-X) 内收肌拉伸—半跪姿　　　　×每侧6次					
	每侧 8 次		每侧 7 次		每侧 6 次	
	每侧 8 次		每侧 7 次		每侧 6 次	
辅助练习	单腿健身球卷腿					
	每侧 8 次		每侧 10 次		每侧 12 次	
	每侧 8 次		每侧 10 次		每侧 12 次	
	侧桥—屈髋—单臂后拉					
	每侧 10 次		每侧 8 次		每侧 6 次	
	每侧 10 次		每侧 8 次		每侧 6 次	
	弓箭步—壶铃滑垫					
	每侧 10 次		每侧 8 次		每侧 6 次	
	每侧 10 次		每侧 8 次		每侧 6 次	
	腹桥—下拉—无轨迹练习器					
	每侧 10 次		每侧 8 次		每侧 6 次	
	每侧 10 次		每侧 8 次		每侧 6 次	

能量系统训练	150 码(137 米)折返跑					
	6 次	休息 2 分钟	7 次	休息 90 秒	8 次	休息 1 分钟

再生训练　　日常软组织练习

　　　　　　　冷水浴或按摩

	功率训练 B		
	动作	组数	重复次数
脊柱准备	脚趾攀岩	1	6 次
	拉伸—腘绳肌—行进间（燕式平衡）	2	5 次呼吸
	髋外展—侧卧	2	每侧 10 次
	拉伸—屈髋肌—侧卧转体	2	3×4 次呼吸
	胸椎旋转—跪撑—单腿靠墙外展	1	每侧 4 次
动作准备	斜抱膝	1	每侧 5 次
	后撤步—蹲	1	每侧 5 次
	后交叉弓箭步（歇步）	1	每侧 5 次
	手足爬（毛毛虫）	1	5 次
	高抬腿—侧向走	2	每侧 10 步
	高抬腿—侧向跳	3	每侧 10 步
反应力量训练	胸前推实心球—分腿蹲	2	每侧 10 次
	分腿蹲过顶抛实心球	2	每侧 10 次
	实转体抛实心球—弓箭步	3	每侧 10 次

相对功率训练	第一周		第二周		第三周	
	借力推举 跪撑—蹲起　　×6 次					
	6 次		5 次		4 次	
	6 次		5 次		4 次	
	6 次		5 次		4 次	

单臂后拉—对侧单臂单腿支撑—哑铃（2-0-X） 腘绳肌拉伸—站姿　×每侧6次					
每侧8次		每侧7次		每侧6次	
每侧8次		每侧7次		每侧6次	
每侧7次		每侧6次		每侧5次	
每侧7次		每侧6次		每侧5次	

平板卧推—单臂交替/双腿交替屈伸—哑铃（2-0-X） 过顶举—滑动　×6					
每侧8次		每侧7次		每侧6次	
每侧8次		每侧7次		每侧6次	
每侧7次		每侧6次		每侧5次	
每侧7次		每侧6次		每侧5次	

侧向单膝跪立拉力器砍柴练习（1-1-X） 旋髋肌拉伸—仰卧　×6					
每侧6次		每侧5次		每侧4次	
每侧6次		每侧5次		每侧4次	

手臂交替屈伸/双腿交替屈伸组合—哑铃					
每侧10次		每侧8次		每侧6次	
每侧10次		每侧8次		每侧6次	

腹桥—手臂交替屈伸—悬吊带					
每侧8次		每侧10次		每侧12次	
每侧8次		每侧10次		每侧12次	

单臂推举—身体侧屈—壶铃					
每侧10次		每侧8次		每侧6次	
每侧10次		每侧8次		每侧6次	

90—90度拉伸—手臂画圈					
每侧6次		每侧6次		每侧6次	
每侧6次		每侧6次		每侧6次	

能量系统训练

5—10—15梯形折返跑练习					
2×6次	休息2分钟	2×7次	休息90秒	2×8次	休息1分钟

再生训练　日常软组织练习

冷水浴或按摩

	功率训练 C		
	动作	**组数**	**重复次数**
脊柱准备	拉伸—腘绳肌—原地（燕式平衡）	1	每侧 5 次
	斜抱膝	1	每侧 5 次
	抱膝	1	每侧 5 次
	侧向弓箭步	1	每侧 5 次
	后撤弓箭步—肘触踝—旋体	1	每侧 5 次
	后撤步跳	3	每侧 10 步
反应力量训练	侧向跳—反应与制动（负重背心）	2	每侧 6 次
	静蹲跳	2	4 次
实心球训练	胸前推实心球—动态 2	2	每侧 5 次
	转体抛实心球—半蹲	2	每侧 10 次
	转体抛实心球—单腿站立—侧对墙	3	每侧 10 次

相对功率训练	第一周		第二周		第三周	
引体向上（20×） 背阔肌按压—泡沫轴		×每侧 20 秒				
	9 次		8 次		7 次	
	9 次		8 次		7 次	
	9 次		8 次		7 次	
胯下前后摆—壶铃（×××） 股四头肌按压—泡沫轴		×每侧 20 秒				
	9 次		8 次		7 次	
	9 次		8 次		7 次	
	9 次		8 次		7 次	

平板卧推—哑铃(20×) 胸肌按压—泡沫轴 ×每侧20秒					
9 次		8 次		7 次	
9 次		8 次		7 次	
9 次		8 次		7 次	

屈膝挺髋—滑垫(20×) 臀肌按压—泡沫轴 ×每侧20秒					
9 次		8 次		7 次	
9 次		8 次		7 次	
9 次		8 次		7 次	

拉推组合—站姿—转体—无轨迹练习器(11×) 90—90 度拉伸—手臂画圈 ×每侧6次		
每侧 8 次	每侧 7 次	每侧 6 次
每侧 8 次	每侧 7 次	每侧 6 次

俯卧撑		
30 秒	35 秒	40 秒
30 秒	35 秒	40 秒

罗马尼亚硬拉—哑铃		
30 秒	35 秒	40 秒
30 秒	35 秒	40 秒

交替下拉—无轨迹练习器		
30 秒	35 秒	40 秒
30 秒	35 秒	40 秒

蹲起—单手推举哑铃		
30 秒	35 秒	40 秒
30 秒	35 秒	40 秒

能量系统训练

50 码(45 米)冲刺跑					
6 次	休息 1 分钟	8 次	休息 1 分钟	10 次	休息 1 分钟

再生训练　　日常软组织练习

冷水浴或按摩

功率 4

功率训练 A			
	动作	**组数**	**重复次数**
脊柱准备	脚趾屈伸	2	每侧 5 次
	挺髋—节段式—侧移	2	每侧 6 次
	屈髋肌拉伸—半跪姿—侧向	2	每侧 4×3 次呼吸
	重心变换—跪撑	2	每侧 4 次
	拉伸—主动转髋—仰卧	2	每侧 10 次
动作准备	拉伸—腘绳肌—原地（燕式平衡）	1	每侧 5 次
	抱膝	1	每侧 5 次
	后撤弓箭步—肘触踝—旋体	1	每侧 5 次
	侧向弓箭步	1	每侧 5 次
	高抬腿—侧向走	2	每侧 10 步
	高抬腿—线性走	3	每侧 10 步
反应力量训练	连续单腿跳（负重背心）	3	每侧 6 次
	侧向制动跳—反应与制动（负重背心）	3	每侧 6 次

相对功率训练	第一周		第二周		第三周	
全身功率练习	**膝上抓举—杠铃** 足跟后坐式拉伸—泡沫轴		×6 次			
	5 次		4 次		3 次	
	5 次		4 次		3 次	
	5 次		4 次		3 次	

初级阶段及第二阶段	前蹲—杠铃（10 ×） * 蹲跳 　　　　　×每侧 4 次 屈髋肌拉伸—侧卧 　　　×每侧 6 次					
	每侧 6 次		每侧 5 次		每侧 4 次	
	每侧 5 次 *		每侧 4 次 *		每侧 3 次 *	
	每侧 5 次 *		每侧 4 次 *		每侧 3 次 *	
	每侧 5 次 *		每侧 4 次 *		每侧 3 次 *	
	罗马尼亚硬举（垂直弹力带，杠铃） * 拉伸—举腿—单腿下落 　×每侧 6 步 腘绳肌拉伸—平躺屈伸膝 　×每侧 6 次					
	每侧 6 次		每侧 5 次		每侧 4 次	
	每侧 5 次 *		每侧 4 次 *		每侧 3 次 *	
	每侧 5 次 *		每侧 4 次 *		每侧 3 次 *	
	每侧 5 次 *		每侧 4 次 *		每侧 3 次 *	

转体练习	推举—站姿—反应式转体—无轨迹练习器（× × ×） 内收肌拉伸—半跪姿 　　　×每侧 6 次					
	每侧 6 次		每侧 5 次		每侧 4 次	
	每侧 6 次		每侧 5 次		每侧 4 次	

辅助练习	弓箭步水平抗阻—壶铃滑垫					
	每侧 8 次		每侧 10 次		每侧 12 次	
	每侧 8 次		每侧 10 次		每侧 12 次	
	侧桥—屈髋—单臂后拉					
	每侧 8 次		每侧 10 次		每侧 12 次	
	每侧 8 次		每侧 10 次		每侧 12 次	
	后撤弓箭步—水平抗阻—滑垫无轨迹练习器					
	每侧 8 次		每侧 6 次		每侧 5 次	
	每侧 8 次		每侧 6 次		每侧 5 次	
	腹桥—手臂交替屈伸—悬吊带					
	每侧 8 次		每侧 10 次		每侧 12 次	
	每侧 8 次		每侧 10 次		每侧 12 次	

能量系统训练	150 码（137 米）折返跑					
	2 × 6 次	休息 60 秒	2 × 7 次	休息 45 秒	2 × 8 次	休息 30 秒

再生训练	日常软组织练习 冷水浴或按摩

功率训练 B			
	动作	组数	重复次数
脊柱准备	脚趾敲击—站姿	2	每侧 5 次
	拉伸—腘绳肌—行进间（燕式平衡）	2	每侧 6 次
	拉伸—屈髋肌—侧卧转体	2	每侧 3 组 4 次深呼吸
	仰卧 90 度屈髋沿线向前升降腿	2	每侧 6 次
	拉伸—弓箭步组合	2	每侧 6 次
动作准备	斜抱膝	1	每侧 5 次
	后撤步—蹲	1	每侧 5 次
	后交叉弓箭步（歇步）	1	每侧 5 次
	手足爬（毛毛虫）	1	5 次
	高抬腿—侧向走	2	每侧 10 步
	高抬腿—侧向跳	3	每侧 10 步
实心球训练	胸前推实心球—半蹲	3	每侧 10 次
	过顶抛实心球	3	每侧 10 次
	转体抛实心球—半蹲—侧对墙	3	每侧 10 次

相对功率训练	第一周		第二周		第三周	
	跳箱 跪撑—蹲起　　×6 次					
	4 次		5 次		6 次	
	4 次		5 次		6 次	
	4 次		5 次		6 次	

引体向上（10×） *过顶下砸—实心球　　　×4 足跟后坐式拉伸—泡沫轴　　×6			
6 次		5 次		4 次	
5 次 *		4 次 *		3 次 *	
5 次 *		4 次 *		3 次 *	
5 次 *		4 次 *		3 次 *	

平板卧推—单臂—哑铃（10×） *斜板俯卧撑—反应式　　　×4 过顶举—滑动　　　　×6			
6 次		5 次		4 次	
5 次 *		4 次 *		3 次 *	
5 次 *		4 次 *		3 次 *	
5 次 *		4 次 *		3 次 *	

下砍—站姿—转体—无轨迹练习器（10×） 旋髋肌拉伸—仰卧　　　×6			
每侧 6 次		每侧 5 次		每侧 4 次	
每侧 6 次		每侧 5 次		每侧 4 次	

后拉转体—悬吊带			
每侧 10 次		每侧 8 次		每侧 6 次	
每侧 10 次		每侧 8 次		每侧 6 次	

腹桥—收腹屈膝—悬吊带			
8 次		10 次		12 次	
8 次		10 次		12 次	

俯卧撑—悬吊带			
10 次		8 次		6 次	
10 次		8 次		6 次	

90—90 度拉伸—手臂画圈			
每侧 6 次		每侧 6 次		每侧 6 次	
每侧 6 次		每侧 6 次		每侧 6 次	

能量系统训练

5—10—15 梯形折返跑练习					
2×6	休息 60 秒	2×8	休息 45 秒	2×10	休息 30 秒

再生训练　日常软组织练习
冷水浴或按摩

功率训练 C			
	动作	组数	重复次数
脊柱准备	拉伸—腘绳肌—原地(燕式平衡)	1	每侧 5 次
	斜抱膝	1	每侧 5 次
	抱膝	1	每侧 5 次
	侧向弓箭步	1	每侧 5 次
	后撤弓箭步—肘触踝—旋体	1	每侧 5 次
	后撤步跳	3	每侧 10 步
反应力量训练	连续侧向跳(负重背心)	3	每侧 6 次
	下蹲跳(负重背心)	3	4 次
实心球训练	弓步走胸前推实心球—动态 1	2	每侧 5 次
	转体抛实心球—半蹲	3	每侧 10 次
	转体抛实心球—半蹲—侧对墙	2	每侧 10 次
	蹲起跳抛球	3	5 次

相对功率训练	第一周		第二周		第三周	
	单臂后拉—对侧单臂单腿支撑—哑铃(10×) 背阔肌按压—泡沫轴　　　　　　×每侧 20 秒					
	每侧 6 次		每侧 5 次		每侧 4 次	
	每侧 6 次		每侧 5 次		每侧 4 次	
	每侧 6 次		每侧 5 次		每侧 4 次	
	分腿蹲—后足抬高(10×) 股四头肌按压—泡沫轴　　　　　　×每侧 20 秒					
	每侧 6 次		每侧 5 次		每侧 4 次	
	每侧 6 次		每侧 5 次		每侧 4 次	
	每侧 6 次		每侧 5 次		每侧 4 次	

平板卧推—单臂—哑铃（10×）					
胸肌按压—泡沫轴　×每侧20秒					
每侧 6 次		每侧 5 次		每侧 4 次	
每侧 6 次		每侧 5 次		每侧 4 次	
每侧 6 次		每侧 5 次		每侧 4 次	

罗马尼亚硬拉—单腿对侧手持哑铃（10×）					
臀肌按压—泡沫轴　×每侧20秒					
每侧 6 次		每侧 5 次		每侧 4 次	
每侧 6 次		每侧 5 次		每侧 4 次	
每侧 6 次		每侧 5 次		每侧 4 次	

拉推组合—站姿—反应式转体—无轨迹练习器（×××）					
90—90 度拉伸—手臂画圈　×每侧6次					
每侧 6 次		每侧 5 次		每侧 4 次	
每侧 6 次		每侧 5 次		每侧 4 次	

引体向上					
6 次		8 次		10 次	
6 次		8 次		10 次	

交替弓箭步—哑铃					
每侧 6 次		每侧 8 次		每侧 10 次	
每侧 6 次		每侧 8 次		每侧 10 次	

斜板卧推—单臂交替—哑铃					
每侧 6 次		每侧 8 次		每侧 10 次	
每侧 6 次		每侧 8 次		每侧 10 次	

屈膝挺髋—单腿仰卧—滑垫					
每侧 6 次		每侧 8 次		每侧 10 次	
每侧 6 次		每侧 8 次		每侧 10 次	

能量系统训练

50 码（45 米）冲刺跑					
2×8 次	休息 30 秒	2×10 次	休息 30 秒	2×12 次	休息 30 秒

再生训练　　日常软组织练习

冷水浴或按摩

动作技能课

线性动作技能训练			
	动作	**组数**	**重复次数**
脊柱准备	臀肌按压—泡沫轴	1	30 秒双侧交替
	髂胫束按压—泡沫轴	1	30 秒双侧交替
	股四头肌按压—泡沫轴	1	30 秒双侧交替
	背阔肌按压—泡沫轴	1	30 秒双侧交替
	足底筋膜按压—扳机点	1	每侧 50 次
动作准备	屈膝线性走—迷你带	1	每侧 5 次
	抱膝	1	每侧 5 次
	后撤弓箭步—肘触踝—旋体	1	每侧 5 次
	后交叉弓箭步(歇步)	1	每侧 5 次
	高抬腿—线性走	2	10 秒双侧交替
	高抬腿—线性跳	3	10 秒双侧交替
	准备姿势—原地跑	3	6 秒
反应力量训练	立定跳远—落地平蹲	3	5 次
	单腿交替跳—反应与制动	2	每侧 5 次
动作技能训练	姿势控制—扶墙	2	30 秒双侧交替
	蹬摆—扶墙	2	每侧 8 次
	单腿交替—加速技能—扶墙	2	每侧 8 次
	负重加速跑—雪橇	3	15 码
	加速练习	2	15 码
	负重加速跑—雪橇	3	15 码
	加速练习	4	15 码
	冲刺跑	2	40 码
	低姿高抬腿—雪橇	4	25 码
能量系统训练	自由选择	2—3	5 分钟高难度
			1 分钟低难度
再生训练	日常软组织练习		
	冷水浴或按摩		

多方向性动作技能训练			
	动作	组数	重复次数
脊柱准备	臀肌按压—泡沫轴	1	30 秒双侧交替
动作准备	屈膝侧走—迷你带	1	每侧 10 步
	侧向弓箭步	1	每侧 5 次
	斜抱膝	1	每侧 5 次
	手足爬（毛毛虫）	1	5 次
	交叉步跳跃	2	10 秒双侧交替
	交叉步	2	10 秒双侧交替
	后撤步跳	3	10 秒双侧交替
	准备姿势—转髋	3	6 秒
反应力量训练	单腿交替跳—空中转体—反应与制动	3	每侧 5 次
动作技能训练	交叉步—起动与制动	2	每侧 6 次
	连续交叉步—抗阻	4	每侧 3 次
	侧滑步—起动与制动—抗阻	3	每侧 3 次
	侧滑步—起动与制动	1	每侧 3 次
	连续侧滑步—抗阻	3	每侧 3 次
	连续侧滑步	3	每侧 3 次
能量系统训练	自由选择	2—3	30 秒冲刺 4 分钟 30 秒高难度 2 分钟低难度
再生训练	日常软组织练习 冷水浴或按摩		

组合式动作技能训练			
	动作	组数	重复次数
脊柱准备	臀肌按压—泡沫轴	1	30 秒双侧交替
	髂胫束按压—泡沫轴	1	30 秒双侧交替
	股四头肌按压—泡沫轴	1	30 秒双侧交替
	背阔肌按压—泡沫轴	1	30 秒双侧交替
	足底筋膜按压—扳机点	1	每侧 50 次
动作准备	屈膝线性走—迷你带	1	每侧 5 次
	抱膝	1	每侧 5 次
	后撤弓箭步—肘触踝—旋体	1	每侧 5 次
	后交叉弓箭步(歇步)	1	每侧 5 次
	高抬腿—线性走	2	10 秒双侧交替
	高抬腿—线性跳	3	10 秒双侧交替
	准备姿势—原地跑	3	6 秒
反应力量训练	立定跳远—落地平蹲	3	5 次
	单腿交替跳—反应与制动	2	每侧 5 次
动作技能训练	单腿交替—加速技能—扶墙	2	每侧 8 次
	负重加速跑—雪橇	3	15 码
	加速练习	2	15 码
	连续侧滑步—抗阻	3	每侧 3 次
	连续侧滑步	3	每侧 3 次
	冲刺跑	2	40 码
	低姿高抬腿—雪橇	4	25 码
能量系统训练	自由选择	2~3	5 分钟高难度 1 分钟低难度
再生训练	日常软组织练习 冷水浴或按摩		

再生训练

再生训练课			
	动作	组数	重复次数
能量系统训练	自由选择	1	20 分钟低难度
再生训练	胸椎按压—扳机点	1	每侧 5 次
	臀肌按压—扳机点	4	每侧 45 秒
	阔筋膜张肌按压—扳机点	1	每侧 45 秒
	颈部按压—扳机点	1	45 秒
	下背部按压—泡沫轴	1	45 秒
	下背部按压—泡沫轴	1	每侧 45 秒
	臀肌按压—泡沫轴	1	每侧 45 秒
	髂胫束按压—泡沫轴	1	每侧 45 秒
	股四头肌按压—泡沫轴	1	每侧 45 秒
	足跟后坐式拉伸—泡沫轴	1	10 次
	腘绳肌拉伸—平躺屈伸膝	1	每侧 10 次
	外展肌拉伸—拉伸带	1	每侧 10 次

下背痛缓解练习			
	动作	组数	重复次数
能量系统训练	自由选择	1	20 分钟低难度
再生训练	胸椎按压—扳机点	1	每侧 5 次
	下背部按压—按压棒	4	45 秒
	臀肌按压—扳机点	1	每侧 45 秒
	阔筋膜张肌按压—扳机点	1	每侧 45 秒
	胸椎按压—泡沫轴	2	45 秒
	下背部按压—泡沫轴	2	每侧 45 秒
	下背部按压—泡沫轴	2	每侧 45 秒
	腘绳肌按压—泡沫轴	2	每侧 45 秒
	股四头肌按压—泡沫轴	2	每侧 45 秒
	足跟后坐式拉伸—泡沫轴	2	10 次
	腘绳肌拉伸—平躺屈伸膝	2	每侧 10 次
	屈髋肌拉伸 半跪姿	2	每侧 10 次
	90—90 度拉伸—手臂画圈	2	每侧 10 次

自我按摩			
	动作	组数	重复次数
能量系统训练	自由选择	1	20 分钟低难度
再生训练	胸椎按压—扳机点	1	每侧 5 次
	臀肌按压—扳机点	4	每侧 45 秒
	阔筋膜张肌按压—扳机点	1	每侧 45 秒
	股内侧肌按压—扳机点	2	每侧 10 次
	足底筋膜按压—扳机点	1	每侧 50 次
	颈部按压—扳机点	1	45 秒
	胸椎按压—泡沫轴	1	45 秒
	下背部按压—泡沫轴	1	每侧 45 秒
	臀肌按压—泡沫轴	1	每侧 45 秒
	腘绳肌按压—泡沫轴	1	每侧 45 秒
	内收肌按压—泡沫轴	1	每侧 45 秒
	股四头肌按压—泡沫轴	1	每侧 45 秒
	内收肌按压—泡沫轴	1	每侧 45 秒

髋部疼痛缓解练习			
	动作	组数	重复次数
能量系统训练	自由选择	1	20 分钟低难度
再生训练	下背部按压—按压棒	1	每侧 45 秒
	臀肌按压—扳机点	1	每侧 45 秒
	臀肌按压—泡沫轴	2	每侧 45 秒
	腘绳肌按压—泡沫轴	2	每侧 45 秒
	髂胫束按压—泡沫轴	2	每侧 45 秒
	股四头肌按压—泡沫轴	2	每侧 45 秒
	腘绳肌拉伸—平躺屈伸膝	2	每侧 10 次
	外展肌拉伸—拉伸带	2	每侧 10 次
	旋髋肌拉伸—仰卧	2	每侧 10 次
	屈髋肌拉伸—半跪姿	2	每侧 10 次

柔韧性练习			
	动作	组数	重复次数
能量系统训练	自由选择	1	20 分钟低难度
再生训练	足底筋膜按压—扳机点	2	每侧 50 秒
	足跟后坐式拉伸—泡沫轴	2	10 次
	腘绳肌拉伸—平躺屈伸膝	2	每侧 10 次
	外展肌拉伸—拉伸带	2	每侧 10 次
	旋髋肌拉伸—仰卧	2	每侧 10 次
	90—90 度拉伸—手臂画圈	2	每侧 10 次
	肩关节拉伸—侧卧	2	每侧 10 次
	屈髋肌拉伸—半跪姿	2	每侧 10 次

膝关节痛缓解练习			
	动作	组数	重复次数
能量系统训练	自由选择	1	20 分钟低难度
再生训练	股四头肌按压—按压棒	1	每侧 45 秒
	腘绳肌按压—按压棒	4	每侧 45 秒
	阔筋膜张肌按压—按压棒	1	每侧 45 秒
	臀肌按压—扳机点	2	每侧 45 秒
	股内侧肌按压—扳机点	1	每侧 10 次
	阔筋膜张肌按压—扳机点	1	每侧 45 秒
	臀肌按压—泡沫轴	2	每侧 45 秒
	腘绳肌按压—泡沫轴	2	每侧 45 秒
	股四头肌按压—泡沫轴	2	每侧 45 秒
	内收肌按压—泡沫轴	2	每侧 45 秒
	胫骨前肌按压—泡沫轴	2	每侧 45 秒

	上背/肩部疼痛缓解练习		
	动作	组数	重复次数
能量系统训练	自由选择	1	20 分钟低难度
再生训练	颈部按压—按压棒	1	45 秒
	胸椎按压—扳机点	1	每侧 5 次
	颈部按压—扳机点	1	45 秒
	胸椎按压—泡沫轴	2	45 秒
	下背部按压—泡沫轴	2	每侧 45 秒
	背阔肌按压—泡沫轴	2	每侧 45 秒
	胸肌按压—泡沫轴	2	每侧 45 秒
	足跟后坐式拉伸—泡沫轴	2	10 次
	屈髋肌拉伸—半跪姿	2	每侧 10 次

第四章 | 为"它"而休息

运动表现之恢复

训练计划中的关键环节之一就是强调恢复,这有别与大众健身计划、饮食和其他的一些养生方法。

如果想要在一堂训练课程中,让运动员在短短六秒钟内产生呕吐感,我们完全可以做到。但那不是我们的目标。我们的目的是要创建一套能让运动员持续保持高水平的运动表现训练体系。我们要将恢复的每个方面精准无误地贯穿在每一组练习、每一次重复、每一堂训练课、每一天以及每一周的训练过程之中。恢复更要体现在生活方式的每一个方面,从起床的那一刻起,到上床休息为止。如果你不这样做,那么就不可能实现长期提升竞技水平。

恢复绝不仅仅是在每周的训练中安排一到两天的休息,或偶尔进行按摩这么简单,尽管这两种方式也是行之有效的恢复策略。我们接下来谈论的恢复,指的是在一整天的训练过程中,为成功所采取的一系列蓄能方法。

毕竟,想要时刻保持全力以赴的状态并不现实。你的身心都需要时间去恢复。恢复是运动成绩和训练的限制性因素。如果你能够立即恢复到最好状态,那么你就能够马上回到训练场,进行更刻苦、更持久以及更快速的训练。

当然,这并不实际。如果你不让自己的身心获得足够的时间去适应训练的刺激,你就根本无法继续更加刻苦地训练。且把恢复的这段时间当作是给电池充电或给油箱加油吧! 当你认识到并遵循这个简单的道理,你就能极大提高自己的表现。利用最少的时间获得完全恢复,对这一点的领悟能力将决定你距离自己的最佳目标有多远。

训练 + 休息 = 成功

训练会对身心施加压力,而恢复是所有训练体系的限制因素。无论你对训练计划遵循得有多好,一旦你没有充分地恢复,结果可能将是事倍功半。

如果你已经读过我们的核心训练“*Core Performance*”系列丛书,想必对这个概念已有所耳闻。然而正如本计划中的其他要素一样,我们也要把恢复的重要性再向上提升一个等级。恢复不仅仅是在训练之后或者调整期内进行的活动,它是一个 24 小时/7 天不间断的过程。在本章中你将会学到,恢复过程包含了一套睡眠仪式,以确保你能够获得最大程度的深度睡眠;它包括全天训练中进行的软组织和扳机点练习,而不仅仅局限于训练时使用过的身体部位;它还包括能量眠、呼吸技巧以及水疗法。正如我们在“营养”一章里讨论过的,我们倡导把恢复贯穿到全天之中。

恢复在训练计划中如此重要、不可或缺,以至于你的饮食、呼吸以及睡眠都与它息息相关。

其原因在于你为促进恢复所做的努力和你的训练同等重要。如果你专注于获得高质量的恢复,那么你在日常训练时就能获得更多的回报。

这些恢复措施可以增加能量,提升免疫力并帮助你充分利用每一天及每一堂训练课,最终让你拥有更好的表现。恢复措施还可以调节荷尔蒙,减少炎症,提高组织活力,减少过度运动造成的损伤。

恢复措施在日常生活中应用广泛。在美国,社会上盛行一种“工作狂”心态,致使工作效率低下。我们工作如此努力,休息时间却如此之少,代价就是牺牲了效率,最终我们也会垮掉。因此我们需要在更有效工作的同时,享受生活带给我们的乐趣,学会恢复就能实现这一目标。

在之前的几本书中,"恢复"(Recovery)和"再生"(Regeneration)两个词是互换使用的。具体来说,前者是指身体和精神上克服准备期间的应激(负荷)这一实际过程,后者是指为助力恢复过程所采取的活动或者策略。

在这我们把它们整合在一起,形成一套完整的"恢复"理念。这也解释了为什么我们总是谈论"为了更好的训练而恢复"而不是"从训练中恢复"。当我们只是把恢复简单地视作一种训练后的策略,那我们的思维就会受限于如何从训练、行动以及高强度的活动中恢复过来。而事实上,恢复本身包含的哲学远不止这些。

所以,当我们从"为它而休整"这一角度去思考时,我们就能在更高的层次上开展行动。那些在一整天当中所采取的各类措施不仅有助于我们身心的恢复,而且让我们尽可能保持最好的状态,为心中的那个"它"——我们生活的宏伟愿景而准备。

要做到这一点,首先必须要有自信,要理解将弹药推入枪膛并非是在浪费时间,而是你连续击中靶心的必经之路。请再次将注意力放到我们的身体上,我们需要知道针对自身软组织和筋膜的治疗对恢复至关重要。肌肉和筋膜的状态直接关系到所有恢复和训练方法的效果。

我们所讨论的组织,不仅指肌肉,还指我们身体的所有筋膜及结缔组织。筋膜系统极为复杂,它将你的身体及所有肌肉编织成多维度运动链条,从而使得动作最佳化。

我们应当把筋膜及肌肉看成两个相互关联的系统。我们使用某些恢复技术来改变筋膜的长度和韧性,另一些方法则会注重心理和肌肉方面。可以把筋膜想象成一种类似塑料材质的物质,它需要花费更多的时间去适应外界刺激。

下面是一些我们如何让筋膜改变的例子,其中包括静态拉伸(当你的身体温度较低,以及并未热身的状态下),自我按摩及按摩师的按摩等方法。我们需要在一整天训练日当中专注于此,即从清晨醒来到夜晚上床睡觉。

调整身体软组织质量的第二个层面是解决筋膜系统内部的肌肉活性。在低效率动作模式和专项竞技训练中,很可能会让你的肌肉变短,变得僵硬。你需要学习如何高效地运动,同时辅以适当地恢复,肌肉长度就会增加,也会更加柔软并富有弹性。

下面就让我们看一下这些恢复策略。

Athletes' Performance 训练体系之恢复

1. 蓄能
2. 睡眠
3. 呼吸
4. 水疗
5. 自我按摩
6. 拉伸

1丨蓄能

我们曾在"营养"一章中讨论过这个问题,但是需要重复强调,我们补充能量不仅为了有更好的表现,也是为了更好地恢复。通过每三小时补充一次高营养密度、富含纤维的食物,我们可以确保即使在承受诸多应激(负荷)的情况下也能轻松、充满活力地应对一整天。

2丨睡眠

睡眠对恢复至关重要。它能重建大脑和身体,睡眠时人体内还会释放一系列起修复作用的激素,这有利于我们整日保持专注的状态。睡眠就像是点击了大脑中的"刷新"按钮。

2001 年,美国国家睡眠基金会展开了一项名为《美国睡眠》的调查。调查显示,有 63% 的成年人每晚的睡眠时间少于建议的 8 小时,而 31% 的成年人每晚睡眠不足 7 小时。另外,超过 40% 的人表示他们在白天很难保持清醒状态。

睡眠不足会导致记忆力下降,精力不足,干扰认知和情绪。没有足够的睡眠,你很难呈现最佳状态。睡眠不足还会破坏健康的饮食习惯,对训练造成干扰,从而导致体脂水平的升高。当大脑处于疲劳阶段时,它无法判断是因为睡眠不足还是因饥饿而缺乏葡萄糖,所以自然反应就是要摄入糖类。这也解释了为什么当你深夜疲惫不堪的时候会渴望进食。当你精力不足时,身体会启动自我保护,所以训练的动机会被极大地削弱。

睡眠就像是魔术药丸。它可以让人体的所有系统焕然一新,同时它也是发挥出高水平竞技表现的基础,这一点毋庸置疑。

睡眠期间大脑具有对你白天学到的所有信息进行修复、还原和加深记忆的能力。身体同样如此,大多数激素也是在此时被释放出来,包括生长激素和睾酮等。当然还包括你的筋膜、肌肉及神经肌肉系统也在睡眠期间从之前给予的刺激中得到提升。

睡眠就像你生活中其他事物一样,它是一种技能。而睡个好觉则是一项你能够掌握,也必须掌握的技能。我们的运动员深谙此道。因为他们知道通过优化睡眠能够极大地提升运动表现,而不需要投入更多的身体训练和成本。

那么如何才能获得高质量的睡眠呢? 你如何得知你的大脑和身体经过一夜休整后,已经准备好在今日取得更好表现呢? 你又如何保证醒来时,可以精力充沛、焕发活力、斗志满满地完成今日的目标呢?

首先,有必要了解一下睡眠周期。根据睡眠深度的不同,可以分为以下三个周期:浅度睡眠、快速眼动睡眠(REM)和深度睡眠。

最初阶段是浅度睡眠。约 90 分钟过后,就会进入快速眼动睡眠(REM — rapid eye movement)。这一阶段对大脑的功能表现至关重要,同时也是组织记忆的关键期,以便更好地应用所学到的知识。快速眼动睡眠期间,大脑开始加工处理这一天接受的刺激,完成一次升级。如果你的这一阶段睡眠质量很高,醒来之后你就会感到精神饱满,专注度获得再度聚焦。

快速眼动睡眠有助于提升大脑的表现,而深度睡眠则作用于你的身体。当然,这么说过于简单了,因为这是一个综合的系统过程。深度睡眠期间,体内会释放生长激素和睾酮,这些激素对于身体从一天的训练刺激中恢复过来很有必要。其一系列作用包括:有助于保持较高的瘦体重、减少体脂以及促进身体各大系统更好地恢复。深度睡眠还有助于恢复肌肉状态,提升免疫力。

没有良好的睡眠质量你很难以最佳状态训练。睡眠周期的长度大约在90分钟到120分钟之间。一个周期从浅度睡眠开始,到快速眼动睡眠,再到深度睡眠,最后又回到浅度睡眠。你每晚大致会经历三到五个睡眠周期,主要取决于睡眠时间的长短。

高质量睡眠的基础在于保持睡眠时间的一致性,也就是说每晚的睡眠时间应在7到9小时,且都是在同一时间段。成功的运动员有时会说自己睡得很少但依然可以表现出色,并以此为傲。这其实是一大误解。想获得成功,你必须可以优秀地管理自己的实践和运动表现,而起点就是睡眠。如果你把睡眠放在次要位置,结果只能以牺牲未来的运动表现和健康为代价。

在理想状况下,你每晚的睡觉时间都应是固定的,这样身体就会根据白天活动形成一种规律,这种变化最终会延伸到你的睡眠之中。午夜之前睡眠时间越长,睡眠的质量就会越高,原因是你会经历更多的快速眼动睡眠和深度睡眠,身体会释放更多的有益激素。

不要认为从午夜睡到早上九点和从晚上九点睡到早上六点的效果是一样的。这两种睡眠会产生两种不同的休息效果(或者可能达不到休息效果)。

睡眠时间长度总是备受争议。但更重要的是睡眠时间的一致性。如果睡眠时间是7小时,那就稳定在7小时,因为这是身体习惯的方式。你的身体需要明确的是,它期望你保持这种一致性,能让它了解到这一整晚的休整到底持续了多长时间。这好比你总是想知道一项工作或者一次体育锻炼要持续多久,你的身体想知道它有多长时间用于睡眠。一旦你的睡眠长度保持了一致,身体就会制定出一套规则,决定每个睡眠周期应持续多久,从而确保每天你醒来的时候感到睡眠充足。

你的身体会对不同情况做出不同反应,这一点的确令人意外。设想以下两种情况:一是你一周之中每天都睡7个小时;另一种是一晚睡10小时,第二天晚上睡4小时,第三天晚上睡6小时,第四天晚上睡11小时。你的身体状态,肯定是第一种情况下要好得多。我们很理解一些精英客户运动员不得不面对雇主制定的各种随机而且混乱的安排,但若是能够保持一致的睡眠时间和习惯,那么他们就会将成功锁定。你可能会在一段时间当中满负荷运转，并且也能够很好地胜任，但是当我们突然停止下来的时候，形成的惯例依旧在运转，一旦到了窗口期，你的身心知道它们需要立刻工作。

8小时的睡眠被看作是黄金标准。虽然现实中人们睡眠时间通常少于这一标准，但是美国国立卫生研究院还是推荐所有年龄的成年人都应睡够7到9小时。

随着年龄增长，睡眠时间也在变化。在你二十几岁时，平均睡眠时间为7.3小时，其中1.6小时处于快速眼动睡眠，83分钟处于深度睡眠，入睡所需时间为16分钟。三十几岁时，平均睡眠时间为7.1小时，包括1.5小时快速眼动睡眠，69分钟深度睡眠，入睡时间21分钟。到了四十几岁，平均睡眠时间变为6.8小时，包括1.4小时快速眼动睡眠，56分钟深度睡眠，入睡时间28分钟。

看出规律了吗？到了五十几岁，平均睡眠时间变为6.5小时，包括1.3小时快速眼动睡眠，44分钟深度睡眠，入睡时间38分钟。六十几岁时，平均睡眠时间变为6.3小时，包括1.2小时快速眼动睡眠，36分钟深度睡眠，入睡时间52分钟。到了七十多岁，平均睡眠时间变为6小时，包括1.1小时快速眼动睡眠，30分钟深度睡眠，入睡时间68分钟。

最理想的状况就是整晚熟睡，但是有些人不同，他们先是熟睡4小时，清醒2到3小时，之后又上床睡上3个小时。醒来后仍觉得神清气爽。我并不是说这是正常现象，但在最初的一段睡眠之后的那几个小时可能是你最充满活力、最富有洞察力的时候。

理想情况下，精英运动员最好可以自然醒来，而不需要闹钟。闹钟仅仅是作为你自身生物钟的备用设备。如果你需要闹钟才能醒来，那极有可能是你在某个睡眠周期当中被弄醒了。

如果你有在深睡眠时被吵醒的经历，你就能体会那种晕头转向的感觉。你不清楚自己身在何处，一天当中的剩余时间也很难从这种挥之不去的迟缓困顿感中恢复过来。这种现象叫做"睡眠惯性"。这种状态下你会感到昏昏沉沉，注意力无法集中，似乎接下来的几天同样如此。敲击闹钟的止闹按钮是另一种促发睡眠惯性的方式，所以如果下次闹铃敲响时，那就让它一直响下去吧！

很少有人会关注睡眠规律,它不仅会对睡眠本身造成影响,还会影响到一整天的运动表现。

首先创造一个良好的睡眠环境。杜绝卧室里的一切光源,包括夜间非自然光线,所有外部光源(街道灯光、来往车辆灯光)和内部光源(夜明灯、闹钟)。有时候,清早的阳光会过早把你唤醒,所以可以通过使用不透光的窗帘或者戴眼罩来阻隔光源的干扰,创造一个尽可能舒适的睡眠环境。

"能量盹"

你的"训练日"还应包括打个"能量盹"。精英运动员很善于找到合适的方法将这一要素融入他们的日程。历史上一些声名远扬的人物也都有这样的习惯。其中就有爱因斯坦、拿破仑、牛顿、肯尼迪、丘吉尔、达芬奇等人。

打盹有诸多益处:缓解压力、提高记忆力、增强耐力、提升创造力、保持青春活力以及增强性欲。同时打盹还可以控制体重,提高洞察力和准确性。当然,小睡之后,身体还会感觉很棒。

我们都知道打盹具有强大的恢复作用,只要简单地趴在桌子或者垫子上小睡一会就可以。然而我们却很快忘了这个好习惯。只须午睡20到30分钟就能让你恢复元气,应对接下来的挑战。现在它已经成为欧洲文化的一部分了,这不仅和传统有关,还因为这个方法的确有效。

尽量平躺着,脚部稍微抬高一点,睡上二三十分钟吧!打"能量盹"是一种技能。从你第一次这样做开始,你就很难抵抗对这种状态的需求了。无须担心,你可以掌握这门技能。只要放松,对自己有耐心,说到具体步骤,就是闭上双眼20到30分钟,全身放松,通过调节呼吸尽量平静下来——数四拍吸气;再数两拍,摒住呼吸,然后数六拍将气呼出。(4-2-6呼吸法)把这样的练习看作给大脑和身体短暂充电,它能让你在小睡之后具有更好的专注力,更加充满活力。

打盹的目的在于从浅度睡眠过渡到快速眼动睡眠,并且在二三十分钟的时间内恢复到清醒状态,这会让身体觉得它已经完成了一个完整的睡眠周期。这就是为什么小睡能够帮助你恢复脑力,保持专注,提高学习和运用能力。一周内,这些二三十分钟的小睡时间加起来相当睡了3.5个小时。

你可能会担心，打盹好几个小时都醒不过来。如果是这样，可能是因为你睡眠不足。你可以在手机上定个闹铃或者在小睡之前立即来点咖啡，或许还能有助于保持午后的精力。

摄入咖啡因看上去可能会跟午睡的初衷相背离。但是在短短的20到30分钟内咖啡因不会起太大作用，所以你还是可以从快速眼动睡眠中醒来，并且由于咖啡因的缘故，你的精力会更加充沛，因而你也可以保持更高的训练水准。咖啡因还会引发微小肌肉的收缩，在小睡时使肌肉能够保持弹性。

打"能量盹"是一项需要花时间掌握的技能。如果平躺着不切实际，你可以考虑在飞机、公交车、火车上打个盹（安全第一）。利用你所能利用的一切条件来给自己快速充电吧！

在一项调查研究中，受试者为一群大学生，研究人员规定他们不能睡觉，只能每四个小时小睡一下。这些大学生坚持了二十多天，最后终于支撑不住。当然，这样的实验只能在大学生人群中进行，但结果的确证明了，"能量盹"有助于恢复大脑活力，能够在缺少深度睡眠的情况下支持身体日常活动。当然，该实验还表明，若缺乏深度睡眠，则难以正常生活，更不用说达到我们期望的表现了。特种部队的士兵很少能够享受到平静而充足的睡眠，他们会通过上述方法保持最佳状态，对于普通人来说，亦可如此。

呼吸着房间怡神的香气。带有甘菊或薰衣草香味的香熏精油或乳液具有宁神静气的效果，能够帮助大脑放松，易于深度睡眠。可以尝试在枕边放上香氛加热器或镇静香氛。

让房间温度低下来。睡觉之前，适当调节恒温器，让房间温度低一点。凉爽的温度能延长睡眠时间，让你睡得更香。

紧接着，遵循以下睡眠仪式：

关闭电源，好好休息。电子产品会让你的大脑处于兴奋状态。移走卧室里的所有电子设备（电话、电视、笔记本电脑、平板电脑等），睡眠质量能否得到提升我们拭目以待。

睡前30分钟，做一些能放松身心的活动，比如：喝一杯草本茶，做一些伸展运动,冥想或者读一篇励志故事(睡前不要读新闻)等。几周以后,这会成为一个习惯,你可以更加容易地入睡。

保持积极的心态。消极的心态会令人沮丧,给一整天蒙上阴影。如果你内心还在和消极情绪作斗争,那就想想三件当天发生的开心事吧。当你这样做时,你的思绪会开始发生转变。回顾一下你在训练日中的积极因素。设想你从愿景目标中获得的益处,以及你要感激的一切。

创造一个安静的睡眠环境。聆听一些轻松的音乐,屏蔽掉外界的噪音,或者使用一台白噪音器①。上床之后则要整理思绪,专注自己的呼吸。用 6 - 4 - 10 的节奏进行呼吸调节的同时,要心存感激。这一方法与之前提到的 4 - 2 - 6 呼吸法类似。就是数六拍吸气,再数四拍摒吸,最后数十拍呼气。重复十次,达到放松身心,易于睡眠的效果。

3 | 呼吸

至此,我们已经让你相信,你一直以来的睡眠效率都很低,下面我们将向你证明,你的呼吸效率同样存在问题。

普通人每年的呼吸次数达八百多万次,但是极有可能你的呼吸不足以让你拥有优秀的运动表现。

呼吸这个动作你每天要重复 2.3 万次,若其中存在某种固定模式,那么毫无疑问你要对其测评并加以改善。但是你多久才会想一次呼吸这种事情呢? 我们看到的绝大多数运动员的呼吸模式都有问题,以至于限制了他们的运动水平,增加了受伤的可能性,通常还会造成心理上的挫败感。

或许你认为已经非常了解在健身房做过蹲举或者仰卧挺举,使正确的呼吸方式。你知道当杠铃缓慢下降过程中要吸气,然后稍作屏息,推起杠铃时呼气。

以上健身过程确实如此,但这只是你一天中的一部分而已。我们讨论的呼吸是从你起床的那一刻开始到你上床睡觉的那一刻为止,当然还包括你睡眠中

---

① 译者注:所谓白噪音或白噪声是一种功率频谱密度为常数的随机信号或随机过程,频率分量的功率在整个可听范围(0—20KHZ)内都是均匀的。

的呼吸。这一整天的呼吸状况关系到你身体的恢复能力、解剖结构、自主神经系统(ANS)以及认知能力。能够全方位提升运动表现的技能并不多,而呼吸技巧正是其中之一。

很多人对把氧气吸入肺部这个能力利用得不够充分,这是因为他们倾向于只用上半身呼吸(胸腔呼吸),而不是深呼吸。深呼吸始于盆底,气息随之上升到胸腔底部。呼吸应该产生于横膈肌(效率最高的呼吸肌肉)的运动,而非胸部及颈部的呼吸附属肌肉。总之,胸腔的扩展应该是一个三维的模式:从上到下,从前到后及从左到右,从而对肺部起到支持保护,而非限制的作用。

为了更好地理解这一点,你可以试着平躺下来,把右手拇指放在肋骨下面,手掌中心放在腹肌上,就像你胃痛时做出的反应一样。左手放在胸口肋骨中央。

通过鼻腔吸气,让气息深入小腹,右手下肌肉呈紧张状态,加深吸气,这样你会感受到胸腔一直向下背部及小腹腔的扩张。横膈肌向盆骨方向运动的同时,会伴随着盆底肌的运动。这样,新鲜空气充满肺部的同时,躯干支柱的力量增强。此时,胸腔以及左手会有微小的运动。完成吸气动作后,呼出气体,然后重复该动作。

这是一种运动技能,与你之前在运动及训练中学到的并无不同。练习时带着专注和自信,你就能做到。一旦你掌握了这个技巧,无论是在运动场内还是场外,无论赛前还是比赛中,它都能极大地提升你的表现。

通过改变你的呼吸方式,你的身体姿态和肌肉张力程度都会得到改善。同样还有像肩部、上背、胸部以及颈部这些可能出现紧张的身体部位,其软组织活力也会得到改善。

我们反复提到躯干支柱力量和姿势的原因是它是我们取得高水平运动成绩的动作和呼吸方式的基础。

许多运动员都存在盆骨前倾的情况,伴随胸椎的伸展,会让他们的背部看起来呈弓形。如果你在他们的下肢及盆骨以上各画一条线,会看到像一个张开的大嘴,就像鳄鱼攻击猎物时的嘴部形状。

腹部通常会在这种情况下突起,这不利于形成正常的肌肉长度/张力关系,它们对你所从事的运动项目或任务的动作模式至关重要。与呼吸有关的肌群需要具有同样的基础才能正常行使功能。

高水平运动员擅长利用深吸气和强有力的呼气。我们看到，现在绝大多数运动员由于身体姿势欠佳，都不能很好地完成这两个步骤，这会削弱速度、功率、耐力、恢复以及认知功能。

想知道你的呼吸效果如何吗？试一试下面的测试吧。把一只手放在胸腔，另一只手放在肋骨下面的胃部，然后深吸一口气。胸部上面的那只手应该会保持不动，腹部那只手随着吸气动作向外移动。这就意味着你的横膈肌正向下向外部运动，把空气吸入胸腔。肋骨周围及颈部以下的胸肌强壮而结实，所以通过这些肌群来呼吸则会大大损耗你的能量。

保持自主神经系统的平衡

自主神经系统（ANS）控制着身体的大部分功能，它主要分为两个部分。交感神经系统负责人体面对威胁时做出的"攻击或逃离"的应激反应，而副交感神经系统则负责身体休息状态下，"休息和消化"方面的活动。除此之外还有第三个系统，即肠神经系统，它包裹着内脏，是一个更大范围的神经系统，对来自身体其他部位的信号具有高度反应性。

在如今快节奏的社会生活中，我们总是受到来自科技、精神压力、咖啡因以及糟糕呼吸习惯的干扰。"攻击或逃离的反应"似乎已经成了我们的常态。如果我们来观察一下人们对运动员及军警特种职业人士提出的过高要求，就很容易明白为何你总是处于频繁的交感神经活动中。

但是这种状态并不是你想要的。"攻击或逃离"是出于生存目的而做出的反应，并不适用于稳定状态的活动。它并不是一种持久的应激状态，更不会成为高效状态。"攻击或逃离"反应会刺激脑下垂体分泌皮质醇具有高刺激性的激素，会对大脑和身体机能带来真正的负面影响。

为了保持全天的高水平发挥，自主神经系统的平衡就显得十分重要。我们可以通过调整呼吸、睡眠以及合理的蓄能保持这种平衡。我们要管理全天的身体能量和精神状态，只在必要的时候才发挥最高水平（也就是做出应激反应），而后快速回到"休息和消化"的副交感神经模式，保证身体处于恢复状态。

日常中，我们可以通过呼吸技术达到这一目标。试着从呼吸节奏的角度考虑一下包含吸气、摒气、呼气的过程。比如一个 6 – 4 – 10 的节奏，也就是 6 秒钟的吸气，4 秒钟的摒气以及 10 秒钟的呼气。这要花点时间才行。当然你也可以采用 4 – 2 – 6 这一节奏更快的呼吸方式，效果大抵相同。目标就是呼气的时间长于吸气。如果你在比赛、训练或者培训过程中消耗很大，你会发现更容易做到这一点。

这背后蕴藏的原理就是更长时间的呼气会让副交感神经活跃起来。由于体内皮质醇含量在凌晨四五点钟左右达到峰值，所以此时交感神经也处于较平时更为紧张的状态。如果一觉醒来你感觉很焦虑或者疲惫，那就用 6 – 4 – 10 的方法进行放松。或者快速吸一口气，然后猛烈地把气体呼出以此唤醒你。这个方法或许能让你神清气爽，精力倍增。

但是如果你感到很累或忍不住想多睡一会儿，你一整天都会受到睡眠相关的 δ 波和 θ 波的影响，感觉浑身乏力，精神不振。在这种情况下，你应该花一两分钟的时间用 6 – 2 – X 节奏的呼吸来唤醒自己。这里的 X 指的是尽可能快地猛烈呼气。这样猛烈地呼气能把身体里残余的"坏"空气彻底清除，可以让胸腔做好吸气蓄力，为下一次吸气做好准备。游泳和拳击运动员在做动作时通过猛烈呼气来发力，因为横膈膜是全身最大的肌肉。

呼吸也可以帮助你快速回到最佳状态。如果你需要在训练课前恢复清醒状态或者在运动疲劳中，需要补充体力帮助肌肉补充氧气，你可以尝试一下 4 – 0 – X 的呼吸法。

白天，4 – 2 – 6 或者 6 – 4 – 10 的节奏会使神经系统恢复平静让你进入"休息与消化"的模式而非"攻击或逃离"的应激反应模式。前者在餐前调整到"休息消化"模式也很重要。通过练习这样的呼吸节奏，你会更加关注健康的饮食习惯，因为身体会调整流入内脏的血液，降低血液酸度从而为即将到来的食物消化做好准备。

你躺在床上的时候，回顾、感恩这一天发生的事情，此时可以用 4 – 2 – 6 或者 6 – 4 – 10 的呼吸节奏来减少焦虑感，也能更好地投入高质量的睡眠中。如果你在凌晨 4 点钟皮质醇上升的时候醒来，这种呼吸节奏也能帮助你重新进入睡眠。你也可以在前往比赛现场的车上使用最后这两种呼吸节奏，帮助自己保持冷静、放松，为比赛开始时肾上腺素提供的能量爆发做好准备。下面的"呼吸指导表"总结了你可以尝试的呼吸节奏。

练习横膈膜呼吸很简单。一直呼气，当保持肺部清空的时候，大声地数"一、二、三、四"，直到你的声音因为没有空气呼出而听不见。摒住呼吸，直到身体自动迫使你的肺部打开之前，你将会看到你的腹部鼓起，膈神经使横膈膜下移并吸入空气。这样做几次你就会感到不同，加强呼吸并节省体力。

呼吸指导表	
各情况下所做的练习	呼吸节律:吸气—保持—呼气(秒)　x 表示尽可能快地呼气
起床(很累)	6 - 2 - x
起床(很焦虑)	6 - 4 - 10
每天定时	4 - 2 - 6
焦虑时	6 - 4 - 10
疲劳时	4 - 0 - x
沉思时	8 - 4 - 12
吃饭前	4 - 2 - 6
睡前	6 - 4 - 12

关于"巅峰状态"下的运动员已经有很多论述了，在这种少见的情况下他们马力全开。就像连续命中投篮的篮球运动员，或击打率极高的棒球运动员，在他们看来每次击球就好像是在打一个沙滩排球那么大的球。这些运动员是在下意识地做动作，甚至都没有思考自己在做什么。

呼吸对保持专注很重要。如果你一直处于用胸腔呼吸的典型式浅呼吸，那么无论怎么做你都没办法恢复，也不可能达到轻松流畅的状态。把新鲜空气送入血液中的能力能使你达到轻松流畅的状态。浅呼吸同时会提升血液酸度，乳酸阈会让运动员产生忍受意识混沌和肌肉燃烧的不适感。

不正确的呼吸方式还会增加恢复的时间，阻碍大脑活动，这些也是低效率运动员的特征。然而利用下腹进行深呼吸的方式则是一种更好的选择，运动员可以通过这种呼吸方式冷静下来并在心理上逐渐适应比赛。当你专注于更省力地完成更高强度的运动时，你的速度、力量和耐力都会得到提升，并且能够在重压之下依然保持冷静。

另外，许多运动员习惯在赛前听一些高亢的重金属音乐，节奏感强的音乐也会让他们情绪高昂。体育馆的工作人员把音乐播放当作一种艺术形式,倾向于选择那些可以煽动观众和激发运动员的曲目。

有些运动员想要尽可能地保持兴奋状态,我们尊重这种想法,也尊重他们专注于个人赛前准备行为的习惯。而且,当与那些处于最高比赛状态的运动员交流时,他们会说当他们在十万人群面前比赛时,他们往往根本听不见人群或音乐的声音。

在比赛开始之前,你会很自然地处于极度兴奋并有点轻微紧张的状态。此时如果选择激烈的音乐并处于浅呼吸的状态可能加剧上述情况,因此那些节拍舒缓的放松音乐是更好的选择。我推荐那种可以在赛前引发你深呼吸的音乐——这类音乐甚至可以逐渐地影响你一整天的状态,但不推荐那种电梯里播放的单调轻音乐。

我知道这听起来有些违背常理,特别是在当下说唱、电子舞曲、俱乐部音乐以及其他高强度音乐盛行的文化氛围之中更是如此。然而,如果你不按照这样的方式训练,你就不可能成为一名懂得用腹部深呼吸的优秀运动员,并且想要通过呼吸使自己平静下来则会变得难上加难。一旦你可以控制自己的呼吸,你将可以在最嘈杂混沌的地方表现自如。无论是经验丰富的运动员,还是在战场上拼争的士兵,都会形成"第二天性"。对军人而言,这可能是生与死之间的差别;而对运动员来说,这就是过度兴奋且低效的新手与冷静并高效的老手之间的区别。

学习呼吸的方式、呼吸的时机以及呼吸的节奏可以提升你的表现。正确的呼吸可以改善你的认知、表现、恢复以及体质。白天晚上都要做呼吸练习。在正确的时间以正确的方法使用"呼吸指导表"。把你的呼吸和目标愿景的可视化想象整合到你的大脑和身体。

4|水疗法

水疗法,就是将水用于恢复、缓解疼痛和治疗。这种方法可以促进循环、减轻炎症、舒缓神经系统、减轻压力并帮助恢复。请见下面一些指导方针:

"冷水浴"的理想水温大约为华氏 50—55 度(10—13 摄氏度)。185 磅(168

斤）至200磅（184斤）的清瘦型运动员在该温度下的水中浸没时间为6分钟。对那些300磅（272斤）以上拥有更多体脂的运动员来说，可能要在水中浸泡15—20分钟才能透过防护体脂，然后作用于大肌肉群。这种方式可以降低炎症反应并降低核心温度，优化最佳恢复期。

淋浴同样有效。可以采用3分钟冷水浴浸泡/淋浴和3—5分钟100—110华氏度（38—43摄氏度）的热水浴浸泡/淋浴交替法。这种冷热交替可以刺激血液流动，让肌肉更省力地恢复。冷疗法特别能够降低训练后的肌肉炎症，可以在一组练习后立即单独进行6—10分钟的冷疗法。

当你进入温水中时，血液就会流向你的皮肤和四肢，增大热量耗散表面积——正如高温训练时你的皮肤会变得潮红。而在寒冷情况下效果恰好相反，机体会使血液从皮肤和四肢流向心脏，就好像你的手指在酷寒中会呈现出蓝紫色。训练后，这种冷热反差刺激可以加速肌肉的恢复。

冷热反差迫使你的血液流动更快，从你的躯干流向皮肤和四肢，然后再流回去。这是一件好事，当你将这一方法立即应用在训练后和恢复期，你可以刺激血液流动，并且毫不费力地让肌肉得到恢复。（抗阻训练和能量系统训练需要能量，并会造成肌纤维微损伤，你的身体会在各个训练项目间隙进行修复，以确保你的肌肉能够为更进一步的训练做出适应性准备。）

在华氏97—104度（36—40摄氏度）的矿物盐水中沐浴会提升核心温度和代谢速率。这会使你的身体潮红，同时还会对你的身体起到冲刷和净化效果。

5 | 自我按压

筋膜曾经被认为仅仅是肌肉的脉络，但其实我们是由筋膜支撑起来的。事实上，筋膜编织成了我们的身体结构。这些片状和带状的纤维结缔组织包裹着我们的肌肉、器官和其他身体组织并使他们粘连在一起。筋膜可以延展并有效地弹回。

在显微镜下，筋膜看上去像挂有水珠的蜘蛛网。这是因为筋膜由游离水和结合水组成，这使得它具有亲水性，也就是说对水有很高的吸附力，在水环境下可以运作良好。如果使其脱水，筋膜就会丧失在人体系统内进行能量和信息传导的能力。①

筋膜一直延伸至细胞的核心并对 DNA 产生影响。因此,你能够对你的基因产生影响——无论是正面的还是负面的——这就要看你是选择锻炼你的筋膜还是选择忽略它。筋膜是带有电荷的生物体结构,遍布全身各处。它们存在于我们脚趾和眼睛的细胞里。它们既包裹着我们的肌肉、骨骼和器官,又蕴含在它们之中。

筋膜包裹着超过其他任何身体组织二十多倍的本体感受器。这些小型超级计算机遍布我们的身体,比任何东西反应都快。

我们已经在"动作"一章的弹性部分对其进行过介绍。筋膜是非常好的表现强化剂,但我们在这里讨论它的原因在于它也是最好的保护者。运动员之所以可以在侧扑后柔和地落地或者能够承受强烈的击打,是因为筋膜可以快速反应并传导力量,耗散能量。想想那些高科技运动鞋就是以避震元素为卖点,而筋膜就是天然的避震器。

本计划中的每项内容都会对你的筋膜产生影响。要想让筋膜组织发生变化需要六个月。在其他方案下,可能需要两年。我们之所以可以加速进程的原因是我们并不仅仅着眼于在每天一小时的训练中改善我们的筋膜。否则,历时两年的时间表可能更加现实。因此,正如本计划所包含的其他各个方面,我们也要在每天的每个动作中融入筋膜训练。

我们身体中有无数筋膜分管许多不同方面,因此我们要把它们区分开并以不同的方式分别训练,包括动作模式、水合作用、按压以及呼吸。我们在本计划中所做的每一步都有助于筋膜的健康和运动表现。

扳机点疗法和自我按压是我们常用来促进筋膜健康和运动表现的方法。

扳机点练习

扳机点练习的形式与泡沫轴方法类似,但可以更容易地分离并放松深层组

---

① 译者注:自由水在细胞内、细胞之间、生物体内可以自由流动,是良好的溶剂,可溶解许多物质和化合物;可以参与物质代谢,如输送新陈代谢所需营养物质和代谢的废物;结合水在生物体内或细胞内与蛋白质、多糖等物质相结合,失去流动性。结合水是细胞结构的重要组成成分,不能溶解其他物质,不参与代谢作用。

织。你可以用足部按压器、网球、长曲棍球或其他硬的球来做一系列的自我按压练习,这可以对你的髂胫束、胸椎和足底产生功效。

一个很简单的方法可以把扳机点练习结合到你的"训练日"中,就是在你的浴室盥洗台附近放一个扳机点按压球或足部按压器。当你每天早晚刷牙以及使用牙线清洁牙齿的时候,就可以用球或按压器进行足底按压,有效地"清洁"你的筋膜。这种练习对你的足部和下肢非常重要,它适用于所有运动项目和那些军警特种职业的人士。

你的手部和足部是身体中最少被关注治疗的部分,也是最多被滥用的。反射学研究者认为身体的每个部位都与手部或足部的某个点相关联。因此,训练这两个区域对全身都有好处。每天训练你的手部和足部,可以使全身各处机能改善、减少压力以及减轻疼痛。

自我按压

按压对肌肉来说可以很有效地增加血液流通和循环,改善组织机能、促进废弃产物的清除、放松以及缓解酸痛。目前有很多不同种类的软组织按压技术,可以实现各种特殊功效。它们包括扳机点疗法、肌筋膜按压以及穴位按压等。

按压训练课时间的长度依据目的不同而有所区分,如果是注重全身按压或者说是整体按压,大约需要45—90分钟;如果是局部按压,只需5—30分钟。按压可在训练前或训练后进行,或者各训练内容间隙、或者恢复日和休息日也都可以进行。

如果没有预算进行按摩,那么就用泡沫轴或硬质滚筒来做个自我按摩吧。把塑料泡沫紧密包裹起来,做一根直径5英寸的泡沫轴,让你酸痛的肌肉在坚硬的轴上来回滚动。我们更喜欢新一代的硬质滚筒,在PVC管外部附着一层塑料泡沫。这种滚筒更加耐用,也比传统的泡沫轴更有效。

借助泡沫轴滚动按摩你的腘绳肌、四头肌、背部、背阔肌以及髋部肌群,可以缓解你的肌肉痉挛,加速身体的恢复。

使用泡沫轴的过程就像按摩一样。利用深度压迫推开运动中形成的肌肉痉挛。压迫会刺激神经,给肌肉痉挛停止的信号。这使得肌肉得以放松,使血液和淋巴系统流动起来,帮助肌肉恢复。

泡沫轴练习的过程会非常享受——每个人都喜欢按摩。当然,即使是专业按摩,也可能会有一些不舒服的时候。一旦你度过了开始的几星期,就变得更容易了,也会更舒服。泡沫轴是你肌肉和筋膜状况的晴雨表。你感觉越舒服,疼痛感越轻,就说明你的肌肉和筋膜状况越好。

当你在泡沫轴上滚动时,找出你肌肉痉挛的部位和压力点。反复滚动30—60秒后可以让打结处松解,然后在压力点保持30秒直到肌肉从痉挛中释放。

训练宝库中的另一个法宝就是按压棒,大约18—24英寸(46—60厘米)长的塑料棒,上面带有珠状凸起。无论是在热身时、固定训练间隙、冷身阶段还是一天中的其他时候,你都可以用它来做特定按摩。用这种按压棒,你可以很精准地对颈部、前臂、腓部或小腿区域进行按摩。它可以放松肌肉、减轻压力、缓解头痛。

6 | 拉伸

在任何训练或者按压课程结束后,肌肉应该以全范围的活动来促进血液流动并清除废弃产物。拉伸对肌肉和关节有两个主要作用:柔韧性和灵活性。

柔韧性被定义为关节周围的活动范围的提升,灵活性则被定义为关节内部的活动范围的提升。

有三种类型的拉伸:动态性拉伸、主动分离式拉伸以及静态性拉伸。

动态拉伸

动态拉伸包括做一些基本的动作模式(例如向后弓箭步)来改善柔韧性和灵活性,使身体做好训练的准备。它同样会改善稳定性和协调性。每个拉伸重复4—6次。(注意:这听上去好像属于“动作”章节讨论的部分,但动态拉伸应该是在主动恢复日进行的。)

主动分离式拉伸

主动分离式拉伸(AIS)与动态拉伸类似,可以在躯干支柱准备和再生训练课中进行。这种拉伸用一种称为交互抑制的过程来使得肌肉得以伸展,这与动作训练课中一样。交互抑制很好地描述了当一组肌肉收缩的时候另一组肌肉得以放松伸展的过程。当一组肌肉被激活的时候另一组处于重装的状态。与其说是在锻炼你的肌肉,倒不如说是在重新为你的大脑编程。

主动单独拉伸是由亚伦·马特斯(Aaron Mattes)发明,针对那些因为生活需要变短变僵硬的肌肉,这方法能增加你的灵活性,效果令人瞩目。AIS 方法的关键在于"主动式"。做这种拉伸,你不需要像做传统拉伸一样坚持 10—30 秒。每次拉伸你只要保持 1—2 秒就可以了。每次重复都会增加一些肌肉的活动范围,在新的活动范围内重新组织你肌肉的收缩和伸展。在动作保持时呼气放松,然后做一个更深的拉伸。回到初始姿势然后重复做,直到预定的次数。这种练习需要你将注意力放在肌肉上,注意激活正确的肌肉,放松要被拉伸的肌肉。

你可以用一根长 8—10 英尺(245—305 厘米)、普通跳绳粗细的绳子来做主动分离式拉伸练习。去家居装饰店买这样的绳子花费很少。把绳子一头绑在一只脚上,然后做一些可以改善你柔韧性的动作。比如,腘绳肌的拉伸,仰卧把绳子系在你的右脚足弓上,尽可能将腿拉高,勾脚趾尽量靠近你的胫骨,收紧或者激活你的股四头肌、髋屈肌和腹肌。可以通过拉绳子做一些轻微辅助,然后保持二秒。恢复原位,然后重复做 8—10 次。

静态拉伸

静态拉伸是恢复课中使用的一种有效方法。这种拉伸对减轻肌肉痉挛效果明显。主动分离式拉伸中的动作也可以用在静态拉伸中,但是不能有主动激活的动作。因此,静态拉伸是被动的,非常有利于恢复。

每一次静态拉伸可以持续 45— 60 秒,让肌肉得以放松。一般说来,要避免在锻炼前进行静态拉伸。静态拉伸是通过让肌肉和神经系统处于顺从状态直到停止并放松而起效的。静态拉伸仅限于在锻炼后和休息日进行。

在恢复期,你可能想要做更多的静态拉伸,伴随着深呼吸保持三分钟。一般会在一些热身后进行,可以增加你的关节活动度。在获得这些效果上,瑜伽是一种很好的补充活动。将静态拉伸纳入你的全天活动中,作为当天的第一件事或最后一件事,并且贯穿于每一周。

第五章 | 运动表现动作库

运动表现动作库

髋关节多维练习—无轨迹练习器

步　骤

内收动作

1. 将无轨迹练习器的低位滑轮与踝关节固定带相连,垂直于无轨迹练习器站立并将踝关节固定带系于内侧腿踝关节。
2. 保持腿部伸直,缓慢地将内侧腿向外侧腿摆动。
3. 保持身体平衡,回到起始姿势,连续完成规定的重复次数。

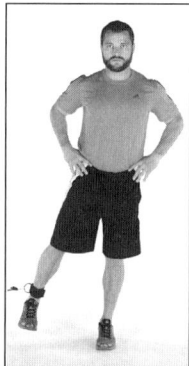

屈曲动作

4. 身体转动 90 度,背对无轨迹练习器,单腿微蹲站立。
5. 踝关节固定带所系一侧腿的膝关节向身体前方上提的同时,整个身体向上直立。
6. 保持身体平衡,回到起始姿势,连续完成规定的重复次数。

外展动作

7. 身体再次转动90度,垂直于无轨迹练习器站立,踝关节固定带系于外侧腿的踝关节。

8. 保持腿部伸直,缓慢地将外侧腿向远离身体的一侧摆动。

9. 保持身体平衡,回到起始姿势,连续完成规定的重复次数。

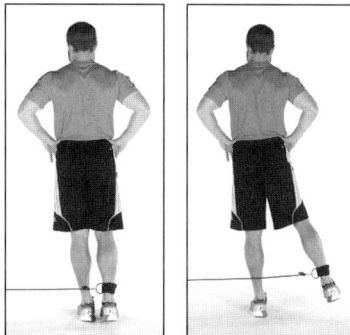

伸展动作

10. 身体再次转动90度,单腿站立面向无轨迹练习器的方向。

11. 保持腿伸直,缓慢向后运动。

12. 保持身体平衡,回到起始姿势,连续完成规定的重复次数。

交叉动作

13. 身体再次转动90度,垂直于无轨迹练习器站立并将踝关节固定带系于内侧腿踝关节。

14. 保持外侧腿平衡,内侧膝上提并跨于身体前方。

15. 保持身体平衡,回到起始姿势,连续完成规定的重复次数。

16. 换另一侧腿重复此系列动作。

拉伸—腘绳肌—深蹲

步 骤

1. 正直站立,双脚略宽于髋关节分开站立。

2. 身体在腰部前屈,双手抓住脚趾。

3. 身体下降至深蹲姿势且在此过程中始终保持手臂伸直,双肘关节位于膝关节内侧,背部平直,胸部上挺。

4. 抓住脚趾的同时,向后提髋并伸直膝关节直至可以感受到腿部后侧得到了良好拉伸。保持该姿态1—2秒。

5. 连续完成每组剩余的重复次数。

动态腹桥—悬吊带

步 骤

1. 面部朝下,双脚置于悬吊带内,使悬吊带悬垂于地面。

2. 前臂与双脚支撑身体重量,收拢下颚,使头部与身体成一条直线。

3. 保持躯干稳定,背部平直,向前缓慢推动前臂,在保持躯干稳定的情况下尽可能远地向后推动身体。

4. 返回到起始姿势。

5. 连续完成每组剩余的重复次数。

指导要点
始终保持躯干绷紧,使身体从耳部到踝关节在一条直线上。

动作体会
肩关节和躯干参与动作。

拉伸—弓箭步组合

步 骤

指导要点
确保由后脚移动且不要扭转前腿膝关节。

动作体会
臀部周围、腹股沟以及屈髋肌群得到拉伸。

1. 站姿,一侧腿向外迈出三足远的距离且脚尖向外转动90度。

2. 后腿承重,向后蹲坐且保持前腿伸直。

3. 骨盆发力,向前腿转动,后腿跟随旋转使膝关节处于身体下方,膝盖位于身体下方,稳定骨盆。

4. 反向运动,仍然由骨盆主导运动。

5. 重复动作,将动作重点放在骨盆在髋臼中股骨头周围的移动。

髋外展—侧卧

1. 侧卧,髋关节与膝关节屈曲90度。
2. 膝关节固定,上位腿向上转动但足跟保持与下位腿的足跟接触。
3. 转动足跟回到起始姿势。
4. 单侧动作完成一组后,换对侧重复动作。

指导要点

保持腹部收紧,腘绳肌放松,由髋内侧发力主导动作。

动作体会

髋关节得到拉伸。

拉伸—侧屈—站姿

步 骤

1. 正直站立,迷你弹力带环绕于手腕并伸直双臂在头顶上举,双臂分开拉紧弹力带。
2. 保持躯干伸展并拉紧弹力带,吸气,然后呼气,同时在髋关节侧屈。
3. 保持侧屈动作的同时,随着呼吸感受对侧肋部的伸展。
4. 呼气并回到起始姿势。
5. 向相反方向重复动作。
6. 不断交替动作完成每组练习。

指导要点

保持肋骨与骨盆在一条直线上。躯干不要转动,就像是在两块玻璃隔板中间进行身体侧屈。

动作体会

躯干两侧得到拉伸。

侧桥—屈髋—单臂后拉

步 骤

1. 握柄与无轨迹练习器低位滑轮相连。侧卧,胸部正对无轨迹练习器,前臂在肩关节以下撑地,双脚上下叠放在一起,位于上方一侧的手臂抓紧握柄,距离稍长于手臂。

2. 将髋关节抬离地面使踝关节至肩关节呈一条直线。

3. 位于上方一侧的膝关节向前上提的同时,手向躯干方向拉动握柄。

4. 位于上方一侧的腿回到起始姿势的同时,手臂在身体前方伸直。

5. 完成一组的单侧动作后,换另一侧的手臂和腿部重复上述动作。

指导要点
保持躯干和髋关节稳定状态,不能使它们位置向下或向前后移动。

动作体会
躯干、肩关节以及上背部参与动作。

指导要点

从踝关节至头部保
持在一条直线的同
时,尽可能远地移
动双臂。

动作体会

躯干参与动作。

腹桥—手臂交替屈伸—悬吊带

步　骤

1. 面部朝下,将两侧前臂同时置于悬吊带内,使悬吊带悬垂于地面。

2. 保持身体呈一条直线,在固定一侧前臂的同时,让另一侧前臂向前移动。

3. 两侧手臂交替完成每组剩余的重复次数。

指导要点

髋关节不要转动。
可以让双脚分开来
降低难度。

动作体会

躯干、肩关节以及
手臂参与动作。

腹桥—下拉—无轨迹练习器

步　骤

1. 面部朝下以改良版俯卧撑姿势俯卧,要求前臂与地面接触,由前臂支撑身体重量,面向无轨迹练习器,单手拉住握柄。

2. 身体从耳部到踝关节处于一条直线上,抓紧握柄的手臂尽可能的向前伸展。

3. 进行一个连续的动作,即将握柄拉向肩关节,然后伸展肘关节继续将握柄拉向髋关节。

4. 返回到起始姿势。

5. 完成后换另一侧手臂重复上述动作。

呼吸—俯身抱球

步　骤

1. 面部朝下俯卧,将胸部紧贴在一个大尺寸的瑞士球上面,完全放松,头部与双臂放松悬垂。

2. 深呼气,感受脊柱在球上方的屈曲。

3. 进行一次完全放松的深呼吸。

4. 连续完成整组练习。

指导要点

通过改变俯卧在瑞士球上部的脊柱位置来感受背部的拉伸。

动作体会

躯干下部得到拉伸。

腹桥—收腹屈膝—悬吊带

步 骤

1. 以传统的俯卧撑姿势开始,双手位于双肩关节以下,双脚置于悬吊带内,使悬吊带悬垂于地面。
2. 保持躯干稳定,向胸部拉动双膝。
3. 反向运动回到起始姿势。
4. 连续完成每组剩余的重复次数。

跪撑—蹲起

步 骤

1. 跪撑,双手在肩关节下方,双膝在髋关节下方。
2. 腹部收紧,同时下背部保持自然屈曲。
3. 髋关节后引运动直至感受到对髋关节的挤压。
4. 回到起始姿势。
5. 连续完成整组练习。

跪撑—蹲起—宽距

步 骤

1. 跪撑,双手在肩关节下方,双膝分开,宽于髋关节。
2. 腹部收紧,同时下背部保持自然屈曲。
3. 髋关节屈曲向后直至感受到骨盆的转动。
4. 回到起始姿势。
5. 连续完成整组练习。

指导要点

收缩肚脐的同时保持背部曲线,感受胸腔扩张。注意让骨盆始终处于全幅活动范围。

动作体会

髋关节屈曲向后,并让下背部参与动作。

动作体会

发展肩关节、躯干、
大腿内侧的灵活
性。

胸椎旋转—跪撑—单腿靠墙外展

步 骤

1. 跪撑,身体与墙平行,双手在肩关节下方,双膝在髋关节下方。内侧腿向墙体
   方向伸直,脚底紧贴墙基。

2. 抬起头部和脊柱,直至肩胛骨正对天花板,使头顶至尾椎形成呈一条长线。

3. 内侧手臂从对侧手和对侧膝关节之间的空隙中穿过,触碰尽可能远的地方,
   胸部背向墙体转动,屈曲外侧肘关节协助完成拉伸动作。

4. 将躯干转回至起始姿势后,继续向上转动,当胸部朝向墙体的同时,将手臂伸
   向空中。

5. 将躯干向回转动至起始姿势。

6. 外侧手臂从对侧手和对侧膝关节之间的空隙中穿过,触碰尽可能远的地方,
   胸部朝远离墙体的方向转动,屈曲对侧肘关节协助完成拉伸动作。

7. 将躯干转回至起始姿势后,继续向上转动,整个动作过程中外侧手掌始终贴
   于胸部。

8. 完成一侧动作后转身,换对侧腿抵住墙体重复上述动作。

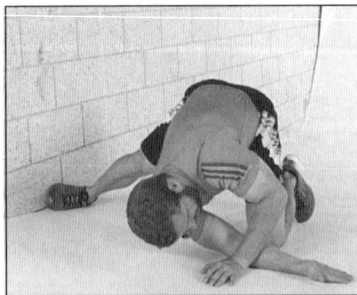

胸椎旋转—跪撑—单腿靠墙伸展

步 骤

1. 跪撑,背向墙壁,双手在肩关节下方,一侧腿膝关节在髋关节下方单膝跪地;另一侧腿向后伸直,脚底紧贴墙面。

2. 抬起头部和脊柱,直至肩胛骨正对天花板,使头顶至尾椎形成呈一条长线。

3. 与屈膝腿的同侧手臂从对侧手臂和对侧膝关节中间的空隙中穿过,触碰尽可能远的地方,转动胸部,屈曲对侧肘关节协助完成拉伸动作。

4. 将躯干转回至起始姿势后,继续向上转动,整个动作过程中外侧手掌始终贴于胸部。

5. 将躯干向回转动至起始姿势。

6. 完成一组的单侧动作后,换腿并重复。

指导要点

足跟向外延伸抵住墙体的同时,躯干向两侧转动。整个过程中保持髋关节位于膝关节以上。

动作体会

发展肩关节、躯干以及髋关节的灵活性。

重心变换—跪撑

步 骤

1. 跪撑,双手在肩关节下方,双膝在髋关节下方,且肩关节推离地面。

2. 吸气时身体向一侧移动,感受肩胛骨、躯干以及髋关节承受了更多的重量。

3. 呼气并回到起始姿势。

4. 重复前面的动作,重量转移至另外一侧。

5. 呼气回到起始姿势。

6. 不断交替动作完成每组练习。

挺髋—节段式

步 骤

1. 仰卧,髋关节和膝关节屈曲。
2. 呼气时转动骨盆,将臀部从地面抬起。
3. 缓慢地将脊柱分节段式的抬离地面,每次一个节段,直到从肩关节至膝关节形成一条直线。
4. 在达到活动范围的最上端时停顿,并微微吸气。
5. 呼气的同时反向运动,缓慢将脊柱一段一段卷返回至起始位置。
6. 连续完成整组练习。

指导要点

颈部及肩关节保持放松。想象自己像一串项链一样从脊柱处拎起。如果需要的话可以多次呼吸,呼气时运动,吸气时停顿。

动作体会

腹肌、臀肌、腘绳肌以及脊柱参与动作。

指导要点

颈部及肩关节保持放松,且在整个运动中保持骨盆的高度。

动作体会

腹肌、臀肌、腘绳肌以及脊柱参与动作。

挺髋—节段式—侧移

步 骤

1. 仰卧,髋关节和膝关节屈曲。

2. 呼气时转动骨盆,将臀部从地面抬起。

3. 缓慢地将脊柱分节段式的抬离地面,每次一个节段,直到从肩关节至膝关节形成一条直线。

4. 在达到活动范围的最上端时停顿,并微微吸气。

5. 在保持骨盆高度且不转动骨盆的情况下,将髋关节向一侧移动。

6. 在达到活动范围的最上端时停顿。

7. 呼气的同时反向运动,缓慢将脊柱一段一段卷返回至起始位置。

8. 连续完成整组练习。

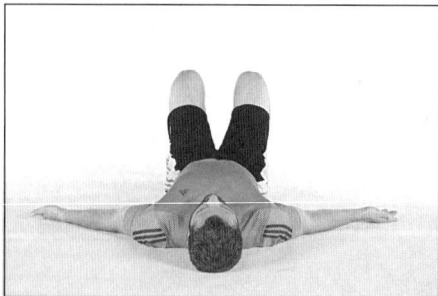 

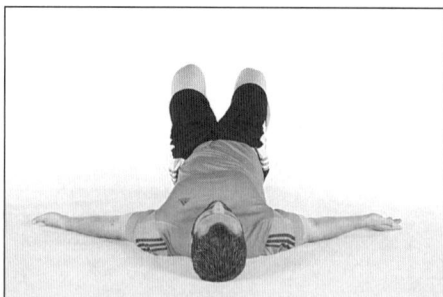

拉伸—屈髋肌—侧卧转体

步 骤

1. 侧卧，双膝拉向胸部，位于上方一侧的手抱住位于下方一侧腿的踝关节部。

2. 收缩下方臀部，将位于下方一侧的腿向后牵拉直至感受到大腿前侧的拉伸。

3. 吸气且持续拉伸 2 秒。

4. 继续握住踝关节，呼气的同时向地面转动躯干，使胸部朝上。

5. 吸气且持续拉伸 2 秒。

6. 呼气的同时回到起始姿势。

7. 单侧动作完成一组后，换对侧腿重复动作。

指导要点

收缩位于上方一侧腿的臀大肌，在整个拉伸过程中始终保持髋关节垂直于地面。

动作体会

位于上方一侧腿的股四头肌和髋屈肌群得到拉伸。

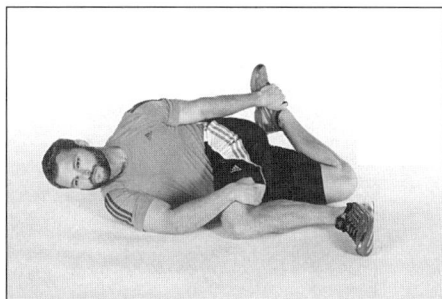

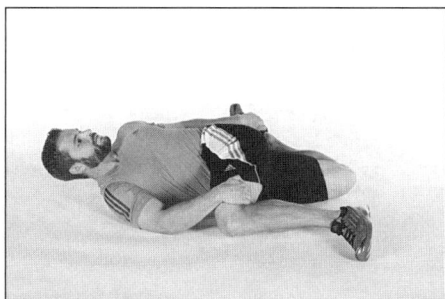

脚趾敲击—站姿

步 骤

1. 双腿与髋同宽站立,将身体重量放在足弓中部。

2. 在不改变身体重心的情况下,只要脚趾抬起离开地面。

3. 从小脚趾开始,一次放下一个脚趾。

4. 按该顺序完成一组后,再从大脚趾开始逐一放下,直至结束。

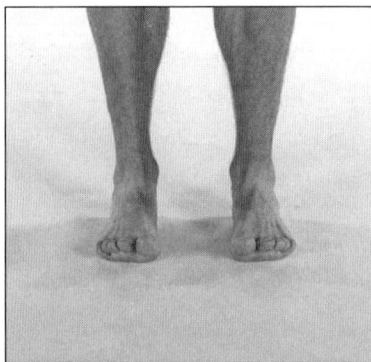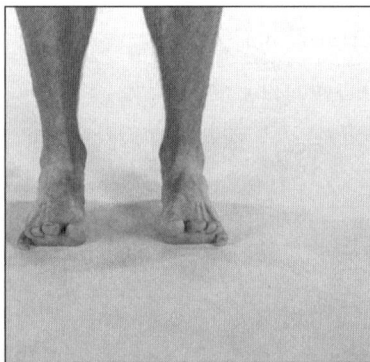

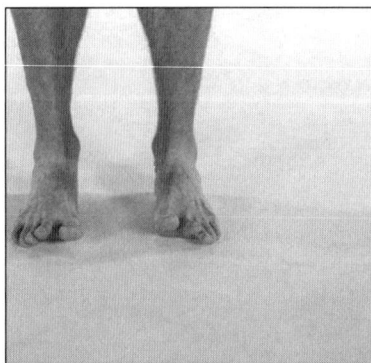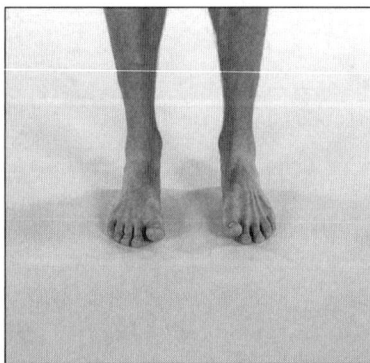

拉伸—腘绳肌—行进间（燕式平衡）

步　骤

1. 挺胸直立。
2. 身体缓慢前倾，只在踝关节处屈曲，直至需要向前迈出一步才能保持平衡。
3. 向前迈出一步保持平衡，身体从腰部前屈的同时，抬起后腿并向后伸直，完成整个动作的过程要求连续流畅。
4. 当大腿部感受到拉伸时，支撑腿的臀部和腘绳肌收缩返回至起始姿势。
5. 换对侧腿重复动作。
6. 不断交替动作完成每组练习。

指导要点

保持背部平直。最好可以在动作的最后阶段在背部紧贴放置一个练习杆。

动作体会

挑战平衡能力，腘绳肌得到拉伸，踝关节参与动作。

指导要点
脚趾拉向胫骨,且
保持背部呈一个平
面。脚不能接触
地面。

动作体会
拉伸腘绳肌,训练
躯干。

拉伸—举腿—单腿下落

步骤

1. 仰卧平躺,双臂置于身体两侧,双腿伸直上举在髋关节之上。

2. 保持一侧腿伸直,另一侧腿沿弧线缓慢下降但不要接触地面。

3. 回到起始姿势,换对侧腿重复动作。

4. 不断交替动作完成每组练习。

指导要点
保持踝关节背屈
(向上屈曲)保护
膝关节。

动作体会
拉伸腘绳肌,训练
躯干。

拉伸—主动转髋—仰卧

步骤

1. 仰卧,髋关节和膝关节屈曲,足跟落地,脚趾不接触地面。

2. 在不转动骨盆的情况下,抬起一侧腿将踝关节交叉放置于对侧膝关节之上。

3. 吸气的同时位于上方一侧腿的踝关节背屈(向上屈曲)。

4. 呼气的同时推动膝关节远离躯干。

5. 吸气并放松。

6. 单侧动作完成一组后,换对侧腿重复动作。

腿部外展—90 度屈髋屈膝—仰卧

步　骤

1. 仰卧,髋关节和膝关节屈曲,双腿间距与髋同宽,足跟着地。

2. 吸气的同时抬起一侧腿,使髋关节与膝关节均屈曲 90 度。呼气。

3. 吸气的同时以同样的方式抬另一侧腿。呼气。

4. 一侧踝关节跖屈(伸脚尖)的同时,对侧踝关节背屈(勾脚尖)。

5. 吸气时背屈踝一侧的腿尽可能低地外展下降,但不要让躯干和骨盆发生移动。

6. 呼气,将腿收回,重复相同的呼吸和腿部下降的动作模式。

7. 单侧动作完成一组后,换另一侧腿重复动作。

指导要点

保持动作处于可控的活动范围之内,以确保骨盆和下背部不发生移动。

动作体会

腹部和髋关节参与动作。

手脚趾交握—绕环

步 骤

1. 坐在地面上,一侧踝关节体前交叉放在对侧大腿之上。

2. 一侧手支撑身体重量,另一侧手的手指与脚趾十指相扣。

3. 足踝放松,并用手绕动踝关节。

4. 顺时针完成规定绕动次数后,然后按逆时针方向完成相同重复次数的转动。

5. 单侧动作完成一组后,换对侧重复动作。

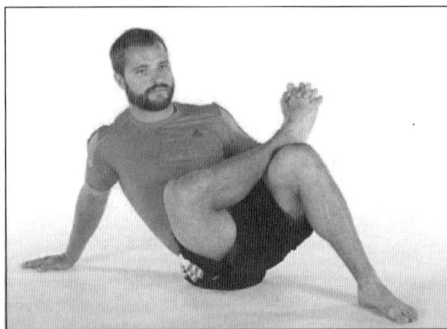

脚趾攀岩

1. 仰卧，膝关节与髋关节屈曲 90 度，双脚平直紧贴墙面，双臂置于身体两侧。
2. 双脚保持与墙面接触的同时，脚趾勾卷，拉动双脚尽可能远地向上行走。
3. 达到活动范围的极限时，向反方向运动回到起始姿势。
4. 连续完成整组练习。

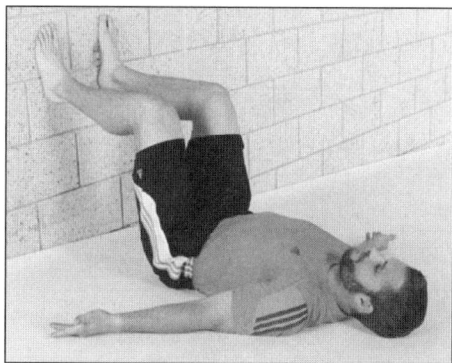

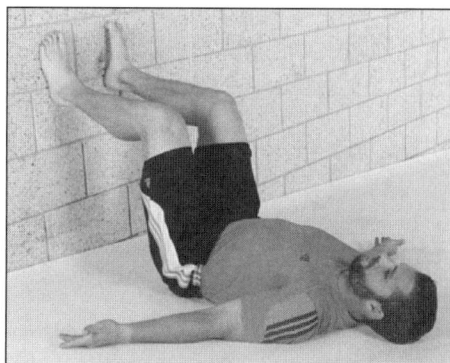

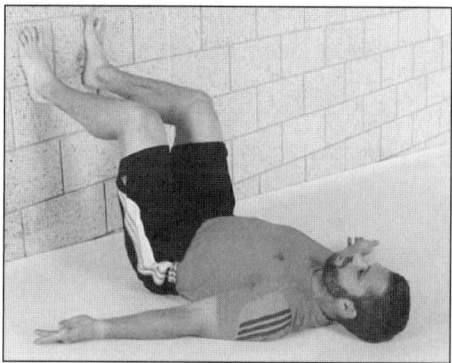

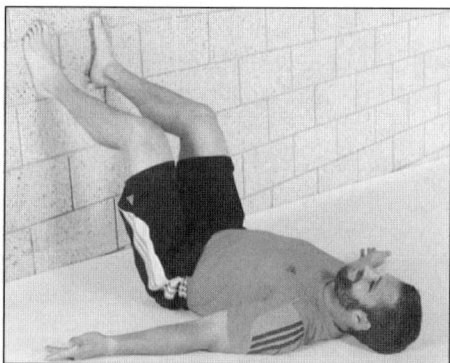

指导要点

脚趾向上指向天花板，躯干在整个练习中保持稳定。

动作体会

足部小肌群参与动作，踝关节前侧得到拉伸。

指导要点
足部和踝关节直指向前。

动作体会
足底小肌群参与动作。

脚趾屈伸

步 骤

1. 赤足放松坐在地面上。
2. 脚趾向上伸展主导动作,然后向上屈曲踝关节成背屈。
3. 反向运动,向上屈曲踝关节成跖屈,然后脚趾向下屈曲。
4. 连续重复卷曲运动,完成每组剩余的重复次数。

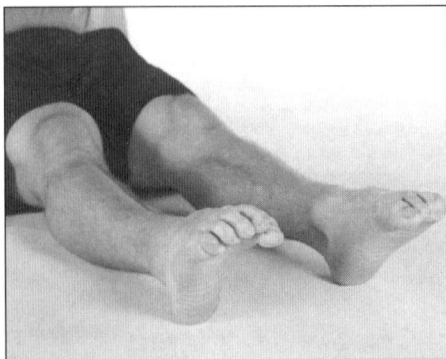
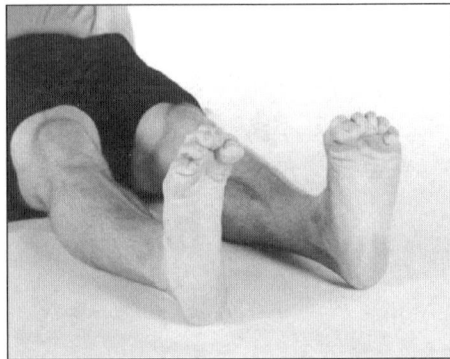
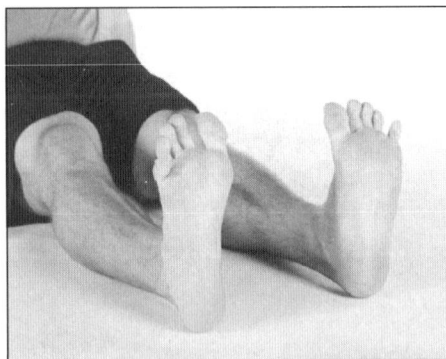
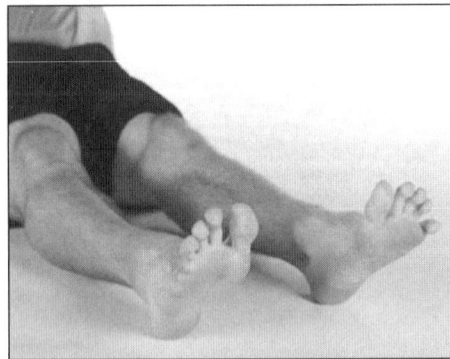

准备姿势—原地跑

步　骤

1. 以基本准备姿态站立,双膝微屈,髋关节屈曲向后,双臂在整个运动中微屈。
2. 双脚在 2 英尺范围上下原地尽可能快的跑动,双臂有节奏的随摆。
3. 连续完成规定的跑动时间。

动作体会
髋关节、膝关节和踝关节参与动作,并挑战身体协调性。

准备姿势—转髋

步　骤

1. 以基本准备姿态站立,双膝微屈,髋关节屈曲向后。
2. 保持胸部朝前,双脚微微离地快速踏跳,髋关节向右转动的同时,手臂向左摆动。
3. 落地后立即向左转动髋关节,同时双臂向右摆动。
4. 连续完成规定的跑动时间。

指导要点
运用双臂维持运动中的平衡,专注于髋关节的转动,而不是肩关节和躯干。

动作体会
髋关节、膝关节和踝关节参与动作,挑战身体协调性。

指导要点

胸部向前,膝关节提起交叉带动髋关节转动,并回到基本准备姿态。

动作体会

全身参与动作。

交叉步跳跃

步　骤

1. 正直站立,双臂置于身体两侧。

2. 一侧膝提起向上体前交叉。

3. 将抬起的腿下落在另一侧脚的外侧,双脚落地。

4. 利用落地后的冲力推动髋关节,并保持面部朝前,立刻重复之前的运动模式,连续横向移动。

5. 单侧完成规定次数的动作后,换对侧重复动作。

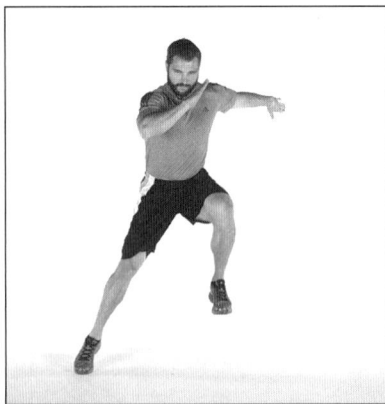

后交叉弓箭步(歇步)

步　骤

1. 正直站立,双臂置于身体两侧。

2. 一侧脚向体后迈步,与另一侧脚相交叉。

3. 髋关节转回至起始姿势,后坐向下形成深蹲。

4. 髋关节发力站立。

5. 单侧动作完成一组后,换对侧重复动作。

指导要点

挺胸,髋关节后坐。

动作体会

髋关节外侧得到拉伸。

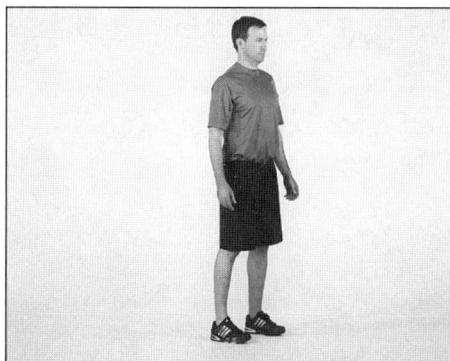

后撒步跳

步　骤

1. 正直站立,双脚与髋同宽,膝关节微屈,髋关节后引,肘关节呈90度屈曲。
2. 一侧膝关节抬起的同时,打开髋关节,对侧手臂前摆,同侧手臂后摆,形成相对运动。
3. 支撑脚在后,在抬起对侧腿之前,双脚落地。
4. 连续跳跃动作模式,完成每组练习。

后撒步—蹲

步　骤

1. 正直站立,双脚与髋同宽。
2. 向后侧跨步,让髋关节打开的同时,双脚朝外指向两侧,处于一个典型的相扑姿势。
3. 降低髋关节,下蹲至舒适的拉伸位。
4. 站立并回到起始姿势。
5. 完成后换另一侧重复。

手足爬（毛毛虫）

步　骤

1. 双腿伸直站立，双手放在身体前方的地面。

2. 保持双腿伸直及腹部收紧的同时，双手向前爬行至到俯卧撑姿势。

3. 在继续保持双腿伸直的同时，移动双脚靠近双手位置。

4. 当感受到拉伸时，双手爬行再次至俯卧撑的姿势。

5. 连续完成每组练习。

指导要点

使用踝关节小步走，靠近双手。即像婴儿步一样，仅仅使用踝关节而不借助膝关节、髋关节或者股四头肌。

动作体会

腘绳肌、臀大肌、腓肠肌得到拉伸，肩关节和躯干参与动作。

拉伸—腘绳肌—原地（燕式平衡）

指导要点
保持背部平直。最好可以在动作的最后阶段在背部紧贴放置一个练习杆。

动作体会
腘绳肌得到拉伸。

步 骤

1. 正直单腿挺胸站立，肩胛骨向下后收，将一条弹力带环绕肩关节和足部。
2. 手臂从两侧抬起，且大拇指向上。
3. 耳部到踝关节保持在一条直线，身体从腰部开始前屈，同时向后竖直抬起环绕弹力带的腿。
4. 当大腿后侧感觉到拉伸时，支撑腿的腘绳肌收缩返回至起始姿势。
5. 完成后换另一侧重复练习。

抱膝

指导要点
挺胸且注意收缩站立腿的臀部。

动作体会
臀肌、腘绳肌及屈髋肌群得到拉伸。

步 骤

1. 正直站立，双臂置于身体两侧。
2. 一侧脚抬离地面，另一侧腿微微向后下蹲。
3. 收缩站立腿的臀肌，双手抱住提起的膝关节下方，并将膝关节拉向胸部，同时伸直站立腿。持续 1—2 秒。
4. 放松回到起始姿势。
5. 换另一侧重复动作。
6. 不断交替动作完成每组练习。

侧向弓箭步

步 骤

1. 向一侧跨出一步,跨步腿向后下蹲降低髋关节的同时,另一侧腿伸直。
2. 屈曲腿向上蹬起,回到起始姿势。
3. 换方向,重复动作。
4. 不断交替动作完成每组练习。

指导要点
保持挺胸且背部平直。

动作体会
臀肌、腘绳肌和股四头肌参与动作,直立腿的大腿内侧得到拉伸。

斜抱膝

步 骤

1. 背部竖直站立,膝关节放松,双臂置于身体两侧。
2. 一侧脚抬离地面,另一侧腿微微向后下蹲。
3. 收缩站立腿的臀大肌,用同侧手抓住提起的膝关节下方,另一侧手放在踝关节以下。
4. 伸展站立腿的同时,提拉体前交叉的对侧膝关节,直至感觉到髋关节外侧轻度拉伸。
5. 回到起始姿势后,另一侧腿重复动作。
6. 不断交替动作完成每组练习。

指导要点
在整个动作中注意正直站立,挺胸。

动作体会
髋关节外侧得到拉伸。

屈膝侧走—迷你带

步 骤

1. 以下蹲姿势开始,背部保持平直,髋关节屈曲向后,迷你带绕膝。

2. 以前后距离不超过 6 英寸(15 厘米)的小步侧向行走,后腿蹬地主导迈步动作。

3. 连续侧向移动规定的步数,然后相同的技术反向完成规定的步数。

屈膝直线走—迷你带

步 骤

1. 以下蹲姿势开始,背部保持平直,髋关节屈曲向后,迷你带绕踝。

2. 向前小步走,双脚与髋关节保持在一条直线上。

3. 连续向前移动规定的步数,然后相同的技术反向完成规定的步数。

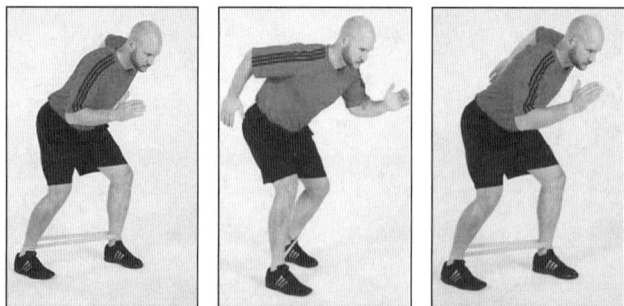

高抬腿—侧向走

步　骤

1. 正直站立,双臂置于身体两侧,肘关节屈曲90度角。
2. 抬起一侧膝关节的同时,对侧手臂向前摆动,同侧肘关节向后。
3. 提膝脚向下踏地的同时带动横向迈步,提起对侧膝关节并交换手臂姿势。
4. 连续侧向高抬腿行进规定的步数。
5. 向相反方向重复动作。

高抬腿—直线走

步　骤

1. 双臂置于身体两侧站立,肘关节屈曲90度。
2. 抬起一侧膝关节的同时,对侧手臂向前摆动,同侧肘关节向后。
3. 提膝脚向下踏地的同时带动向前跨步,提起对侧膝关节并交换手臂姿势。
4. 连续行进完成规定的步数。

高抬腿—侧向跳

> **步　骤**

1. 正直站立,双臂置于身体两侧,肘关节屈曲90度角。
2. 抬起一侧膝关节的同时,对侧手臂向前摆动,同侧肘关节向后。
3. 提膝脚向下踏地的同时带动横向跨跳,双脚落地的同时,提起对侧膝关节并交换手臂姿势。
4. 用对侧腿重复动作,向同一方向,连续横向移动。
5. 连续这种跳跃模式,每侧完成规定的步数。
6. 换另一侧重复上述动作。

高抬腿—直线跳

> **步　骤**

1. 正直站立,双臂置于身体两侧,肘关节屈曲90度角。
2. 抬起一侧膝关节的同时,对侧手臂向前摆动,同侧肘关节向后。
3. 提膝脚向下踏地的同时带动向前跨跳,双脚落地的同时,提起对侧膝关节并交换手臂姿势。
4. 用对侧腿重复动作,连续向前跳跃。
5. 继续交替完成规定的步数。

后撤弓箭步—肘触踝—旋体

步 骤

1. 正直站立,双臂置于身体两侧。

2. 右腿向后一步迈步,成弓步姿势。

3. 右手放在地面上,左肘关节置于左脚内侧。保持拉伸1—2秒。

4. 转动左臂,胸部朝向空中。再次保持拉伸1—2秒。

5. 放下左臂,穿过躯干向下伸向对侧。

6. 回到站立姿势,在另一侧重复动作,完成规定的重复次数。

指导要点

当弓步时,收缩后后腿臀肌,帮助拉伸髋关节前部。

动作体会

腹股沟、后腿的屈髋肌以及前腿的臀肌和腘绳肌得到拉伸。

交叉步

步　骤

1. 双脚与肩同宽站立，双臂与肩同高向两侧外展。
2. 右腿在左腿前交叉的同时，髋关节和手臂向相反的方向转动，并开始向左移动。
3. 左腿和髋关节移回至基本准备姿态的同时，右腿蹬地，向相反方向转动双臂。
4. 将右腿置于左腿后面，向相反的方向转动髋关节和双臂，继续向左移动。
5. 继续这种动作模式，完成一侧动作后，换一侧方向重复动作。

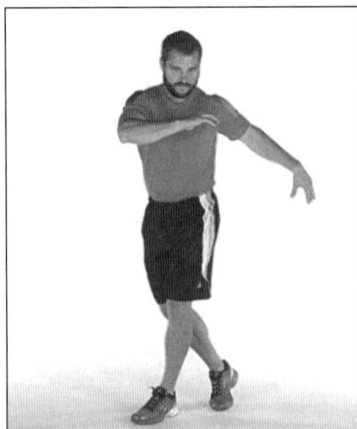

跳箱

步　骤

1. 双脚稍宽于肩站立。该练习也可以身着重力背心进行。
2. 保持挺胸,下蹲后立刻垂直跳到跳箱上,在半空中伸展髋关节,脚趾拉向胫骨。
3. 以下蹲姿势轻缓落地。
4. 站立并重回起始姿势。
5. 连续完成整组练习。

指导要点

不要在动作末端停顿。

动作体会

髋关节、膝关节和踝关节参与动作。

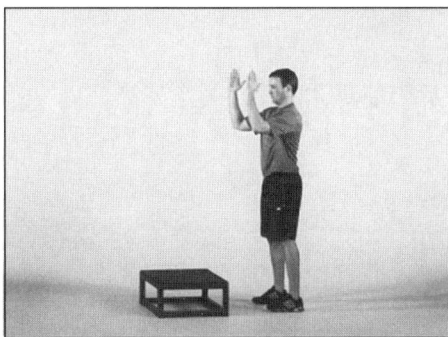

下落单腿蹲—双脚跳单脚落

步 骤

1. 双脚稍宽于肩站立,且双手在体前屈曲 90 度。
2. 双脚抬离地面,双臂后摆的同时,髋关节屈曲向后,单脚落地呈微蹲姿势。
3. 站立后重复动作,以另一侧单脚落地落地。
4. 不断交替动作完成每组练习。

立定跳远—落地平蹲

步 骤

1. 双臂屈曲 90 度站立,前臂上举。
2. 双肘关节后引的同时,屈膝并使髋关节后引使身体下降至蹲坐姿势。
3. 立即蹬离地面,尽可能远地腾空跳跃。
4. 以下蹲姿势轻缓落地,然后回到起始姿势。
5. 连续完成整组练习。

连续侧向换腿跳

步 骤

1. 髋关节与膝关节微屈站立。
2. 双臂带动发力,伸展一侧腿的髋关节、膝关节和踝关节,换腿跳向另一侧。
3. 以对侧腿落地,不要停顿,立刻换腿跳向相反方向。
4. 继续双腿交替跳完成每组练习。

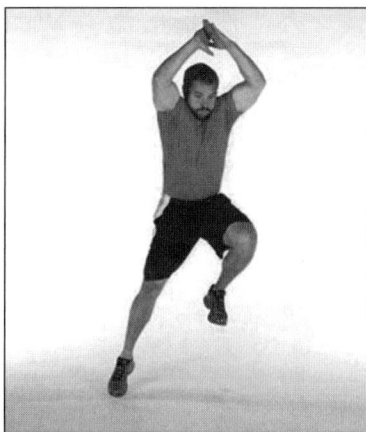

侧向制动跳—反应与制动

步 骤

1. 髋关节与膝关节微屈站立。该练习也可以身着重力背心进行。

2. 双臂带动发力,伸展一侧腿的髋关节、膝关节和踝关节,换腿跳向另一侧。

3. 以对侧腿落地,不要停顿,立刻换腿跳向相反方向。

4. 轻缓落地成单腿下蹲姿势,并保持 3 秒。

5. 不断交替动作完成每组练习。

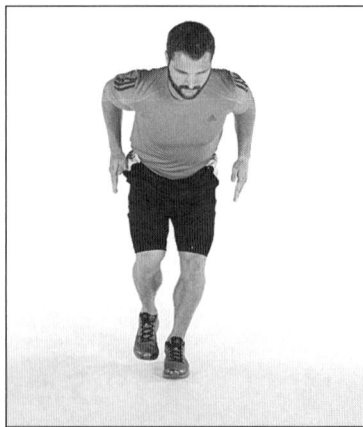

侧向跳—制动—迷你带

步 骤

1. 髋关节与膝关节微屈站立,膝关节上方的大腿环绕弹力带。该练习也可以身着重力背心进行。
2. 双臂带动发力,伸展一侧腿的髋关节、膝关节和踝关节,换腿跳向另一侧。
3. 对侧腿轻缓落地成单腿下蹲姿势,由髋关节吸收冲力,并保持3秒。
4. 站立并向相反方向重复动作,换对侧腿跳跃。
5. 不断交替动作完成每组练习。

指导要点
专注最大程度跳跃的高度和远度,并保证落地后的稳定性不要移动。

动作体会
髋关节和腿部参与动作。

连续侧向跳

步　骤

1. 站立在一字排开的栏架旁,内侧腿保持站立平衡的同时双臂屈曲 90 度。该练习也可以身着重力背心进行。

2. 由双臂和髋关节主导动作,侧向依次单腿跳过每个栏架,每次跳跃落地后不要停顿。

3. 跳过所有栏架后,保证落地的稳定性不要移动,换另一侧腿,向相反方向重复动作。

4. 不断交替动作完成每组练习。

侧向跳—反应与制动

步 骤

1. 站立在一字排开的栏架旁,内侧腿保持站立平衡的同时双臂屈曲 90 度。该练习也可以身着重力背心进行。

2. 由双臂和髋关节主导动作,为起跳脚预加负荷后侧向单腿跳过第 1 个栏架。

3. 由髋关节吸收冲力轻缓落地,保持 1—2 秒。

4. 连续跳过剩余栏架。

5. 跳过所有栏架后,保证落地的稳定性不要移动,换另一侧腿,向相反方向重复动作。

6. 不断交替动作完成每组练习。

指导要点
每次单腿跳跃中充分伸展髋关节。

动作体会
髋关节和腿部参与动作。

单腿交替跳—反应与制动

步　骤

1. 单腿正直站立,双脚与髋同宽,双肘屈曲90度。

2. 髋关节与膝关节微微下降,双肘后引。

3. 立即向前换腿跳,通过双臂向空中摆动产生动力,蹬离地面。

4. 对侧腿落地,不要停顿,继续用落地腿向前双腿交替跳。

5. 对侧腿轻缓落地成单腿下蹲姿势。保持2—3秒后站立。

6. 对侧腿重复动作。

7. 不断交替动作完成每组练习。

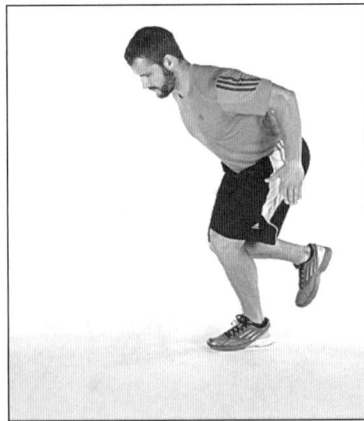

连续单腿跳

步　骤

1. 站立在一字排开的栏架旁,一侧腿保持站立平衡的同时双臂屈曲90度。该练习也可以身着重力背心进行。
2. 肘关节后摆的同时,髋关节后引向下。
3. 双臂和髋关节发力,单腿跳过第1个栏架。
4. 同一侧腿落地后,将触地时间降到最短,不要停顿,立即跳过下一个栏架。
5. 连续跳过剩余栏架,每次单腿跳跃动作都由髋关节向下后坐开始。
6. 换腿向相反方向重复动作。

指导要点

轻缓落地,在不让膝关节内扣的情况下,由髋关节吸收冲力。

动作体会

髋关节和腿部参与动作。

指导要点

轻缓落地,膝关节
不要内扣,由髋关
节吸收冲力。

动作体会

髋关节和腿部参与
动作。

单腿跳—下蹲跳与制动

步 骤

1. 站立在一字排开的栏架旁,内侧腿保持站立平衡的同时双臂屈曲 90 度。该练习也可以身着重力背心进行。
2. 肘关节后摆的同时,髋关节后引向下。
3. 双臂和髋关节发力,立即单腿跳过第 1 个栏架。
4. 稳定落地后,回到起始姿势。
5. 连续跳过剩余栏架,每次单腿跳跃动作都由髋关节向下后坐主导。
6. 换腿向相反方向重复动作。

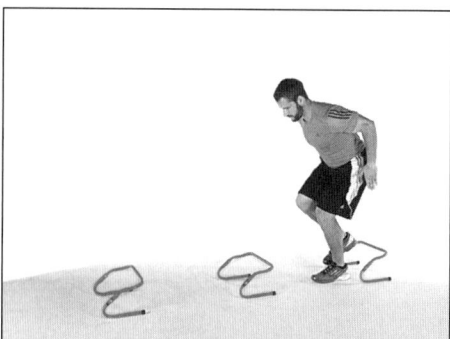

单腿跳—反应跳与制动

步　骤

1. 站立在一字排开的栏架旁,内侧腿保持站立平衡的同时双臂屈曲90度。该练习也可以身着重力背心进行。

2. 由双臂和髋关节主导动作,为起跳脚预加负荷后侧向单腿跳过第 1 个栏架。

3. 由髋关节吸收冲力轻缓落地成单腿下蹲姿势,保持稳定 1—2 秒。

4. 连续跳过剩余栏架。

5. 跳过所有栏架后,保证落地的稳定性不要移动,换另一侧腿,重复动作。

单腿交替跳—空中转体—反应与制动

步 骤

1. 单腿平衡站立。
2. 双臂及髋关节发力,髋关节和膝关节下降,向侧面跳起,在空中转体90度。
3. 用对侧腿落地,不要停顿,继续向相反方向双腿交替跳。
4. 轻缓落地成单腿下蹲姿势,保持3秒。
5. 交替完成规定的跳跃次数。

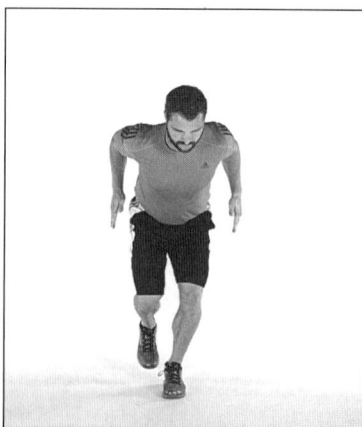

下蹲跳摆动手臂

步　骤

1. 双脚稍宽于肩站立,肩关节及肘关节屈曲90度。该练习也可以身着重力背心进行。
2. 保持挺胸,下蹲的同时肘关节后引,立即双脚垂直起跳,髋关节伸展,肘关节前摆。
3. 以下蹲姿势轻缓落地。
4. 站立并重回起始姿势。
5. 连续完成整组练习。

静蹲跳

步骤

1. 双脚稍宽于肩站立,肩关节及肘关节屈曲 90 度。该练习也可以身着重力背心进行。
2. 后坐至下蹲姿势,双肘关节置于体后稍停顿。
3. 竖直起跳,腾空过程中脚趾拉向胫骨。
4. 以下蹲姿势轻缓落地,保持 3 秒。
5. 继续完成每组剩余的重复次数。

指导要点
保持挺胸,在跳跃过程中充分伸展髋关节。

动作体会
髋关节、膝关节和踝关节参与动作。

直腿跑跳

步骤

1. 正直站立,双臂置于身体两侧。
2. 一侧腿在向身前伸直迈步的同时,对侧手臂前摆。
3. 臀肌发力将足跟拉向地面,下落后完成两次踏地,身体前移的同时另一次的腿和手臂前摆。
4. 重复动作模式完成每组练习。

指导要点
保持挺胸,脚趾拉向胫骨,每步的距离不要过大。

动作体会
臀肌及腘绳肌得到拉伸。

负重加速跑—雪橇

步　骤

1. 以基本准备姿态站立,膝关节及髋关节微屈,双臂在身体两侧屈曲,将负重雪橇带系于腰部。

2. 加速向前,抬起一侧膝关节和对侧手臂的同时,保持身体前倾,并保持良好身体姿态。

3. 脚向下蹬地向前的同时,对侧脚和膝关节上抬。

4. 不断交替动作完成每组练习。

指导要点
臀肌发力主导动作。感受后腿蹬地的同时,充分伸展髋关节。

动作体会
全身参与动作。

蹬摆—扶墙

指导要点
保持内侧脚位于大腿下方,脚趾拉向胫骨。

动作体会
髋关节、腿部及躯干参与动作。

步骤

1. 双手扶墙,身体前倾站立,耳、肩、髋、膝和踝处于一条直线。
2. 一侧腿向身后伸直的同时,对侧膝关节屈曲,髋关节后引向下。
3. 将后腿的膝关节与脚朝向墙的方向上提,并保持1—2秒。
4. 继续完成每组剩余的重复次数,换另一侧重复动作。

加速技术姿势控制—扶墙

指导要点
保持内侧腿位于大腿下方,脚趾拉向胫骨。

动作体会
髋关节、腿部及躯干参与动作。

步骤

1. 双手扶墙,身体前倾站立,耳、肩、髋、膝和踝处于一条直线。
2. 将后腿的膝关节与脚向墙的方向上提。
3. 在规定的时间内保持该姿势。
4. 对侧腿重复动作。

单腿交替—加速技能—扶墙

步　骤

1. 双手扶墙,身体前倾站立,耳部、肩关节、髋关节、膝关节和踝关节处于一条直线。
2. 将后腿的膝关节与脚向墙的方向上提,稍作停顿。
3. 上提一侧的腿快速回到起始姿势的同时,向墙的方向上提另一侧腿,稍作停顿。
4. 不断交替动作完成每组练习。

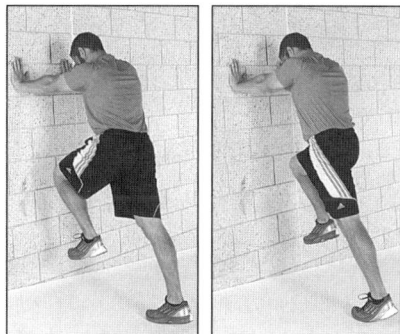

指导要点
保持动作姿态,脚趾拉向胫骨。

动作体会
肩、躯干、髋部参与动作。

加速练习

步　骤

1. 双脚与髋同宽分腿站立,一侧脚在前,另一侧脚在后。
2. 启动前不要向后撤步,前腿的髋关节主导发力加速向前,保持身体前倾的良好姿态。
3. 继续加速向前规定的距离。
4. 换腿重复动作。
5. 不断交替动作完成每组练习。

指导要点
单腿向后蹬地同侧手臂前摆,同时对侧肘关节后摆,帮助伸展髋关节并完成更快速的动作转换。

动作体会
全身参与动作。

指导要点

保持挺胸, 双肩
向前。

动作体会

髋关节、腿部及躯
干参与动作。

交叉步—起动与制动

步骤

1. 间隔 3 米放置两个标志盘。一个标志盘作为练习的起点, 另一个置于身体的侧面。以基本准备姿态开始, 膝关节微屈, 髋关节后引, 手臂在身前屈曲。

2. 提起一侧膝关节交叉于体前, 将脚置于对侧脚的外侧。

3. 急速打开髋关节, 让对侧脚落于另一根标志盘旁, 回到基本准备姿态。

4. 立即反转方向, 重复动作, 在处于起始姿势时停顿。

5. 单侧动作完成一组后, 换对侧重复动作。

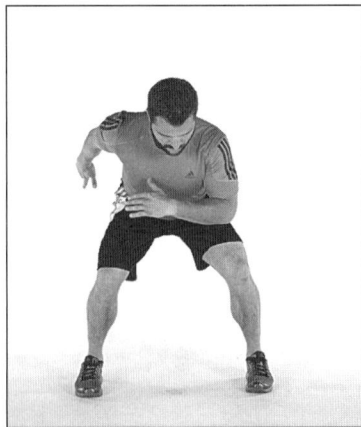

连续交叉步—抗阻

步　骤

1. 以基本准备姿态开始,弹力带系于腰部。
2. 对弹力带做抵抗运动,一侧膝抬起交叉在身前且远离弹力带方向,且同侧脚在对侧脚外侧。
3. 提升髋关节来带对侧脚回到基本准备姿态。
4. 向相反方向重复动作,在处于起始姿势时停顿。
5. 对侧重复动作完成整组练习。

指导要点
当膝上抬并在体前交叉时保持膝关节紧贴身体。

动作体会
全身参与动作。

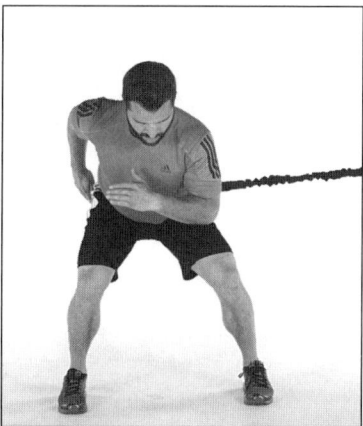

动作体会

全身参与动作。

连续侧滑步

步 骤

1. 间隔4码（3.7米）放置两个标志盘。以基本准备姿态站立，一个标志盘作为
   练习的起点，另一个置于身体的侧面。

2. 向对侧标志盘横向滑步，用外侧腿蹬地，收起内侧脚。

3. 立即转变方向。

4. 不要停顿，连续往返滑步，完成整组练习。

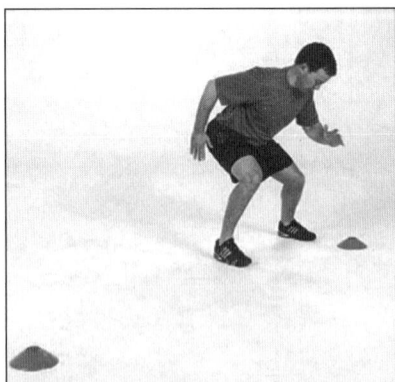

侧滑步—起动与制动

指导要点
双 脚 不 要 同 时 移
动,尽可能缩短每
次换向时的时间。

动作体会
全身参与动作。

步　骤

1. 间隔4码(3.7米)放置两个标志盘。以基本准备姿态站立,一个标志盘作为练习的起点,另一个置于身体的侧面。
2. 向对侧标志盘横向移动,外侧腿蹬地,收内侧脚。
3. 立即转变方向,滑步返回至起始姿势,停顿3秒。
4. 连续完成整组练习,然后在对侧方向重复练习。

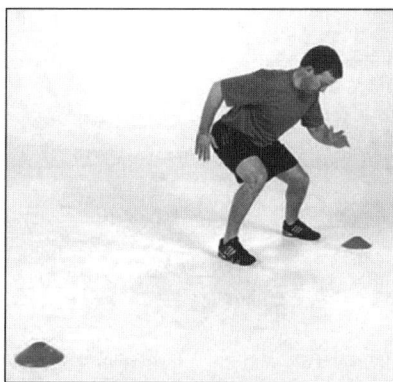

指导要点
双脚不要同时移
动,尽可能缩短每
次变向的时间。

动作体会
全身参与动作。

连续侧滑步—抗阻

步　骤

1. 将两个标志盘间隔4码(3.7米)放置。从远端一侧的标志盘开始,弹力带系于腰部,以基本准备姿态站立。
2. 在弹力带的阻力下,横向滑步至另一侧标志盘,外侧腿蹬地,收内侧脚。
3. 立即转变方向,重复动作。
4. 不做停顿,连续往返滑步,完成每组剩余的重复次数。
5. 改变阻力方向,并重复动作。

侧滑步—起动与制动—抗阻

步　骤

1. 将两个标志盘间隔4码(3.7米)放置。从远端一侧的标志盘开始,弹力带系于腰部,以基本准备姿态站立。

2. 在弹力带的阻力下,横向滑步至另一侧标志盘,外侧腿蹬地,收内侧脚。

3. 立即转变方向,移动回起始姿势,停顿3秒。

4. 完成一侧动作后,转换方向重复动作。

指导要点
双脚不要同时移动,尽可能缩短每次换向时的时间。

动作体会
全身参与动作。

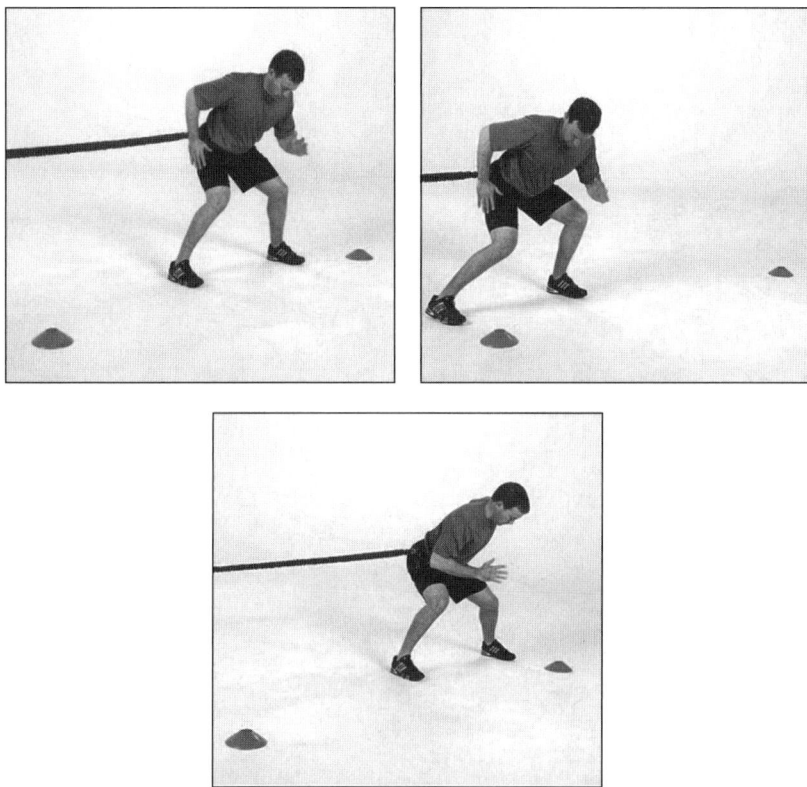

指导要点

每步都要伸展髋关节,并且保持髋关节低位,背部平直。

动作体会

全身参与动作。

低姿高抬腿—雪橇

步 骤

1. 以分腿下蹲姿势站立,将负重雪橇带系于腰部。
2. 高抬腿蹬地向前行进的同时,体向前倾,尽可能保持髋关节处于低位,同时对侧手臂向前扫摆动。
3. 对侧手臂和腿重复动作。
4. 不断交替动作完成每组练习。

胸前推实心球—单腿蹲

指导要点
保持挺胸,膝关节
微屈站立,髋关节
后引。

动作体会
全身参与动作。

步 骤

1. 以准备姿势(四分之一蹲)站立,一侧腿距离墙体 3—4 英尺(2.7 米—3.7 米),在胸部高度伸直手臂,双手持实心球。

2. 将实心球拉向胸前,然后迅速尽全力抛向墙壁。

3. 接球,然后迅速再次抛掷。

4. 继续完成规定的重复次数,换腿重复动作完成每组练习。

胸前推实心球—分腿蹲

步 骤

1. 以低位分腿蹲姿势站立,距离墙体 3—4 英尺(0.9 米—1.2 米),在胸部高度
   伸直手臂,双手持实心球。

2. 将实心球拉向胸前,然后迅速尽全力抛向墙壁。

3. 接球,然后迅速再次抛掷。

4. 连续完成每组剩余的重复次数,中途换腿。

胸前推实心球—半蹲

步　骤

1. 以准备姿势站立,距离墙体 3—4 英尺(0.9 米—1.2 米),在胸部高度伸直手臂,双手持实心球。

2. 将实心球拉向胸前,然后迅速尽全力抛向墙壁。

3. 接球,然后迅速再次抛掷。

4. 连续完成每组剩余的重复次数。

指导要点

保持挺胸,膝关节微屈站立,髋关节后引。

动作体会

全身参与动作。

蹲起跳抛球

步　骤

1. 以准备姿势站立,膝关节微屈、髋关节后引,手臂伸直双手持实心球,举过头顶。
2. 保持双臂伸直,身体降低下蹲的同时,将球放下置于双腿之间。
3. 双脚垂直起跳,从深蹲姿势迅速跃起,同时将实心球尽可能高地上抛。
4. 待球反弹静止后,再次举起实心球,回到起始姿势。
5. 继续完成每组剩余的重复次数。

过顶传实心球—单腿站立

步　骤

1. 距离墙体1—2英尺（0.3—0.6米）双脚与肩同宽，单腿站立，将实心球举过头顶。

2. 双手将实心球置于头后，肘关节向下发力，迅速将球掷向墙壁。

3. 在头上接球后，立即重复动作。

4. 继续完成规定的重复次数，换腿重复动作完成每组练习。

指导要点

保持挺胸、收腹以及躯干稳定。

动作体会

躯干、腿部及手臂参与动作。

指导要点

后腿膝关节不要触地。

动作体会

躯干、腿部及手臂参与动作。

过顶传实心球—弓箭步

步 骤

1. 距离墙体 1—2 英尺(0.3—0.6 米)双脚与肩同宽,以低位分腿姿势站立,将实心球举过头顶。
2. 双手将实心球置于头后,肘关节向下发力,迅速将球掷向墙壁。
3. 在头上方抓住弹回的球后迅速重复动作。
4. 继续完成规定的重复次数,换腿重复动作完成每组练习。

过顶抛实心球

指导要点

将球向下抛向墙体。

动作体会

全身参与动作。

步　骤

1. 距离墙体 10 码(9.1 米)站立,身体与墙体垂直,双手持球置于腰部。

2. 膝关节和髋关节微屈的同时,将实心球引向髋关节后侧,并向远离墙体的方向转肩。

3. 后腿发力蹬地,向墙体跨步的同时,从侧面向上举球,将其抛向墙体。

4. 拾球后,回到起始姿势。

5. 完成后换另一侧重复上述动作。

转体抛实心球—跪姿

步骤

1. 双膝跪在软垫之上,距离2—3英尺(0.6—0.9米)面向墙体,双手持球置于腰部。

2. 向远离墙体的方向转动肩关节、躯干以及髋关节,将实心球引向髋关节后侧。

3. 由髋关节的转动主导抛掷动作,然后转动躯干、手臂以及实心球,将球抛向墙体。

4. 接球后,立即开始下一次抛掷动作。

5. 完成后换另一侧重复上述动作。

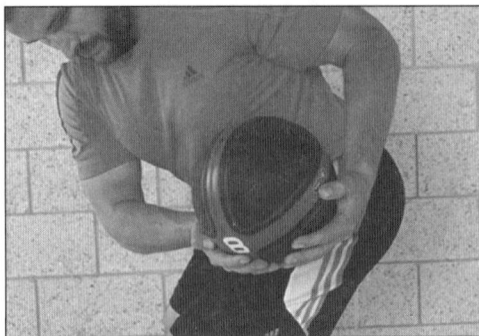

转体抛实心球—弓箭步

步 骤

指导要点
后腿膝关节不要触地。

动作体会
全身参与动作。

1. 以低位分腿蹲站姿,距离 2—3 英尺(0.6—0.9 米)面向墙体,双手持球置于腰部。

2. 转动双肩和躯干,重心放在前腿,将球置于髋关节后侧。

3. 向后转动双肩和躯干,然后向墙体的方向抛球。

4. 接球后,立即再次向墙体抛球。

5. 完成一组的单侧动作后,换另一侧的腿重复上述动作。

转体抛实心球—半蹲

步　骤

1. 以准备姿势站立,双脚分开微宽于肩,距离2—3英尺(0.6—0.9米)面向墙体,双手持球置于腰部。

2. 向远离墙体的方向,转动肩关节、躯干和髋关节,将球置于髋关节后侧。

3. 髋关节向墙体快速转动,主导抛掷动作,然后转动躯干、手臂以及实心球,将球抛向墙体。

4. 双臂微屈接球,立即开始下一次抛球动作。

5. 单侧动作完成一组后,换对侧重复动作。

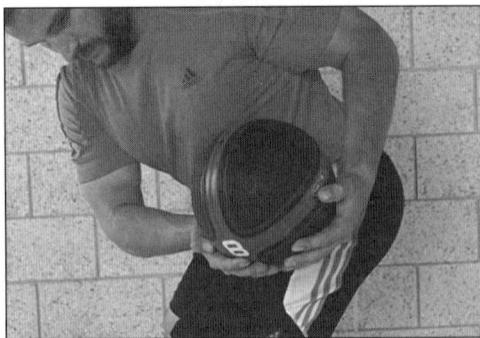

转体抛实心球—单腿站立—侧对墙

步　骤

1. 距离墙体2—3英尺(0.6—0.9米),外侧腿单腿站立,身体与墙体垂直,双手体前持球。

2. 躯干向远离墙体方向转动的同时,单腿下蹲,将球置于髋关节后侧。

3. 转动肩关节和躯干,向墙体抛球的同时,内侧膝关节向前发力。

4. 接球后,立即开始下一次抛球动作。

5. 完成一组的单侧动作后,换另一侧的腿重复上述动作。

指导要点
髋关节首先发力主导抛掷动作。

动作体会
全身参与动作。

转体抛实心球—半蹲—侧对墙

步　骤

1. 以准备姿势站立,双脚分开微宽于肩,距离 2—3 英尺(0.6—0.9 米)面向墙体,双手持球置于腰部。
2. 向远离墙体的方向转动肩关节、躯干以及髋关节,将球置于髋关节后侧。
3. 由髋关节的转动主导抛掷动作,然后转动躯干、手臂以及实心球,将球抛向墙体。
4. 接球后,立即开始下一次抛球动作。
5. 单侧动作完成一组后,换对侧重复动作。

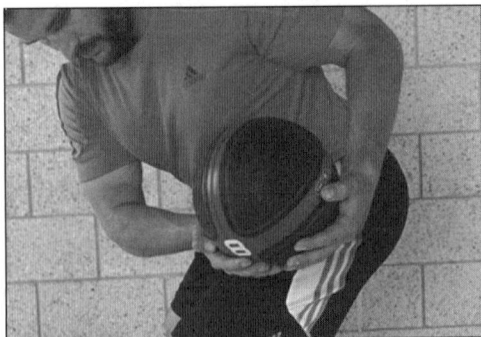

弓步走胸前推实心球—动态 1

步 骤

1. 胸前双臂屈曲持实心球站立。

2. 向前迈步成弓步姿势的同时,立即发力,向前跨步的同时下压实心球,并向空
   中 45 度方向将球抛出。

3. 待球反弹静止。

4. 拾球后,回到起始姿势,换对侧脚向前重复动作。

5. 不断交替动作完成每组练习。

指导要点

前腿蹬地的同时,向前弓步。

动作体会

全身参与动作。

胸前推实心球—动态 2

步　骤

1. 以低位分腿蹲姿势站立,胸前屈臂双手持实心球。

2. 迅速发力,向前迈步成弓步姿势的同时,下压实心球,并向空中 45 度方向将球抛出。

3. 待球反弹静止。

4. 拾球后,回到起始姿势,换对侧脚向前重复动作。

5. 不断交替动作完成每组练习。

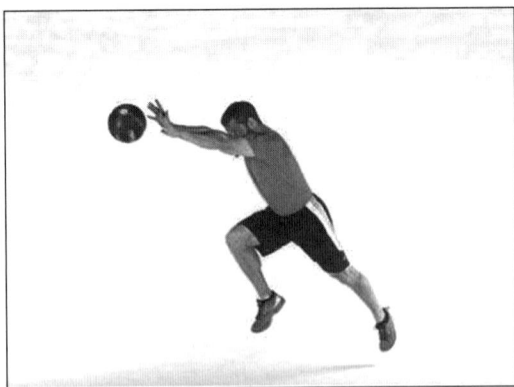

下砍—半跪姿—无轨迹练习器

步　骤

1. 将绳索握柄与无轨迹练习器的高位滑轮相连,双手抓住握柄。以单膝半跪姿势开始,无轨迹练习器位于身体侧方,外侧膝关节向下,内侧脚着地。
2. 向远离无轨迹练习器的方向转动髋关节和肩关节,将握柄拉向胸前,然后向下将绳索推离身体,完成整个动作的过程要求连续流畅。
3. 反向运动回到起始姿势。
4. 完成后换另一侧重复上述动作。

指导要点

保持在每个动作转向时挺胸。

动作体会

髋关节、肩关节、肱三头肌和腹肌参与动作。

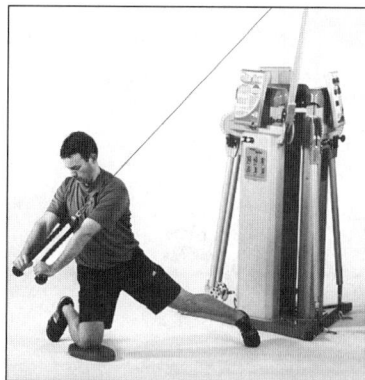

膝上抓举—杠铃

步 骤

1. 双脚与肩同宽分开站立,双手抓握杠铃向下竖直置于体前。
2. 保持背部平直、挺胸,髋关节向下后引,将杠铃放低至膝关节上方。
3. 以爆发性动作尽可能快地伸展髋关节,竖直将杠铃向上拉起。
4. 让杠铃向上惯性移动。当杠铃达到最高点时,身体下降至杠铃下方,在头上方将杠铃"抓起"。
5. 放低杠铃至起始姿势。
6. 连续完成整组练习。

膝上直臂高拉—杠铃

步 骤

1. 双脚与肩同宽分开站立,以宽距正握方式(掌心朝向自己)抓握杠铃。

2. 保持背部平直、挺胸,髋关节向下后引,将杠铃放低至膝关节上方。

3. 以爆发性动作尽可能快地伸展髋关节,竖直将杠铃向上拉起。

4. 放低杠铃至起始姿势。

5. 连续完成整组练习。

指导要点

上拉杠铃时,应当产生向上跳起的感觉,充分伸展踝关节、膝关节和髋关节。

动作体会

全身参与动作。

抓举—单臂—哑铃

步 骤

1. 双脚与髋同宽分开站立,单手抓握哑铃向下竖直置于体前。

2. 保持背部平直、挺胸,髋关节向下后引,保持双脚着地,将哑铃放低至膝关节下方。

3. 以爆发性动作尽可能快地伸展髋关节,竖直将哑铃向上拉起。

4. 让哑铃向上惯性移动。当哑铃达到最高点时,身体位于哑铃下方,在头上将哑铃"抓起"。

5. 放低哑铃至起始姿势。

6. 完成后换另一侧手臂重复上述动作。

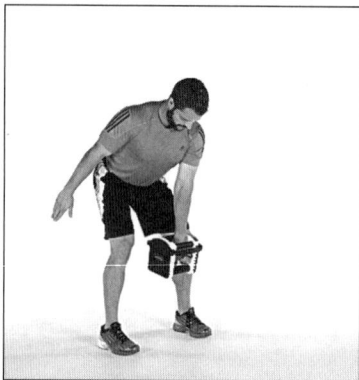 

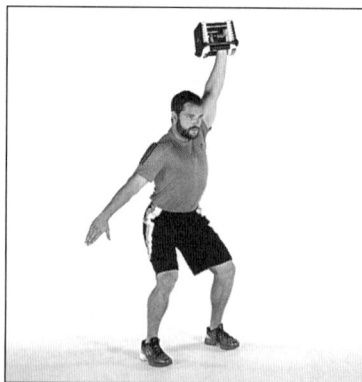

胯下前后摆—壶铃

步 骤

1. 双臂伸直,体前手持壶铃站立。
2. 髋关节下降后引至下蹲姿势的同时,沿弧线轨迹在两腿下方的中间下放壶铃。
3. 髋关节首先发力,爆发性主导壶铃上摆,直至双臂与地面平行。
4. 不要停顿,连续完成整组练习。

指导要点

在整个动作过程中保持双臂伸直,肩胛骨向下后收。

动作体会

臀大肌、腘绳肌以及背部参与动作。

过顶上举—下蹲—壶铃

步 骤

1. 单手持壶铃站立,将壶铃高举在同侧肩关节上方。
2. 髋关节首先发力,向后下蹲的同时,向壶铃一侧的方向转动肩关节,另一侧手向下竖直触碰同侧脚。
3. 返回到起始姿势。
4. 单侧动作完成一组后,换对侧重复动作。

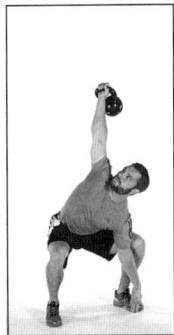

指导要点

在整个动作过程中保持背部平直,挺胸。

动作体会

全身参与动作。

过顶下砸—实心球

步 骤

1. 以准备姿势站立,膝关节微屈,髋关节后引,双手持球置于腰部。

2. 伸展髋关节,正直站立的同时,将实心球举过头顶后方。

3. 爆发性向下将球掷向地面。

4. 待球反弹后拾起,回到起始姿势。

5. 连续完成每组剩余的重复次数。

过顶蹲起—滑垫迷你带

步 骤

1. 正直站立,双脚踩在滑垫上,手腕环绕迷你弹力带,双臂分开竖直举过头顶,拉紧弹力带。

2. 保持迷你弹力带张力,髋关节首先发力,下蹲后座,直至大腿几乎与地面平行,或滑垫将要移动。

3. 髋关节推起,回到起始姿势。

4. 连续完成规定的重复次数。

指导要点

保持背部平直,拉紧迷你弹力带,下蹲过程中弹力带不要滑动。

动作体会

全身参与动作。

动作体会

全身参与动作。

肩上推举—杠铃

步　骤

1. 在肩关节前方手握杠铃站立。
2. 髋关节和膝关节向下。
3. 立刻爆发性蹲起，膝关节不要内扣，伸展髋关节将杠铃推举至头顶上方。
4. 手臂伸直在头顶上方"抓握"杠铃的同时，伸展髋关节和膝关节。
5. 缓慢放低杠铃至起始姿势。
6. 连续完成每组剩余的重复次数。

后撤—后拉—无轨迹练习器

1. 面对无轨迹练习器站立,单手抓住与无轨迹练习器中位滑轮相连的握柄。

2. 与抓握无轨迹练习器握柄手的同侧腿,向后迈步成弓步姿势的同时,手持握柄向前。

3. 髋关节向前回到站立姿势的同时,将握柄拉向身体。

4. 单侧动作完成一组后,换对侧手臂和腿重复动作。

指导要点

保持背部平直,臀肌主导的同时,回到起始站姿。

动作体会

前腿臀肌和腘绳肌以及抓住握柄手臂的肩关节参与动作。

指导要点

保持背部平直，膝
关节微屈站立，将
躯干和腿部作为一
个整体进行运动。

动作体会

站立腿的臀肌和腘
绳肌以及抓住握柄
手臂的肩关节参与
动作。

单腿硬拉—单臂后拉—无轨迹练习器

步 骤

1. 单腿面向无轨迹练习器站立的同时，同侧手单手
   抓住与无轨迹练习器中位滑轮相连的握柄，置于
   身体的侧面。

2. 保持站立腿膝关节微屈，以髋关节为转轴的同
   时，手持握柄向前，同侧腿在身后伸直。

3. 收缩臀肌和腘绳肌，回到站立姿势的同时，将握
   柄拉向身体。

4. 单侧动作完成一组后，换对侧手臂和腿重复
   动作。

下砍—站姿—单臂后拉—反应式转体—无轨迹练习器

步　骤

1. 将绳索握柄与无轨迹练习器的高位滑轮相连,外侧手抓住握柄。身体侧对练习器站立,外侧手臂在体前交叉朝向高位滑轮。

2. 内侧脚蹬地,向远离器械的方向转动髋关节和肩关节,将把握柄拉至胸部,然后将绳索向远离身体的方向下推,完成整个动作的过程要求连续流畅。

3. 立刻反向运动,回到起始姿势。

4. 尽可能快地连续完成每组剩余的重复次数。

5. 对侧手臂和腿重复练习。

指导要点

保持挺胸,每次重复动作时向远离无轨迹练习器的方向转体。

动作体会

髋关节、肩关节、肱三头肌和腹肌参与动作。

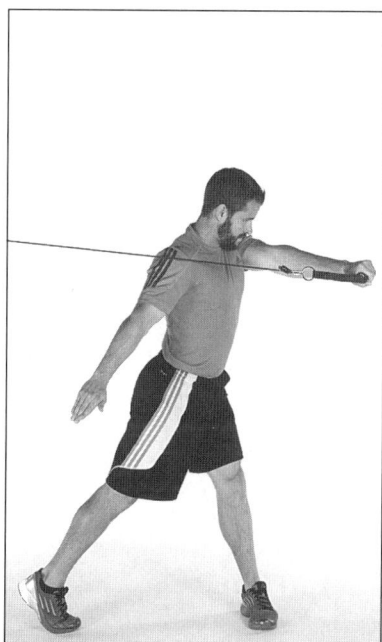

下砍—站姿—转体—无轨迹练习器

步　骤

1. 将绳索握柄与无轨迹练习器的高位滑轮相连，双手抓住握柄。身体侧对器械站立，双臂在体前交叉朝向高位滑轮。

2. 内侧脚蹬地，向远离器械的方向转动髋关节和肩关节，将把手拉至胸部，然后将绳索向远离身体的方向下推，完成整个动作的过程要求连续流畅。

3. 反向运动回到起始姿势。

4. 连续完成每组剩余的重复次数，换另一侧重复动作。

推举—站姿—转体—无轨迹练习器

步　骤

1. 将绳索与无轨迹练习器的低位滑轮相连。身体侧对机器站立，双手抓住绳索，双脚分开微宽于肩。
2. 向器械的方向转动髋关节和肩关节的同时，向地面降低髋关节。
3. 内侧腿用力，将把手拉向胸部，将绳索向离开器械的方向拉起，完成整个动作的过程要求连续流畅。
4. 返回到起始姿势。
5. 连续完成每组剩余的重复次数，换另一侧重复动作。

指导要点

每次重复动作时向远离无轨迹练习器的方向转体。保持内侧肘关节向上，保证无轨迹练习器缆线运行轨迹始终在手臂下。

动作体会

肩关节、肱三头肌、躯干和髋关节参与动作。

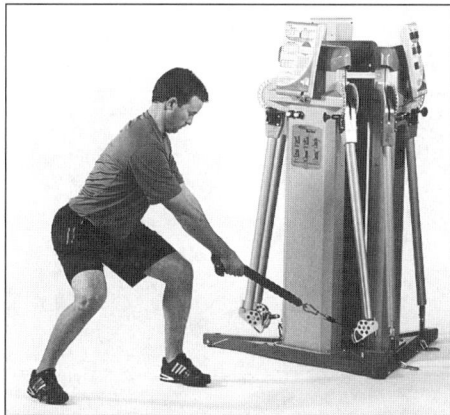

推举—站姿—反应式转体—无轨迹练习器

步 骤

1. 将绳索与无轨迹练习器的低位滑轮相连。身体侧对器械站立，双手抓住绳索，双脚分开微宽于肩。
2. 向器械的方向转动髋关节和肩关节的同时，向地面降低髋关节。
3. 内侧腿用力，将把手拉向胸部，将绳索向离开器械的方向拉起，完成整个动作的过程要求连续流畅。
4. 返回到起始姿势。
5. 尽可能快地连续完成每组剩余的重复次数。
6. 换另一侧重复动作。

拉推组合—站姿—转体—无轨迹练习器

步 骤

1. 将握柄分别与无轨迹练习器胸部高度的两个滑轮相连,分置于两侧。身体侧对器械,立于无轨迹练习器手臂之间,双脚分开微宽于肩。

2. 外侧手臂伸展抓住前侧握柄,内侧手臂屈肘将后侧握柄拉至胸前。

3. 髋关节向下后坐至半蹲姿势。

4. 内侧髋关节爆发性前推的同时,内侧手臂向远离胸部的方向快速推出,外侧手向胸部快速拉回,完成整个动作的过程要求连续流畅。

5. 返回到起始姿势。

6. 单侧动作完成一组后,换对侧重复动作。

指导要点
保持躯干稳定,避免肩关节过度旋转。

动作体会
肩关节、肱三头肌、躯干和髋关节参与动作。

拉推组合—站姿—反应式转体—无轨迹练习器

步 骤

1. 将握柄分别与无轨迹练习器胸部高度的两个滑轮相连,分置于两侧。身体侧对器械,立于无轨迹练习器手臂之间,双脚分开微宽于肩。

2. 外侧手臂伸展抓住前侧握柄,内侧手臂屈肘将后侧握柄拉至胸前。

3. 髋关节向下后坐至半蹲姿势。

4. 在一个连续动作中,内侧髋关节爆发性前推的同时,内侧手臂向远离胸部的方向快速推出,外侧手向胸部快速拉回。

5. 返回到起始姿势。

6. 尽可能快地连续完成每组剩余的重复次数。

7. 换另一侧重复动作。

转体后拉—无轨迹练习器

1. 将绳索与无轨迹练习器的低位滑轮相连。身体侧对器械站立,外侧手抓住绳索,双脚分开微宽于肩。

2. 向无轨迹练习器方向转动髋关节和肩关节的同时,向下后坐,外侧手向体前交叉抓住握柄。

3. 向后转动外侧肩关节,将把握柄拉至外侧髋关节,内侧髋关节向远离无轨迹练习器的方向蹬地,完成整个动作的过程要求连续流畅。

4. 反向运动,回到起始姿势。

5. 单侧动作完成一组后,换对侧重复动作。

指导要点
每次重复动作时向远离无轨迹练习器的方向转体。

动作体会
手臂、肩关节、腰部、躯干和腿部参与动作。

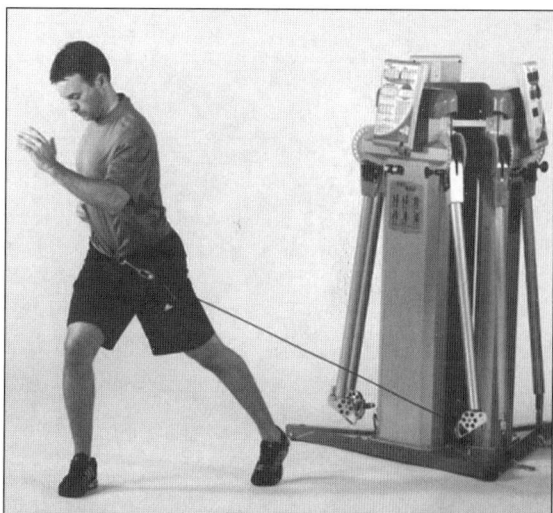

指导要点

每次重复动作时向
远离无轨迹练习器
的方向转体。

动作体会

手臂、肩关节、腰
部、躯干和腿部参
与动作。

转体后拉—反应式—无轨迹练习器

步　骤

1. 将绳索与无轨迹练习器的低位滑轮相连。身体侧对器械站立,双手抓住绳索,双脚分开微宽于肩。

2. 向无轨迹练习器方向转动髋关节和肩关节的同时,向下后坐,朝滑轮方向体前交叉抓住握柄。

3. 向后转动外侧肩关节,将把握柄拉至外侧髋关节,内侧髋关节向远离无轨迹练习器的方向蹬地,完成整个动作的过程要求连续流畅。

4. 立刻反向运动,回到起始姿势。

5. 尽可能快的连续完成每组剩余的重复次数。

6. 对侧手臂和腿重复练习。

 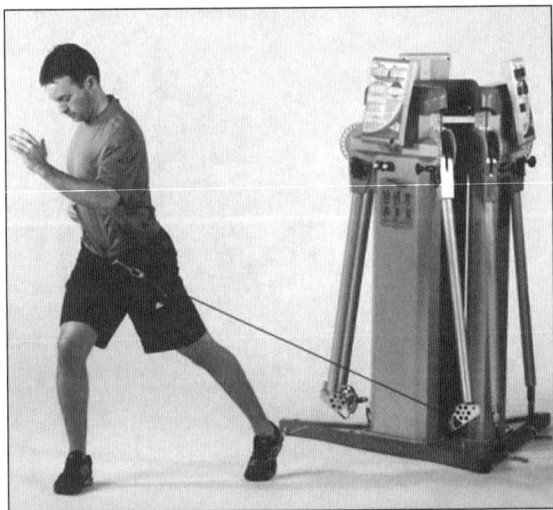

单臂推举—身体侧屈—壶铃

步 骤

1. 双脚分开微宽于肩站立,单手持壶铃置于同侧肩关节。

2. 躯干向壶铃所在方向侧屈,对侧手臂向上伸展。

3. 躯干向远离壶铃所在方向侧屈,伸展上举壶铃的同时,另一侧手向下触碰同侧脚。

4. 返回到起始姿势。

5. 单侧动作完成一组后,换对侧手持壶铃重复动作。

指导要点

在整个动作过程中保持挺胸、背部平直、双腿伸直。

动作体会

肩关节和躯干参与动作。

下蹲推抛实心球

步 骤

1. 以基本准备姿态站立,双脚与肩同宽,胸前双手持实心球。

2. 髋关节向下后坐形成蹲坐姿势,双脚足弓中部承重。

3. 充分伸展髋关节,垂直向上抛球,身体连同一起腾空。

4. 待球反弹静止。

5. 拾球后,回到起始姿势。

6. 连续完成每组剩余的重复次数。

蹲起—单手推举哑铃

步骤

1. 双脚与肩同宽站立,单手持哑铃置于同侧肩关节处,肘关节向下。

2. 髋关节首先发力,向后下蹲直至大腿与地面平行。

3. 髋关节发力站起,将哑铃推举至头顶。

4. 放下哑铃,回到起始姿势。

5. 一侧手臂完成后换对侧手臂重复上述动作。

指导要点

保持肩关节平行于地面,推举哑铃至头上方的同时保持姿态。

动作体会

臀肌、股四头肌、腘绳肌和肩关节参与动作。

下砍—半跪姿—稳定—无轨迹练习器

步 骤

1. 将拉杆与无轨迹练习器高位滑轮相连，双手抓握拉杆。身体侧对无轨迹练习器，采用单膝跪立姿势，内侧脚在前，外侧膝跪于软垫之上。

2. 外侧手低位抓握拉杆，内侧手高位抓握拉杆。

3. 将拉杆沿对角线方向下拉，交叉于体前，然后内侧手臂下压同时，外侧手臂向身体后方拉动拉杆。

4. 反向动作回到起始姿势。

5. 单侧动作完成一组后，换对侧重复动作。

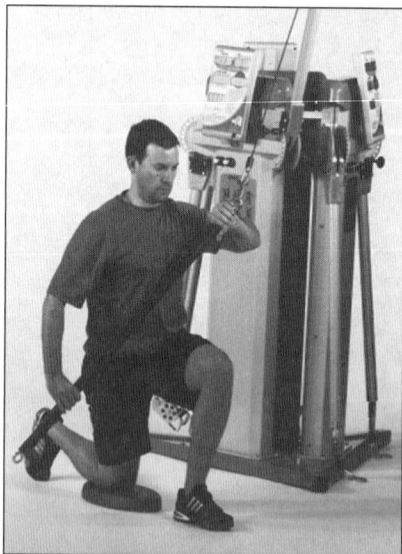

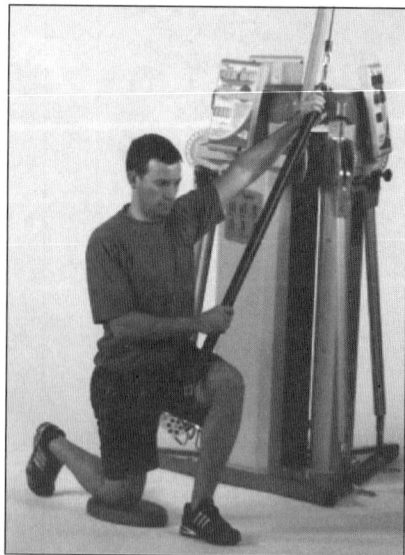

推举—半跪姿—稳定—无轨迹练习器

步　骤

1. 将拉杆与拉力低位滑轮相连,双手抓握拉杆。身体侧对无轨迹练习器,外侧脚在前单膝跪立,内侧膝跪于软垫之上。

2. 内侧手低位抓握拉杆,外侧手高位抓握拉杆,手臂朝向无轨迹练习器。

3. 将拉杆沿对角线方向上拉,交叉于体前,然后内侧手臂在内侧肩关节之上竖直上推拉杆。

4. 反向动作回到起始姿势。

5. 单侧动作完成一组后,换对侧重复动作。

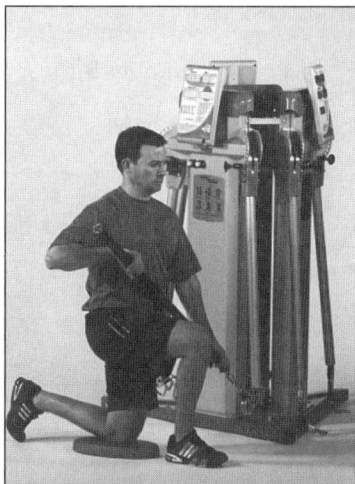

指导要点

在练习过程中不要让躯干出现任何晃动。

动作体会

躯干和肩关节参与动作。

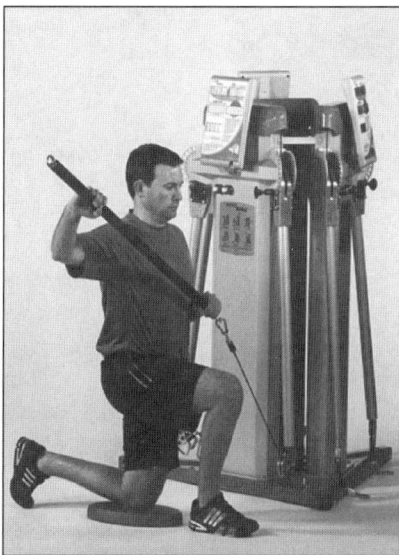

土耳其举—壶铃

步 骤

1. 以胎儿式侧卧姿势开始,位于下方一侧的手在胸前抓握壶铃,位于上方一侧的手辅助握于壶柄。

2. 转动身体,背部着地,单手将壶铃上举于肩关节上方,对侧手臂与身体成45度放在体侧。壶铃同侧的腿部屈曲,足底平放在地面。

3. 将壶铃在肩关节以上竖直推向空中。

4. 保持腿部屈曲一侧的足底始终紧贴地面,然后向上坐起,对侧手臂甚至支撑起上半身。

5. 保持壶铃始终在肩关节上方推举,将髋关节推离地面,并在身体下方伸直腿部,形成三点支撑。

6. 继续保持壶铃始终在肩关节上方推举,将壶铃对侧脚向后移动,形成单膝半跪姿势。

7. 继续保持壶铃始终在肩关节上方推举,推动髋关节站起。

8. 返回到起始姿势。

9. 单侧动作完成一组后,换对侧重复动作。

凳上卧推—杠铃

步　骤

1. 仰卧在训练凳上，双臂伸直在胸部上方采用正握方式（手心向前）抓杠上举。
2. 在可控情况下放低杠铃至胸部。
3. 再次向上推起杠铃至起始姿势。
4. 连续完成整组练习。

指导要点

保持双脚着地，髋关节和肩关节位于长凳上，不要拱背。

动作体会

胸部、肩关节和肱三头肌参与动作。

凳上卧推—哑铃

步　骤

1. 仰卧在训练凳上，采用正握方式（手心向前）抓握哑铃。
2. 在胸部上方竖直推举哑铃。
3. 放低哑铃直到上臂与地面平行。
4. 连续完成整组练习。

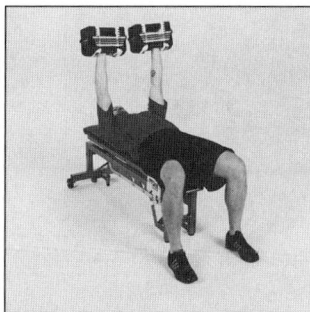

指导要点

保持双脚着地，髋关节和肩关节位于长凳上，不要拱背。

动作体会

胸部、肩关节和肱三头肌参与动作。

凳上卧推—单臂—哑铃

步 骤

1. 右侧臀肌与肩胛骨位于训练凳上仰卧,左侧臀肌和肩胛骨悬空。

2. 左手伸直向上举起哑铃,同时右手伸直指向天花板。

3. 放低铃,直至上臂与地面平行。

4. 将哑铃推举回至起始姿势。

5. 完成后换另一侧手臂重复上述动作。

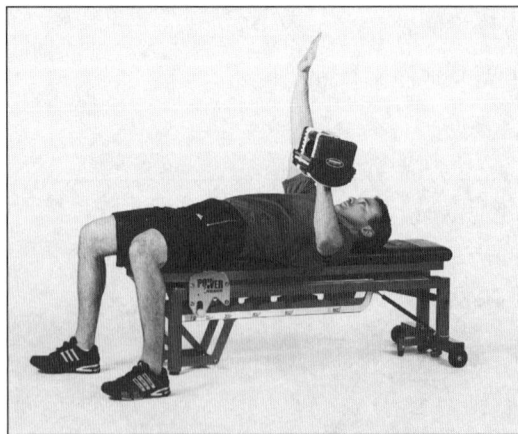

凳上卧推—单臂—悬空式—哑铃

步 骤

1. 仰卧在训练凳上,单手肩上抓握哑铃,另一侧手伸直指向天花板。只有肩关节以上接触训练凳,髋关节与地面平行。
2. 保持髋桥向上,将哑铃在胸前向上推举。
3. 放低哑铃,回到肩关节位置,直到上臂与地面平行。
4. 完成后换另一侧重复上述动作。

指导要点
通过收紧臀肌、收腹来稳定躯干。

动作体会
臀肌、躯干、胸部、肩关节和肱三头肌参与动作。

凳上卧推—单臂交替/双腿交替屈伸—哑铃

步　骤

1. 仰卧在训练凳上,双臂伸直在胸部上方采用正握方式(手心向前)抓握哑铃,髋关节与膝关节屈曲90度。本练习也可在踝关节处增加哑铃。

2. 一侧手放低哑铃,直至上臂低于与地面平行的位置,同时对侧腿落向地面,保证膝关节屈曲90度。

3. 向上推举哑铃,并将低位一侧的腿上抬回到起始姿势。

5. 对侧手臂和腿部重复动作。

6. 不断交替动作完成每组练习。

斜凳卧推—单臂交替—哑铃

步　骤

1. 仰卧在斜板上,双臂伸直在胸部上方采用正握方式(手心向前)抓握哑铃。
2. 保持右臂伸直,放低抓握哑铃的左手,直至上臂低于与地面平行的位置。
3. 回到起始姿势后换另一侧重复动作。
4. 不断交替动作完成每组练习。

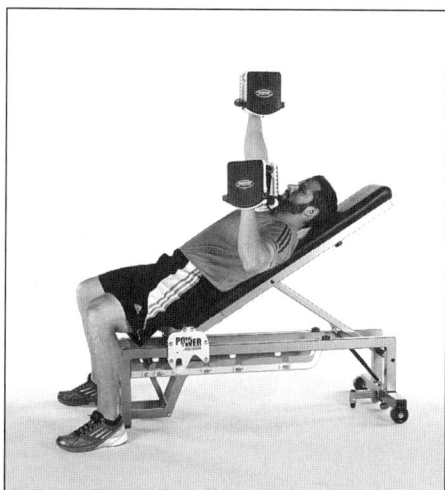

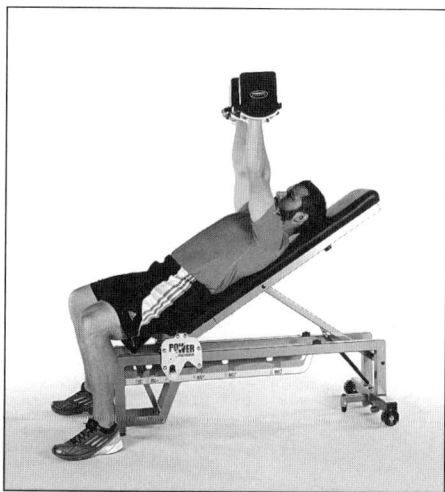

指导要点
保持身体在一条直
线上,将身体推起
到尽可能远离手部
的高度。

动作体会
胸部、手臂和躯干
参与动作。

俯卧撑

步骤

1. 以传统的俯卧撑姿势开始,双手位于双肩关节以下,双腿在身体后方伸直。

2. 保持躯干稳定,髋关节与地面平行,通过屈肘向地面降低身体。

3. 在躯干与双膝不接触地面的情况下,推回起始姿势。

4. 连续完成整组练习。

俯卧撑—悬吊带

指导要点
脚趾拉向胫骨,从
耳部到踝关节保持
在一条直线上。

动作体会
胸部、手臂和躯干
参与动作。

步骤

1. 以俯卧撑姿势开始,双手在肩关节下方,并在悬吊带之内,使悬吊带垂直悬空。双脚分开与肩同宽,身体前倾。

2. 保持躯干稳定,髋关节与地面平行通过屈肘向地面降低身体。

3. 当双肘屈曲至90度时,将身体再次推起。

4. 连续完成整组练习。

斜凳俯卧撑—反应式

步 骤

1. 以改良版俯卧撑姿势开始，双手置于训练凳上。

2. 向训练凳方向降低胸部。

3. 迅速爆发性的推起身体，使手臂充分伸展，双手尽可能远地推离长凳。

4. 落下后，重新回到起始姿势。

5. 连续完成每组剩余的重复次数。

指导要点

在整个动作过程中保持身体在一条直线上。

动作体会

胸部、肩关节和手臂参与动作。

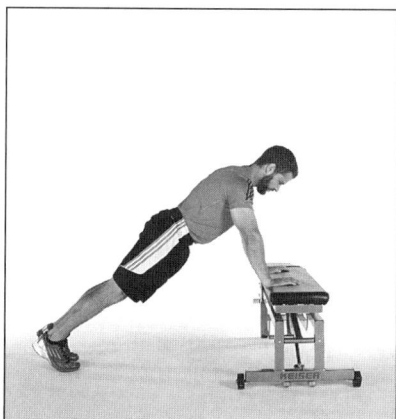

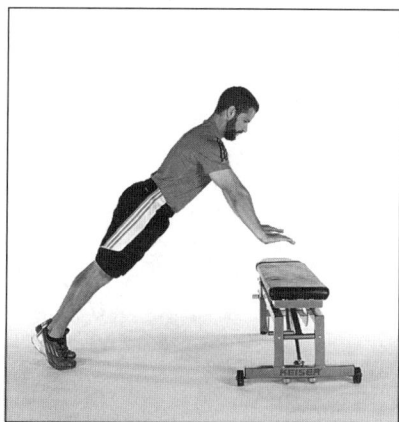

单臂后拉—三点支撑—哑铃

步　骤

1. 屈髋向前，单手持哑铃站立。另一侧手扶与腰同高的斜板作为支撑。

2. 肩胛骨向后收紧，然后向天花板方向屈肘，将哑铃向上拉至胸廓侧方。

3. 放低哑铃回到起始姿势。

4. 完成后换另一侧手臂重复上述动作。

指导要点
保持背部平直，肩胛骨发力主导动作。

动作体会
背部和肩关节参与动作。

单臂后拉—同侧单臂单腿支撑—哑铃

步　骤

1. 单腿站立的同时,同侧手持哑铃。对侧手扶与腰同高的斜板辅助平衡。

2. 屈髋向前的同时,向后伸展非支撑腿,直至与地面平行。

3. 肩胛骨向后收紧,然后向天花板方向屈肘,将哑铃向上拉至胸廓侧方。

4. 放低哑铃回到起始姿势。

5. 单侧动作完成一组后,换对侧腿重复动作。

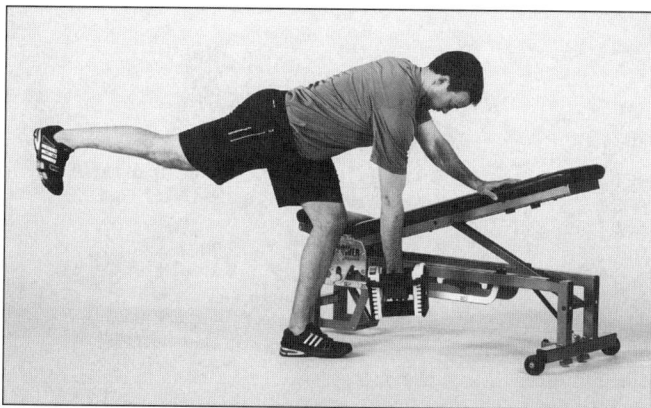

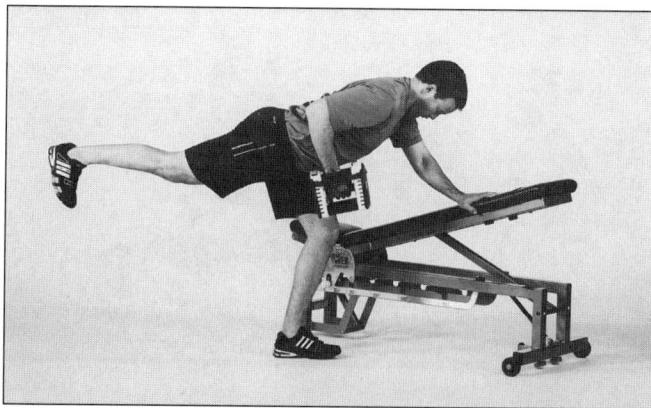

单臂后拉—对侧单臂单腿支撑—哑铃

步　骤

1. 单腿站立的同时，同侧手持哑铃。对侧手扶与腰同高的斜板辅助平衡。

2. 屈髋向前的同时，向后伸展非支撑腿，直至与地面平行。

3. 肩胛骨向后收紧，然后向天花板方向屈肘，将哑铃向上拉至胸廓侧方。

4. 放低哑铃回到起始姿势。

5. 完成后换另一侧手臂重复上述动作。

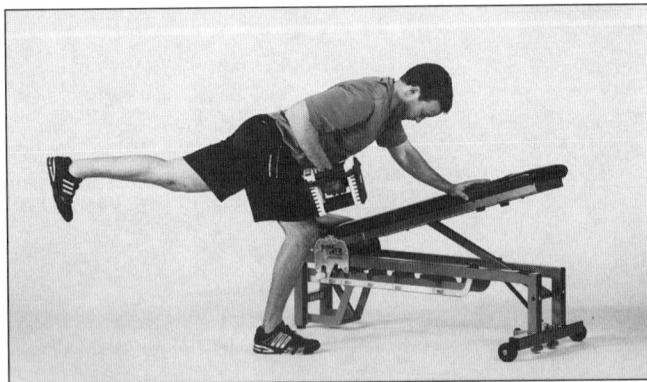

交替下拉—无轨迹练习器

步　骤

1. 坐在高拉训练器下方,双手分别在头顶上方抓住握柄,掌心向外。

2. 保持躯干稳定,挺胸,肩胛骨向下后收,将把手向下拉至肩关节的高度。

3. 缓慢将一侧手臂在头顶上方伸直。

4. 再次把握柄下拉至肩关节高度。

5. 对侧手臂重复动作。

6. 不断交替动作完成每组练习。

指导要点

肩胛骨向下后收主导动作,然而将肘关节拉向地面方向。

动作体会

背部和手臂参与动作。

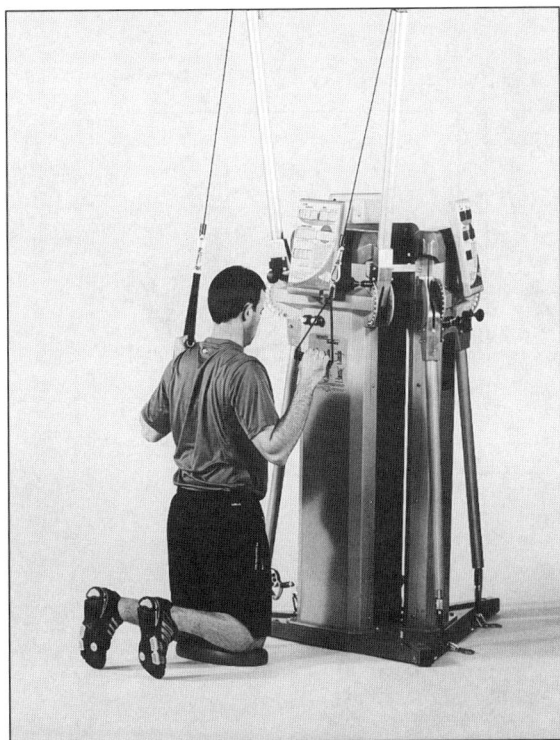

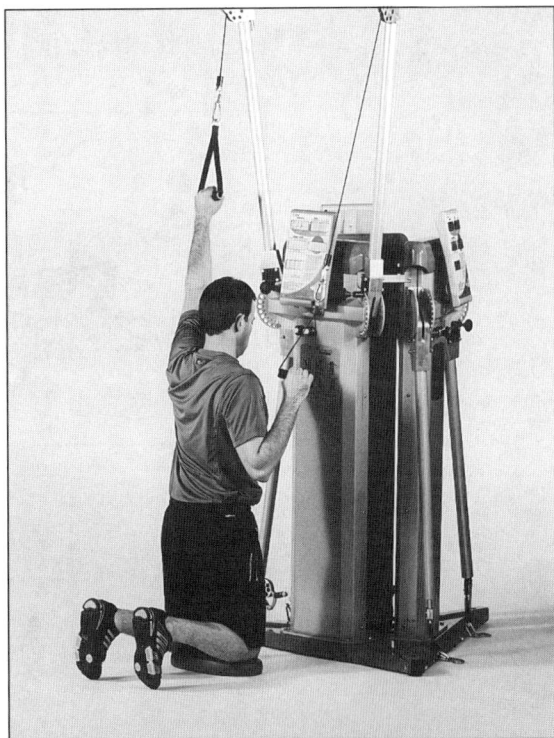

指导要点

手持哑铃下放动作
由 两 个 部 分 组
成——屈肘放低哑
铃和肩后伸放低哑
铃,最后伸臂再次
回到起始姿势,完
成整个动作的过程
要求连续流畅。

动作体会

手臂和躯干参与动
作。

手臂交替屈伸/双腿交替屈伸组合—哑铃

步骤

1. 仰卧在训练凳上,双手分别抓握哑铃,双臂在胸部上方伸直,髋关节与膝关节屈曲 90 度。

2. 伸展一侧髋关节与膝关节直至腿部伸直,同时对侧屈肘 90 度放低哑铃,然后在肩关节处继续降低。

3. 向上抬高伸直一侧腿的同时,屈曲位的肘关节也向上抬起,伸直手臂,返回到起始姿势,完成整个动作的过程要求连续流畅。

4. 换对侧手臂和腿重复动作。

5. 不断交替动作完成每组练习。

 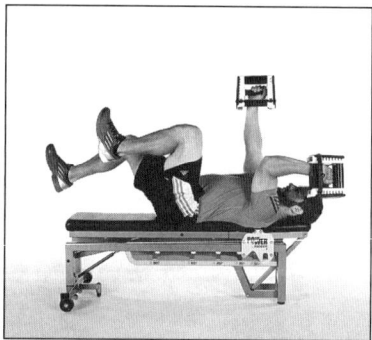

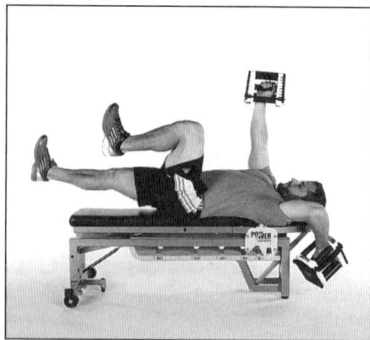

引体向上

步骤

1. 悬挂在引体向上杆上,既可以采用相对握方式(两手心相对),也可以采用正握方式(手心向外)。
2. 保持双腿静止,肩胛骨首先发力主导动作,将胸部拉近握杆。
3. 降低身体回到起始姿势。
4. 连续完成每组剩余的重复次数。

指导要点

在每次重复动作的结束阶段,手臂充分伸直;在最上方时,注意向下收回肘关节。

动作体会

背部和手臂参与动作。

引体向上—三点等长

步骤

1. 悬挂在引体向上杆上,既可以采用相对握方式(两手心相对),也可以采用正握方式(手心向外)。
2. 保持双腿静止,肩胛骨首先发力主导动作,将胸部拉近握杆。
3. 当身体向下降到四分之一处时,坚持规定的秒数。
4. 当身体向下降到一半的位置时,再坚持规定的秒数。
5. 当身体向下降到四分之三处时,再坚持规定的秒数。

指导要点

为了增加难度,可以身穿负重背心增加抗阻。

动作体会

背部、肩关节及、手臂参与动作。

后拉转体—悬吊带

步 骤

1. 为保证安全将两跟悬吊带放在一起,其中一根握柄缠绕并穿过另一根手柄。一侧手臂伸直在胸前抓住握柄。

2. 保持双腿伸直,躯干稳定,身体向后倾斜,以成对角线方式悬空拉紧悬吊带。

3. 向远离悬吊带的方向转动对侧手臂的肩关节。

4. 返回到起始姿势。

5. 完成后换对侧手臂重复上述动作。

前蹲—杠铃

步　骤

1. 站立时将杠铃置于肩部前方，握杠手心朝向自己，双肘向上位于身前。

2. 髋关节首先发力主导动作，向后下蹲，直至大腿尽可能与地面平行。

3. 髋关节发力推起，回到站立姿势。

4. 连续完成整组练习。

指导要点

保持挺胸，背部平直，膝关节不要内扣。

动作体会

臀肌、腘绳肌和股四头肌参与动作。

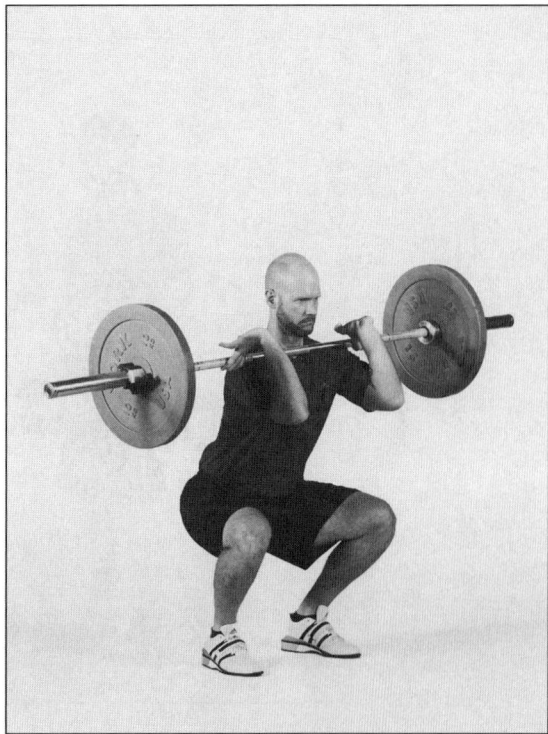

交替弓箭步—哑铃

步 骤

1. 双手分别在身体两侧抓握哑铃站立。

2. 一侧腿迈步,降低髋关节,向下后坐,迈步腿保持伸直。双臂应当保持静止,
   一侧哑铃在下蹲腿的外侧,另一侧哑铃处于两腿之间。

3. 屈曲腿向上推起,回到起始姿势。

5. 换方向,重复动作。

6. 不断交替动作完成每组练习。

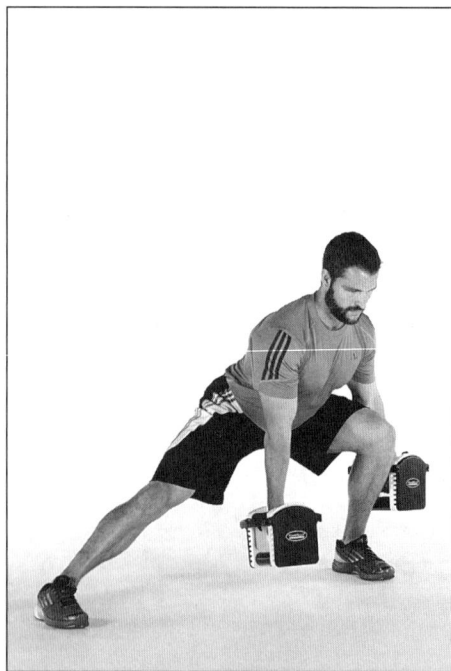

弓箭步—壶铃滑垫

步 骤

1. 单腿站立,另一侧脚侧方滑动弓步(或者在顺滑的平面上放置一块毛巾)的同时,将壶铃举至头侧,要求壶铃倒置,滑步腿同侧的手抓握向下的握柄。
2. 保持支撑脚承受重量,髋关节后引下蹲,对侧脚侧滑,腿部伸直。
3. 支撑腿向下蹬地站立。
4. 一侧完成系列动作后换对侧腿重复上述动作。

指导要点

将这个练习动作看做单腿深蹲,重点关注支撑腿。

动作体会

臀肌、支撑腿的股四头肌参与动作,拉伸滑步腿的腹股沟。

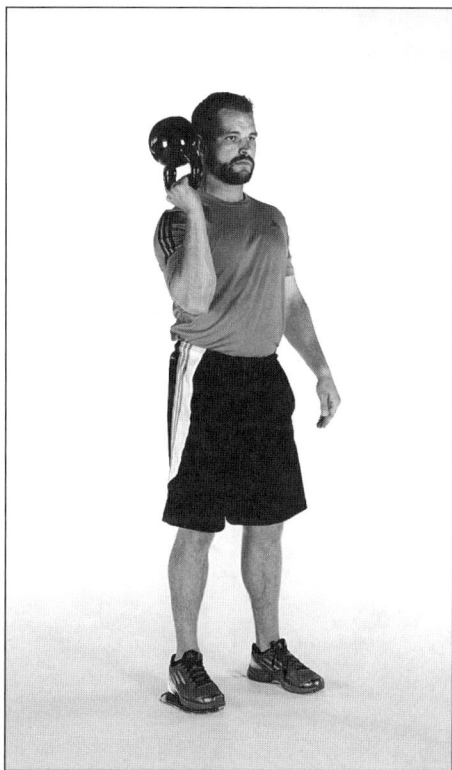 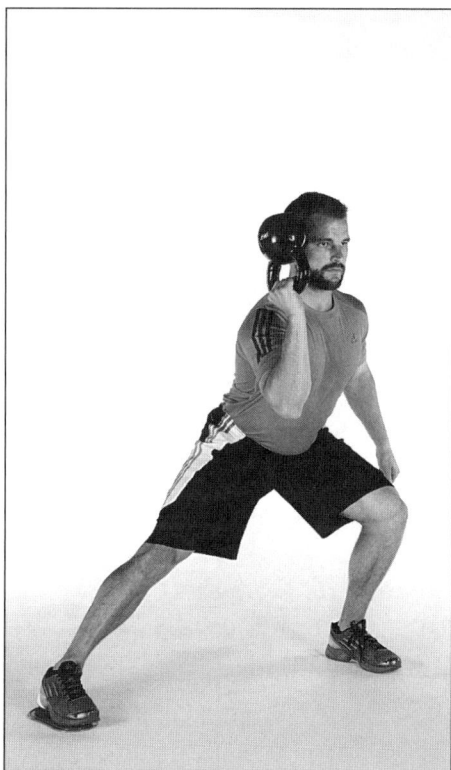

弓箭步水平抗阻—壶铃滑垫

步 骤

1. 单腿站立,另一侧脚侧方滑动弓步(或者在顺滑的平面上放置一块毛巾)的同时,将脚踝带与无轨迹练习器低位滑轮相连。
2. 保持支撑脚承受重量,髋关节后引下蹲,对侧脚侧滑,腿部伸直。
3. 支撑腿向下蹬地站立。
4. 一侧完成系列动作后换对侧腿重复上述动作。

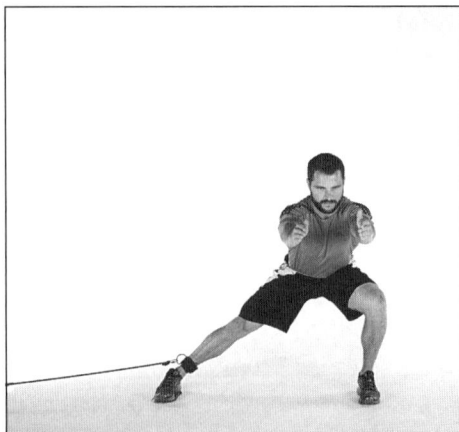

后撤弓箭步—哑铃

步　骤

1. 双脚与髋同宽分开站立,双手分别抓握哑铃。

2. 保持挺胸,向后迈步成弓步姿势,身体重量落在前脚。

3. 当膝关节接近地面时,前腿一侧的髋关节向上推起回到起始姿势。

4. 换对侧腿重复上述动作。

5. 不断交替动作完成每组练习。

指导要点

前腿的膝关节不要内扣,后腿膝关节不要接触地面。

动作体会

臀肌、腘绳肌的股四头肌参与动作。

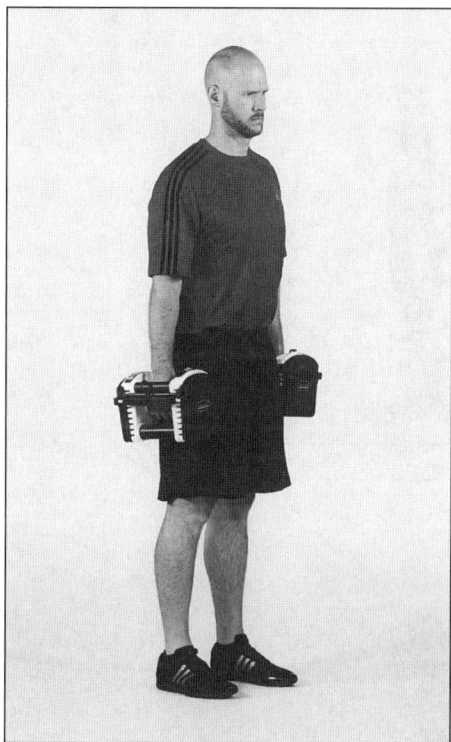

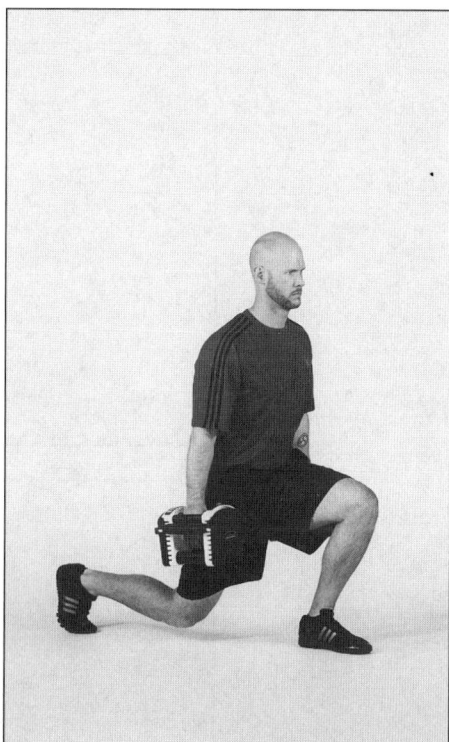

后撤弓箭步—水平抗阻—滑垫无轨迹练习器

步 骤

1. 背对无轨迹练习器站立,一侧脚全脚掌着地,对侧脚放在滑垫上(或者在顺滑的平面上放置一块毛巾),低位绳索与滑动腿一侧的踝关节相连。

2. 保持支撑脚承受重量,对侧腿向后滑动并屈膝,当膝关节在地面正上方时停顿。

3. 前腿向上蹬起回到起始姿势。

4. 单侧动作完成一组后,换对侧腿重复动作。

分腿蹲跳—后足抬高

指导要点

保持后足放在训练凳上,向下蹬地跳起。在跳跃过程中双肘摆动向前。

动作体会

臀肌、腘绳肌和股四头肌参与动作。

步　骤

1. 迈步成弓步姿势,将后脚放置于跳箱或者训练凳上。
2. 向地面降低髋部,向后下蹲。
3. 在后腿膝关节不接触地面的情况下,前腿尽可能有力地蹬地,使前腿离开地面。
4. 完成后换对侧腿在前,重复上述动作。

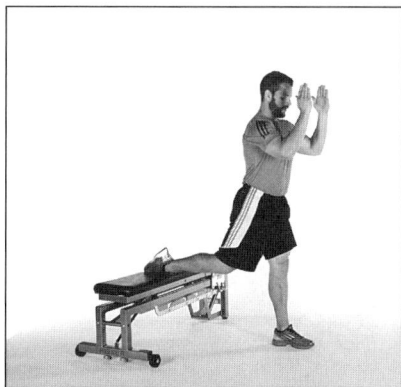 

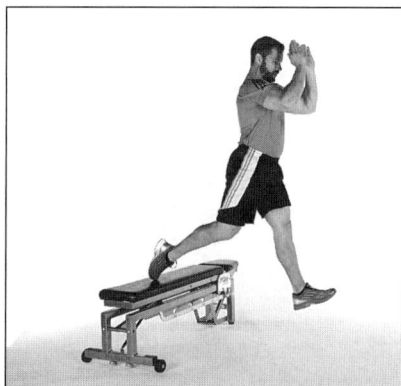

指导要点
将大部分重心放在前脚上，后脚轻轻触地。

动作体会
臀肌、腘绳肌和股四头肌参与动作。

分腿蹲—单臂—哑铃

步 骤

1. 双脚与肩同宽分腿站立，重心放在前脚足弓。后腿同侧手臂在身体侧方抓握哑铃。
2. 屈膝，向地面放低髋关节。
3. 在后腿的膝关节不接触地面的情况下，前腿蹬起，回到起始姿势。
4. 完成后换对侧腿和手臂重复上述动作。

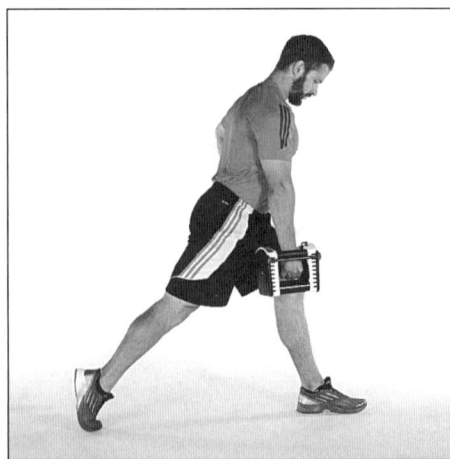

分腿蹲—后足抬高—哑铃

步　骤

1. 双手伸直在身侧分别抓握哑铃，迈步成弓步姿势，将后脚置于跳箱或训练凳上。

2. 向地面降低髋部，向后下蹲。

3. 在后腿膝关节不接触地面的情况下，前腿尽可能有力的蹬地，使前腿离开地面。

4. 完成后换对侧腿重复上述动作。

指导要点
将大部分重心放在前脚上。

动作体会
臀肌、腘绳肌和股四头肌参与动作。

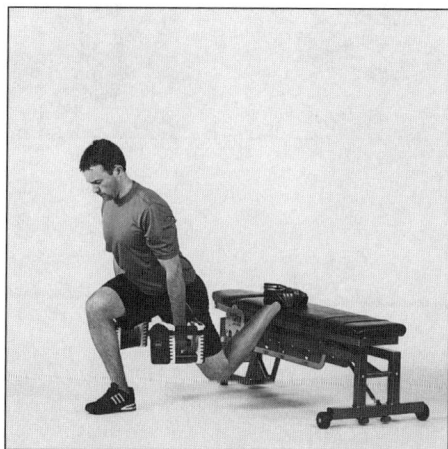

单腿蹲—哑铃

步　骤

1. 单足站立,抓握一对哑铃分别置于肩关节之上,双肘指向前方。
2. 髋关节首先发力主导动作,单腿向后下蹲,直到大腿尽可能接近与地面平行。
3. 支撑腿发力回到站姿。
4. 完成后换对侧腿重复上述动作。

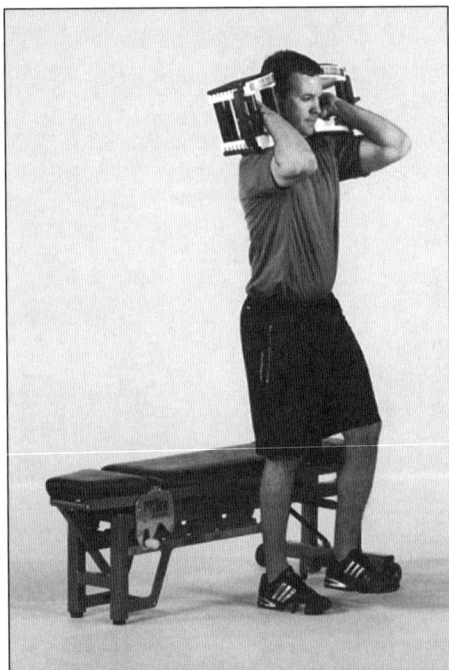

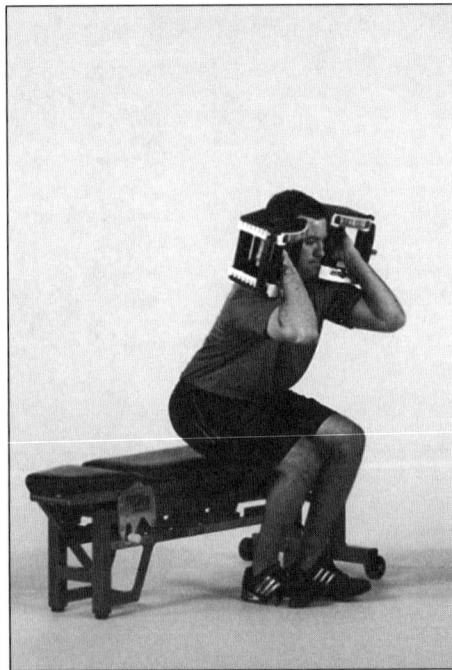

屈膝挺髋—滑垫

步　骤

1. 仰卧于地面，双臂置于身体两侧，双腿伸直，两侧脚跟分别放在一对滑垫上（或者在顺滑的平面上放置一块毛巾）。

2. 髋关节抬离地面的同时，保持身体从踝关节到肩关节成一条直线。

3. 依靠足跟将滑垫拉向臀部的同时，保持髋关节处于高位。

4. 缓慢伸展双腿，将滑垫推离身体，回到起始姿势。

5. 连续完成每组剩余的重复次数。

指导要点

臀肌发力主导动作，在整个动作过程中保持臀大肌收缩。

动作体会

臀肌、腘绳肌和下背部参与动作。

指导要点

臀肌发力主导动
作,在整个动作过
程中保持臀大肌收
缩。保持髋部远离
地面,脚跟向臀部
滑动。

动作体会

臀肌、腘绳肌和下
背部参与动作。

屈膝挺髋—单腿仰卧—滑垫

步 骤

1. 仰卧于地面,双臂置于身体两侧,一侧腿伸直,脚跟放在滑垫上(或者在顺滑的平面上放置一块毛巾),对侧髋关节和膝关节屈曲90度。

2. 保持身体从踝关节到肩关节成一条直线,髋关节抬离地面的同时,依靠足跟将滑垫拉向臀部。

3. 缓慢伸腿,将滑垫推离身体,回到起始姿势。

4. 完成后换对侧腿重复上述动作。

屈膝挺髋—单腿仰卧—瑞士球

步骤

1. 仰卧于地面,双腿伸直,双脚分开与肩同宽,足跟置于瑞士球的顶端。

2. 提髋,直到从踝关节至肩关节形成一条直线。

3. 一侧髋关节屈曲 90 度,腿部抬离瑞士球。

4. 保持髋关节向上,勾脚趾,足跟将球拉向臀部。

5. 缓慢伸直腿,将瑞士球推离身体。

6. 单侧动作完成一组后,换对侧重复动作。

屈膝挺髋—离心式仰卧—滑垫

步 骤

1. 仰卧于地面,双臂置于身体两侧,双腿屈曲,两侧脚跟分别放在一对滑垫上(或者在顺滑的平面上放置一块毛巾)。
2. 将足跟拉向臀部。
3. 收紧臀部提升髋关节,使身体从肩关节到膝关节形成一条直线。
4. 缓慢在体前伸直腿部,控制动作。
5. 回到起始姿势,重复动作。
6. 连续完成每组剩余的重复次数。

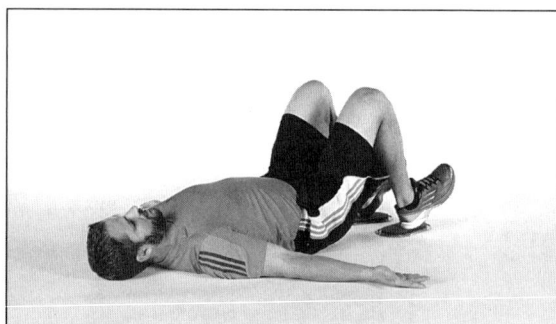

罗马尼亚硬拉—杠铃

步　骤

1. 双手抓握杠铃站立,双手间距与肩同宽。
2. 保持背部平直,屈髋向前,放低杠铃,贴近胫骨。
3. 收缩腘绳肌和臀肌回到起始姿势。
4. 连续完成整组练习。

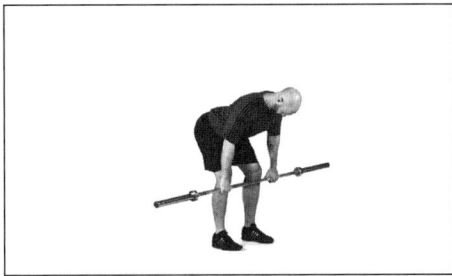

罗马尼亚硬拉—哑铃

步　骤

1. 膝关节微屈站立,双手采用正握(手心向前)方式分别抓握一对哑铃。
2. 屈髋向前,向胫骨方向放低哑铃。
3. 收缩腘绳肌和臀肌回到起始姿势。
4. 连续完成整组练习。

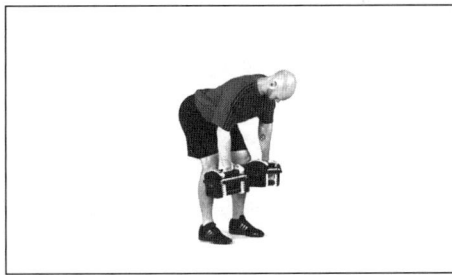

指导要点

在整个动作过程中保持杠铃贴近身体。

动作体会

臀肌、腘绳肌和下背部参与动作。

指导要点

在整个动作过程中保持哑铃贴近腿部,保持肩胛骨向下后收。

动作体会

训练前腿臀肌、腘绳肌和背部。

罗马尼亚硬拉—水平弹力带杠铃组合

步　骤

1. 双手抓握杠铃站立,双手间距与肩同宽,将弹力带绕于腰部,在体后形成牵拉张力。
2. 保持背部平直,屈髋向前,放低杠铃,贴近胫骨。
3. 收缩腘绳肌和臀肌,髋关节向前对抗弹力带张力,回到起始姿势。
4. 连续完成整组练习。

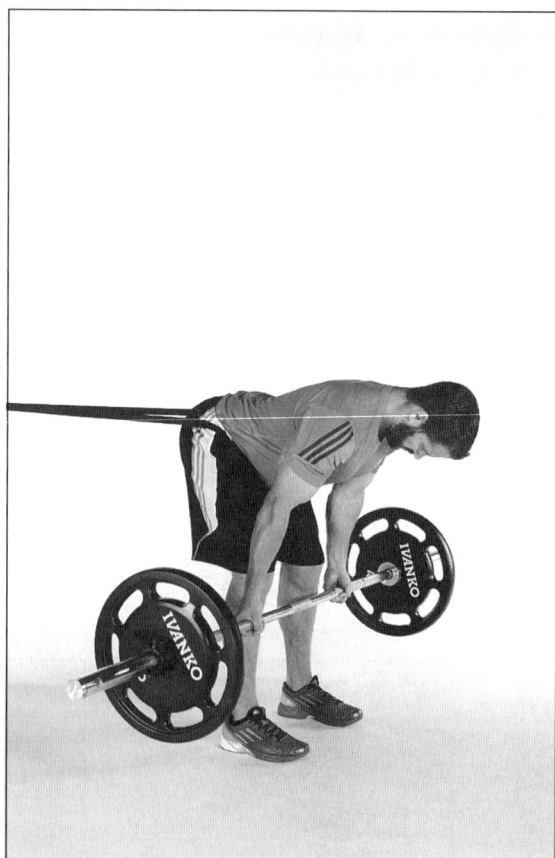

罗马尼亚硬拉—垂直弹力带杠铃组合

指导要点

在整个动作过程中保持杠铃贴近身体。

> 步 骤

1. 双手抓握杠铃站立,双手间距与肩同宽,双脚踩住弹力带,并将跳跃弹力带系于杠铃两侧。
2. 保持背部平直,屈髋向前,放低杠铃,贴近胫骨。
3. 收缩腘绳肌和臀肌,回到起始姿势。
4. 连续完成整组练习。

动作体会

臀肌、腘绳肌和下背部参与动作。

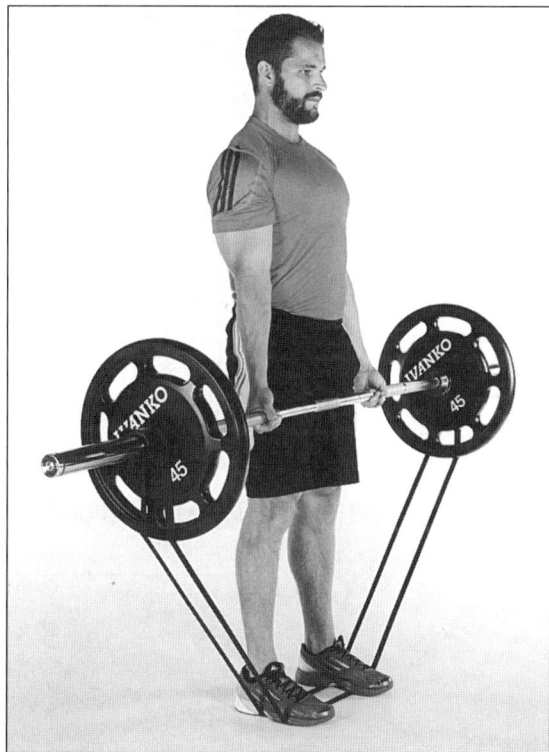

指导要点
在整个动作过程中
将躯干与腿部作为
一个整体进行运
动,同时保持哑铃
贴近身体。

动作体会
臀肌、腘绳肌和下
背部参与动作。

罗马尼亚硬拉—单腿对侧手持哑铃

步 骤

1. 单腿站立,膝关节微屈,对侧手采用正握方式(手心向后)抓握哑铃。
2. 屈髋向前,放低哑铃的同时,非支撑腿向身后抬起。
3. 收缩腘绳肌和臀肌回到起始姿势。
4. 换完成后换对侧腿重复上述动作。

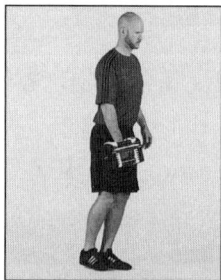

指导要点
在整个动作过程中
将躯干与腿部作为
一个整体进行运
动,同时保持哑铃
贴近身体。

动作体会
臀肌、腘绳肌和下
背部参与动作。

罗马尼亚硬拉—单腿双手持哑铃

步 骤

1. 单腿站立,膝关节微屈,双手采用正握(手心向前)方式分别抓握哑铃。
2. 屈髋向前,放低哑铃的同时,非支撑腿向身后抬起。
3. 收缩腘绳肌和臀肌回到起始姿势。
4. 完成后换对侧腿重复上述动作。

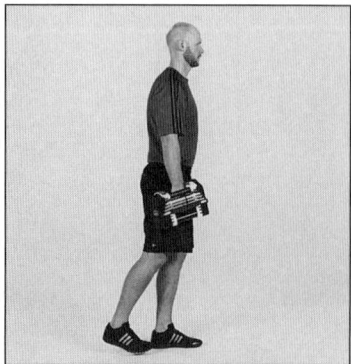

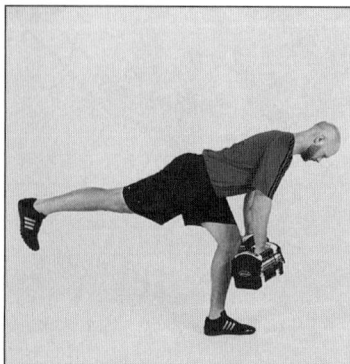

150 码（137 米）折返跑

步　骤

1. 以分腿蹲姿势站立，双脚与髋同宽，前后分开。

2. 向前冲刺跑 25 码（23 米）的距离，转身，向回冲刺跑 25 码（23 米）。

3. 立即转身，再重复折返两次，共完成冲刺跑 150 码（137 米）。

4. 休息规定的时间后重复。

指导要点

一侧腿蹬地时，同侧手臂向前，对侧肘关节后摆来帮助伸展髋关节完成快速转身。

动作体会

全身参与动作。

300 码（274 米）折返跑

步　骤

1. 以分腿蹲姿势站立，双脚与髋同宽，前后分开。

2. 向前冲刺跑 25 码（23 米）的距离，转身，向回冲刺跑 25 码（23 米）。

3. 立即转身，再重复折返 5 次。共完成冲刺跑 300 码（274 米）。

4. 休息规定的时间后重复。

指导要点

一侧腿蹬地时，同侧手臂向前，对侧肘关节后摆来帮助伸展髋关节完成快速转身。

动作体会

全身参与动作。

5-10-15 梯形折返跑练习

步 骤

1. 以分腿蹲姿势站立,双脚与髋同宽,前后分开。

2. 向前冲刺跑 5 码(5 米)的距离,转身,向回冲刺跑 5 码(5 米)。

3. 再次立即转身,向前冲刺跑 10 码(9 米)的距离,转身,再向回冲刺跑 10 码(9 米)。

4. 再次立即转身,向前冲刺跑 15 码(14 米)的距离,转身,再向回冲刺跑 15 码(14 米)。

5. 休息规定的时间后重复。

5-10-15-20-25 梯形折返跑练习

步 骤

1. 以分腿蹲姿势站立,双脚与髋同宽,前后分开。

2. 向前冲刺跑 5 码(5 米)的距离,转身,向回冲刺跑 5 码(5 米)。

3. 再次立即转身,向前冲刺跑 10 码(9 米)的距离,转身,再向回冲刺跑 10 码(9 米)。

4. 重复该冲刺跑模式,完成 15 码(14 米)、20 码(18 米)码以及 25 码(23 米)。

5. 休息规定的时间后重复。

冲刺跑

> **步 骤**

1. 以分腿蹲姿势站立,双脚与髋同宽,前后分开。

2. 不要向后迈步,由髋关节主导加速向前,保持身体前倾和良好的姿态。

3. 继续加速向前规定的距离。

4. 休息规定的时间后重复。

5. 连续完成整组练习。

自由选择(能量系统训练)

> **步 骤**

1. 选择任何一类调整活动:诸如跑步、游泳、骑行等项目。

2. 按指定的负荷完成规定的时间活动。

指导要点
一侧腿蹬地时,同侧手臂向前,对侧肘关节后摆来帮助伸展髋关节完成快速转身。

动作体会
全身参与动作。

指导要点
当感到疲劳时注重保持正确的姿势。

动作体会
全身参与动作。

90—90 度拉伸—手臂画圈

指导要点
拉伸时呼气,在双膝不分离且不抬离地面的情况下尽可能远的伸展。

动作体会
躯干、肩关节、胸部和中下部背部获得拉伸。

> **步　骤**

1. 仰卧于地面,一侧腿屈曲 90 度,另一侧腿交叉在上。

2. 向处于下方一侧腿方向转动。

3. 使位于下方一侧的手臂压在地面上,转动胸部和位于上方一侧的手臂,尽量让背部贴于地面。

4. 伸展同侧手,向头方向摆动直至在头上方伸直。

5. 向臀部方向下摆手臂。

6. 反向运动,回到起始姿势。

7. 连续完成每组剩余的重复次数,换另一侧重复动作。

外展肌拉伸—拉伸带

1. 仰卧背部着地,将拉伸绳系于一侧足的外侧脚踝。对侧手抓住拉伸绳的末端,另一侧的手放在身体侧边。

2. 在体前尽可能远地交叉抬腿。然后通过拉伸绳辅以轻微的帮助,直到感受到拉伸。保持2秒。

3. 放松回到起始姿势。

4. 完成后换对侧腿重复上述动作。

指导要点

保持非系绳一侧的腿贴于地面,收缩臀大肌,将足跟推向远离头部的方向,脚趾指向空中。

动作体会

系绳一侧的腿的大腿外侧获得拉伸。

内收肌拉伸—半跪姿

步 骤

1. 以单膝跪立的姿势开始,着地的膝关节放在软垫之上。将着地腿向身体的方向转动,脚置于对侧髋关节的外侧。
2. 躯干稍向前倾,核心收紧,并收缩膝关节着地腿的臀大肌。
3. 保持这个姿势,整个身体轻微前倾。保持 1—2 秒。
4. 放松并回到起始姿势。
5. 单侧动作完成一组后,换对侧重复动作。

腘绳肌拉伸—平躺屈伸膝

步 骤

1. 仰卧于地面,双腿伸直。将一侧膝关节拉向胸部,双手抱住膝关节后方。
2. 将屈曲一侧的腿在空中伸直。保持拉伸 2 秒。
3. 放松,回到起始姿势。
4. 完成后换另一侧重复上述动作。

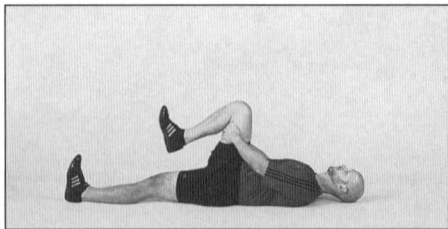 

内收肌按压—泡沫轴

步　骤

1. 面部朝下俯卧在柔软材质的泡沫轴上,泡沫轴置于一侧大腿内侧下方,另一侧腿在外侧。
2. 从骨盆至膝关节内侧,沿大腿内侧滚压,在出现的任何酸痛点着力滚动。
3. 单侧动作完成一组后,换对侧腿重复动作。

指导要点
在可以忍受的范围内尽量将身体重量放于泡沫轴之上。

动作体会
按压大腿内侧。

胫后肌按压—泡沫轴

步　骤

1. 坐在地面上,双腿伸直,一侧腿交叉于另一侧上,泡沫轴放置在下侧腿下面。
2. 将臀部抬离地面,身体重量靠双手及泡沫轴支撑。
3. 保持双臂伸直,前后移动身体,使胫骨在泡沫轴上来回滚动,在酸痛点着力滚动。
4. 单侧动作完成一组后,换对侧腿重复动作。

指导要点
在可以忍受的范围内尽量将身体重量放于泡沫轴之上。

动作体会
按压胫骨。

胸肌按压—泡沫轴

步 骤

1. 面部朝下俯卧,泡沫轴放于一侧胸部下方。
2. 沿胸上部滚压,在酸痛点着力滚动。
3. 单侧动作完成一组后,换对侧重复动作。

臀肌按压—泡沫轴

步 骤

1. 坐在泡沫轴上,将重量放在身体一侧,双手和双脚撑地。
2. 从大腿后侧到下背部来回滚压泡沫轴,在酸痛点着力滚动。
3. 完成后换另一侧重复上述动作。

背阔肌按压—泡沫轴

步　骤

1. 侧卧，将泡沫轴放置于一侧的腋下处。
2. 从一侧的下背部向腋窝来回滚压泡沫轴，在酸痛点着力滚动。
3. 完成后换另一侧重复上述动作。

指导要点
在可以忍受的范围内尽量将身体重量放于泡沫轴之上。

动作体会
按压侧背部。

下背部按压—泡沫轴

步　骤

1. 侧卧，泡沫轴放置于下背部。
2. 从下背部的中段到脊柱末端来回滚压泡沫轴，在酸痛点着力滚动。
3. 完成后换另一侧重复上述动作。

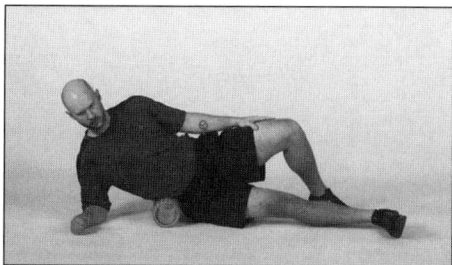

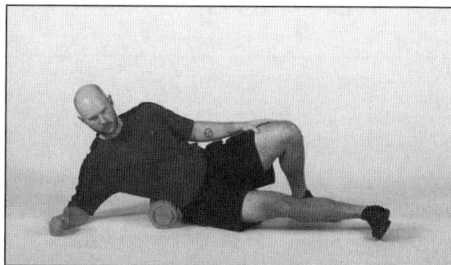

指导要点
在可以忍受的范围内尽量将身体重量放于泡沫轴之上。

动作体会
按压下背部。

指导要点

在可以忍受的范围
内尽量将身体重量
放于泡沫轴之上。

动作体会

按压大腿和髋关节
前侧肌群。

股四头肌按压—泡沫轴

步 骤

1. 面部朝下俯卧,前臂支撑重量,泡沫轴放于大腿前侧下方。
2. 从髋关节到膝关节上下滚压泡沫轴,在酸痛点着力滚动。
3. 为了增加效果,可以同时按压大腿内侧、外侧以及前侧的肌群。
4. 完成后换另一侧重复上述动作。

指导要点

在可以忍受的范围
内尽量将身体重量
放于泡沫轴之上。

动作体会

按压大腿前侧肌
群。

胸椎按压—泡沫轴

步 骤

1. 面部朝上仰卧,泡沫轴放于上背下方,双手抱头。
2. 从背部中段向上至颈部以下,来回滚动泡沫轴,在酸痛点着力滚动。
3. 连续完成整组练习。

胫骨前肌按压—泡沫轴

步骤

1. 以双手和双膝着地开始,泡沫轴位于胫骨前侧下方,刚好低于膝关节。
2. 保持双手固定,将膝关节拉向双手位置,前后滚压泡沫轴,在酸痛点着力滚动。
3. 连续完成整组练习。

指导要点
在可以忍受的范围内尽量将身体重量放于泡沫轴之上。

动作体会
按压大腿小腿肌群。

腘绳肌按压—泡沫轴

步骤

1. 坐在地面上,双腿伸直,一侧腿交叉跨过另一侧腿,泡沫轴位于下方一侧大腿的下面。
2. 双手放在身体后方,将髋关节抬离地面,双手和泡沫轴支撑身体重量。
3. 保持双手固定,前后移动身体,从膝关节到大腿顶端的腘绳肌走向来回滚压,在酸痛点着力滚动。
4. 完成后换另一侧重复上述动作。

指导要点
在可以忍受的范围内尽量将身体重量放于泡沫轴之上。

动作体会
按压腘绳肌。

髂胫束按压—泡沫轴

步　骤

1. 侧卧,将身体重量放在位于大腿外侧下方的泡沫轴上。
2. 从髋关节到膝关节外侧上方滑动身体滚压泡沫轴,在酸痛点着力滚动。
3. 完成后换另一侧重复上述动作。

腘绳肌拉伸—站姿

步　骤

1. 单腿站立,同侧手扶握支撑物。
2. 降低胸部,髋部折叠向前,对侧腿向空中抬起,整个身体形成一个"T"字形。
3. 向空中同时转动髋关节和肩关节,直至感觉到内侧髋关节得到拉伸。保持1—2秒。
4. 放松,向回转动髋关节,回到最初的"T"字形姿势,直至感觉到外侧髋关节得到拉伸。
5. 单侧动作完成一组后,换对侧重复动作。

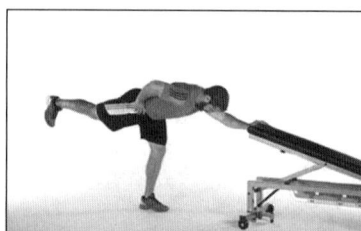

腘绳肌按压—按压棒

步　骤

1. 双手抓握按压棒两端。
2. 按压棒在大腿后侧从臀部到膝后部前后迅速滚动。
3. 换完成后换另一侧重复上述动作。

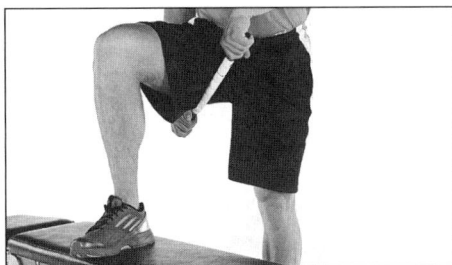

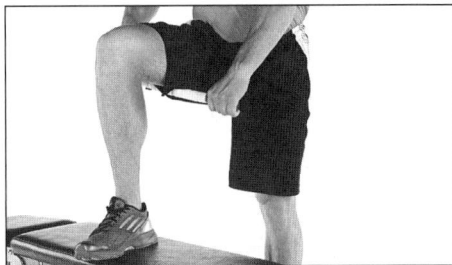

指导要点

运用小振幅的快速动作,沿肌肉走向上下移动。在酸痛点着力滚动。

动作体会

按压大腿后侧。

下背部按压—按压棒

步　骤

1. 站姿或坐姿皆可,双手抓握按压棒两端。
2. 按压棒在腰部后侧从背部到髋上部上下迅速滚动。
3. 连续完成整组练习。

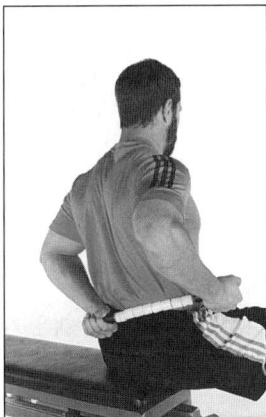

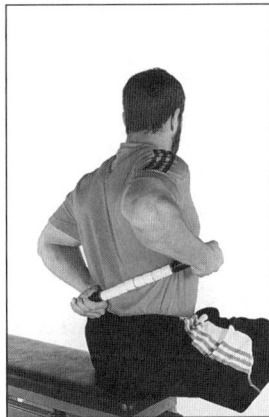

指导要点

用小振幅的快速动作,放松肌肉,在酸痛点着力滚动。

动作体会

按压腰部。

颈部按压—按压棒

步骤

1. 站姿或坐姿皆可,双手抓握按压棒两端。
2. 在颈部两侧及后方,从肩关节到头骨下端来回快速滚压按压棒。
3. 连续完成整组练习。

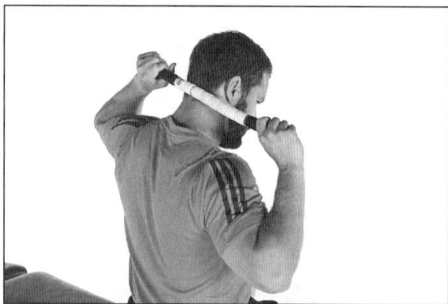

股四头肌按压—按压棒

步骤

1. 站姿或坐姿皆可,双手抓握按压棒两端。
2. 围绕股四头肌的各个侧面,从髋关节至膝关节来回快速滚压按压棒。
3. 换完成后换对侧腿重复上述动作。

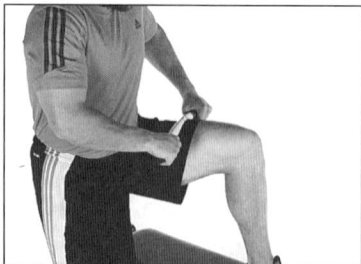

阔筋膜张肌按压—按压棒

指导要点

用小振幅的快速动作,放松肌肉,在酸痛点着力滚动。

动作体会

按压髋关节前侧。

步 骤

1. 坐或站姿,双手抓握按压棒两端。

2. 在大腿上部的外侧肌肉,即骨盆下方,来回快速滚压按压棒。

3. 换完成后换另一侧重复上述动作。

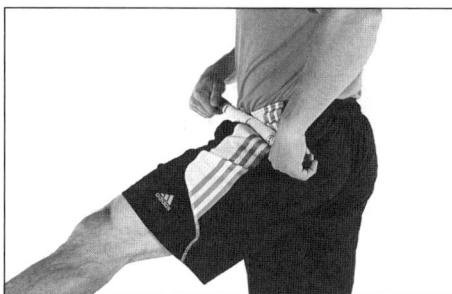 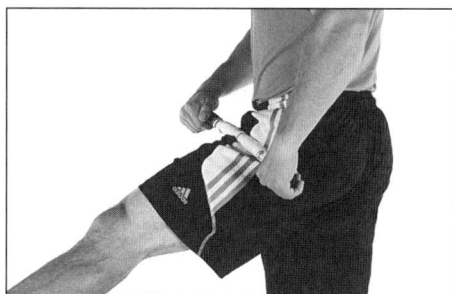

屈髋肌拉伸—半跪姿

指导要点

避免腰部背弓。

动作体会

拉伸髋关节前侧和后腿的大腿上部。

步 骤

1. 一侧腿体前屈膝,对侧膝关下方放置软垫,位于体后。抓住前腿的大腿肌肉,即膝关节上方。

2. 躯干轻微前倾,收腹,收缩后腿臀肌的同时,牵拉手臂远离身体。

3. 保持这个姿势2秒。

4. 放松,回到起始姿势。

5. 换完成后换对侧足在前重复上述动作。

屈髋肌拉伸—半跪姿—侧向

步 骤

1. 一侧腿体前屈膝,对侧膝关下方放置软垫,前腿同侧手臂过头上举。
2. 躯干轻微前倾,收腹,收缩后腿臀肌。
3. 保持这个姿势,整个身体轻微向前。
4. 拉伸躯干,回到起始姿势。
5. 单侧动作完成一组后,换另一侧重复动作。

屈髋肌拉伸—侧卧

步 骤

1. 侧卧,双膝拉向胸部,用位于上方一侧的手抓住同侧踝关节。
2. 将位于上方一侧的腿拉至身后,直至感受到大腿和髋关节前侧得到拉伸。
3. 保持2秒回到起始姿势。
4. 完成后换另一侧重复动作。

足跟后坐式拉伸—泡沫轴

步　骤

1. 坐在足跟上,双臂伸直,双手放在泡沫轴上。
2. 向前滚动泡沫轴的同时,保持髋关节后引,胸部向地面下降。保持动作2秒。
3. 放松,回到起始姿势。
4. 连续完成每组剩余的重复次数。

指导要点

在呼气的同时向前滚动泡沫轴,并将手掌面向上转动。

动作体会

上背部和肩关节获得拉伸。

肩关节拉伸—侧卧

步　骤

1. 侧卧,位于下方一侧的手臂与躯干垂直,肘关节屈曲90度。
2. 竖直向上转动位于下方一侧的手臂,然后尽可能接近地面,保持上方一侧的手臂始终贴于地面。用上方一侧的手进行辅助,进一步轻微下压对侧手臂,并保持2秒。
3. 放松,回到起始姿势。
4. 完成后换对侧手臂重复动作。

指导要点

在拉伸的过程中尽量主动用掌心接触地面。

动作体会

背部得到拉伸,肩关节靠近地面。

过顶举—滑动

指导要点

在不扩充胸腔或背弓的情况下,尽可能移动最远的距离。

动作体会

发展肩关节活动度。

步 骤

1. 面部朝上仰卧,髋关节和膝关节屈曲。双臂在身体两侧屈曲 90 度,掌心朝上,双手指向头顶方向。
2. 双臂向头上滑动,保持双手始终接触地面。
3. 回到起始姿势。
4. 连续完成每组剩余的重复次数。

旋髋肌拉伸—仰卧

指导要点

转动髋关节,而不是膝关节。

动作体会

拉伸髋关节。

步 骤

1. 面部朝上仰卧,膝关节屈曲,双臂在身体两侧伸展,双足分开,略宽于肩,脚趾向上指向空中。
2. 双腿相对靠近,髋关节内旋的同时,保持足跟固定,保持 2 秒。
3. 放松,并回到起始姿势。
4. 连续完成每组剩余的重复次数。

足底筋膜按压—扳机点

步　骤

1. 赤脚站立，一侧足放于按摩球之上（如，网球）。
2. 足弓在按摩球上来回滚压，在酸痛点着力滚动。
3. 完成每组剩余次数后换对侧足重复动作。

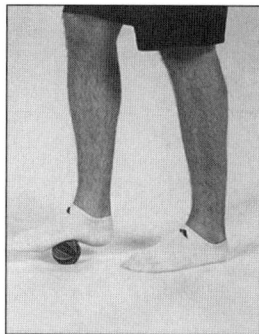

指导要点

在整组练习中，保持对球的压力。

动作体会

放松足弓张力。

臀肌按压—扳机点

步　骤

1. 坐姿开始，双膝屈曲，一侧臀肌外侧坐于按摩球（如，网球）之上。
2. 调整按摩球的位置直至找到酸痛点。
3. 在酸痛点持续施压，上下缓慢屈髋，放松张力。
4. 重新调整球的位置，在另一个酸痛点上重复动作。
5. 完成每组剩余次数后换对侧腿重复动作。

指导要点

适应通过双臂和对侧腿施加更多重量所产生的压力。

动作体会

放松髋关节张力。

颈部按压—扳机点

步 骤

1. 髋关节和膝关节屈曲仰卧,将双按摩球(如,两个网球捆扎在一起)置于头底正下方。
2. 调整按摩球的位置直至找到酸痛点。
3. 保持在酸痛点之上,缓慢上下点头。
4. 连续完成每组剩余的重复次数。

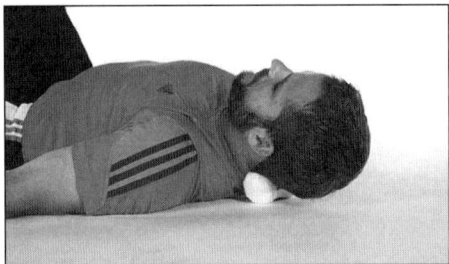

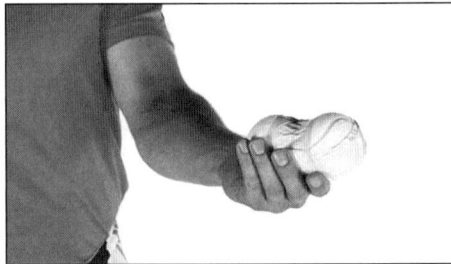

阔筋膜张肌按压—扳机点

步 骤

1. 面部朝下俯卧在地面上,前臂支撑,按摩球(如,网球)置于一侧髋关节的下方。
2. 沿髋关节前方,以及大腿上方稍微靠近外侧的部位上下滚压,直至找到酸痛点。
3. 持续在这个酸痛点滚压规定的时间,然而在另一个酸痛点上重复动作。
4. 对侧腿重复上述动作。

胸椎按压—扳机点

步 骤

1. 仰卧,在脊柱下放置双按摩球(如,两个网球捆扎在一起),位于下背部正下方。双手置于头后。

2. 做 3 次仰卧起坐。

3. 双臂向上伸直举过胸部,然后一侧手臂沿弧形举过头顶。

4. 回到起始姿势后另一侧手臂重复动作。

5. 每侧手臂连续交替 3 次。

6. 双按摩球向脊柱上方移动 1—2 英寸(2.5—5 厘米)后重复仰卧起坐和手臂伸展动作。

7. 继续向上移动双按摩球,直至位于肩胛骨之上颈部之下。

  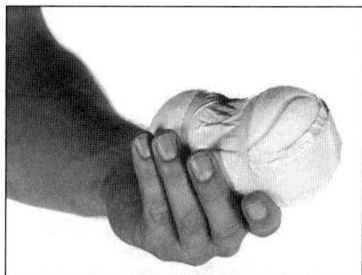

指导要点

每次重复动作时缓慢进行,当到达头顶时呼气。

动作体会

放松上背部中段的张力。

股内侧肌按压—扳机点

步骤

1. 面部朝下俯卧，将按摩球放置于股内侧肌（大腿内侧前方靠下，膝关节正上方）下方。
2. 调整按摩球的位置，直至找到酸痛点。
3. 在酸痛点持续施压，缓慢屈膝、伸膝完成规定的重复次数。
4. 重新调整按摩球的施压位置，在另一个酸痛点上重复动作。

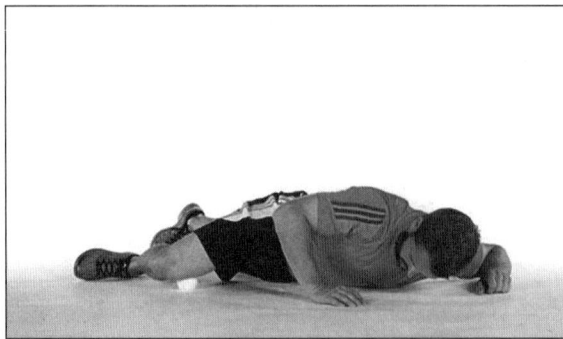

后　记

　　精英运动员的生活非常励志,你们总会利用每次学习的机会,将自己的运动表现推向更高水平。我们很荣幸能够成为运动员旅程中的一分子。我们非常敬佩你能够将高绩效生活方式在现实中践行。很多人说你为此付出了巨大的牺牲,但他们并不理解,当你为了明确的生活方向和"目标祷语",与身旁所爱戴和尊敬的志同道合的朋友并肩作战时,任何牺牲都已无足轻重。因此,这就是充实而又幸福生活的核心所在。

　　在 EXOS,我们深感肩负着帮助你实现人生目标的责任。我们团结一致,攻坚克难,为的是每天能够不断前行,运用我们的智慧解决目前运动员面临的所有问题。

　　欢迎访问我们的官网 Athletes Performance. com,关注我们的最新动态。如果你已经成就了最好的自己,或者正在为此而不懈努力,欢迎到我们世界一流的训练中心体验,我们将与你一同努力,帮你获得更高水平的运动表现。如果你是我们领域的从业者,我们将非常荣幸通过教育课程与您分享第一手资料,我们设立在全球范围内的所有机构都将为你提供优质的服务。来自本书所有项目中的顶尖运动员和从业者,给 EXOS 打出了 95 分的优异成绩,而他们正是我们 EXOS 大家庭的重要成员。

在网站上你还能够找到最新研究成果以及有关心智、营养、动作和恢复四个板块的最前沿资料。同时,在这个网站上你还能够找到本书提到的所有动作,以及多达 1800 种的其他练习视频及其介绍。我们的社交媒体同样非常活跃,能够对本书内容以及高绩效生活方式辅以更加清晰的阐述和介绍。网站上还提供了本书所涉及到大部分练习器械和装备,当然你也可能前往亚马逊、知名体育用品零售店亦或健身会所找到铸就运动梦想的器材。不要找任何借口,结果才是最好的证明。

我们要向团队中的精英表示崇高的敬意,他们向我们展示了真正的高绩效生活。感谢每一位为我们的自由而战的人!

敬启

马克·沃斯特根

致 谢

　　本机构，即 Atheletes' Performance，成立于 1999 年。本书直接反映了我及我的团队为机动作战的高绩效职业人士以及运动领域中的精英运动员设计的且正在不断完善的训练体系。我有幸可以在整个前行过程中始终与这个团队工作生活在一起。

　　感谢 EXOS 在全世界的每一位成员，感谢你们为广大客户的成功做出的卓越贡献。特别要感谢负责心智、营养、动作以及恢复四个板块的表现创新团队的各位领导者：Craig Friedman 副总裁、Amanda Carlson 副总裁和 Kevin Elsey 副总裁。还要尤其感谢 Anna Hartman、Roy Sugarman 博士、Joe Gomes、Nick Winkelman、Darcy Norman 和 Brett Bartholomew。

　　我们有幸得到了 Avery 编辑 Megan Newman 的帮助，她又一次发出邀请，出版了我们的第二本专著，并委托我们为这本书命名，让我们的 Core Performance 迈向了更高的台阶。

　　同时也要感谢 David Black，他是业内最优秀的出版策划人，毫无疑问他也是一位高绩效人士。还要感谢 Pete Williams，我专家团队的伙伴，我们在 Athletes' Performance 还未面世时便已认识彼此。David 和 Pete 是最先提出 Athletes's Performance 设想的伙伴，我永远不会忘记他们的引导与支持。

最后要感谢 Amy Verstegen 和我的家人，是你们让我取得了如此巨大的成就。

马克·沃斯特根

参考书目

Athletes's Performance 的训练体系得到了认知学、生理学、生物化学、生物力学以及各类运动行为科学领域数千篇研究论文的支持，本书并未全部列出相关的研究实验。以下是近年来影响了 Athletes's Performance 训练体系的书目和相应的作者：

- *Active Isolated Stretching*, Aaron Mattes
- *Advances in Functional Training*, Michael Boyle
- *Anatomy Trains*, Thomas Myers
- *Athletic Body in Balance*, Gray Cook
- *Attention and Motor Skill Learning*, Gabriele Wulf
- *Children & Sports Training*, Józef Drabik
- *Designing Strength Training Programs and Facilities*, Michael Boyle
- *Diagnosis and Treatment of Movement Impairment Syndromes*, Shirley Sahrmann

- *High-Performance Sports Conditioning*, Bill Foran（editor）
- *High-Powered Plyometrics*, James Radcliffe and Robert Farentinos
- *Jumping into Plyometrics*, Donald Chu
- *Lore of Running*（fourth edition）, Timothy Noakes
- *Low Back Disorders*（second edition）, Stuart McGill
- *Mind Gym*, Gary Mack with David Casstevens
- *Movement：Functional Movement Systems*, Gray Cook, Lee Burton, Kyle Kiesel, Greg Rose, and Milo Bryant
- *Movement System Impairment Syndromes of the Extremities, Cervical and Thoracic Spine*, Shirley Sahrmann
- *Nancy Clark's Sports Nutrition Guidebook*（fifth edition）, Nancy Clark
- *Periodization：Theory and Methodology of Training*（fifth edition）, Tudor Bompa and Gregory Haff
- *Principles and Practice of Resistance Training*, Michael Stone, Meg Stone, and William Sands
- *Running：Biomechanics and Exercise Physiology Applied in Practice*, Frans Bosch and Ronald Klomp
- *Starting Strength*（third edition）, Mark Rippetoe
- *Strength and Conditioning：Biological Principles and Practical Applications*, Marco Cardinale, Robert Newton, and Kazunori Nosaka（editors）
- *Stretch to Win*, Ann Frederick and Chris Frederick
- *Take a Nap！Change Your Life*, Sara Mednick and Mark Ehrman
- *Ultimate Back Fitness and Performance*（fourth edition）, Stuart McGill

动作索引

Row-Reactive

单臂推举—身体侧屈—壶铃 Shoulder Press with Lateral Flexion (Kettlebell)

下蹲推抛实心球 Squat to Press Throw

蹲起—单手推举哑铃 Squat to Press-1 Arm (Dumbbell)

下砍—半跪姿—稳定—无轨迹练习器 Stability Chop-Half Kneeling (Cable)

推举—半跪姿—稳定—无轨迹练习器 Stability Lift-Half Kneeling (Cable)

土耳其举—壶铃 Turkish Get-Up (Kettlebell)

功率训练：上肢推举
POWER：UPPER PUSH

凳上卧推—杠铃 Bench Press (Barbell)

凳上卧推—哑铃 Bench Press (Dumbbell)

凳上卧推—单臂—哑铃 Bench Press-1 Arm (Dumbbell)

凳上卧推—单臂—悬空式—哑铃 Bench Press-1 Arm, Off Bench

凳上卧推—单臂交替/双腿交替屈伸—哑铃 Bench Press-Alternating Dumbbell with Leg Lowering

斜凳卧推—单臂交替—哑铃 Incline Bench Press-Alternating (Dumbbell)

俯卧撑 Push-Up

俯卧撑—悬吊带 Push-Up (TRX)

斜凳俯卧撑—反应式 Push-Up on Bench-Countermovement (Plyometric)

功率训练：上肢拉练习
POWER：UPPER PULL

单臂后拉—三点支撑—哑铃 Bent-Over Row-1 Arm (Dumbbell)

单臂后拉—同侧单臂单腿支撑—哑铃 Bent-Over Row-1 Arm, 1 Leg (Dumbbell-Contra-lateral)

单臂后拉—对侧单臂单腿支撑—哑铃 Bent-Over Row-1 Arm, 1 Leg (Dumbbell-Ipsilateral)

交替下拉—无轨迹练习器 Pulldown-Alternating

手臂交替屈伸/双腿交替屈伸组合—哑铃 Pullover Extension-Alternating Dumbbell with Hip Extension

引体向上 Pull-Up

引体向上—三点等长 Pull-Up-3-Point Isometric Holds

后拉转体—悬吊带 Rotational Row (TRX)

功率训练：下肢推练习
POWER：LOWER PUSH

前蹲—杠铃 Front Squat (Barbell)

交替弓箭步—哑铃 Lateral Lunge-Alternating (Dumbbell)

弓箭步—壶铃滑垫 Lateral Lunge-Contralateral Bottom-Up Kettlebell (Slide)

弓箭步水平抗阻—壶铃滑垫 Lateral Lunge-Horizontal Resistance (Slide)

后撤弓箭步—哑铃 Reverse Lunge (Dumbbell)

后撤弓箭步—水平抗阻—滑垫无轨迹练习器 Reverse Lunge-Horizontal Resistance (Slide)

分腿蹲跳—后足抬高 Split Squat Jump-Back Foot Elevated (Dumbbell)

分腿蹲—单臂—哑铃 Split Squat-1 Arm (Dumbbell)

分腿蹲—后足抬高—哑铃 Split Squat-Back Foot Elevated (Dumbbell)

单腿蹲—哑铃 Squat-1 Leg Front-Loaded (Dumbbell)

功率训练：下肢拉练习
POWER：LOWER PULL

屈膝挺髋—滑垫 Leg Curl (Slide)

Sidelying

足跟后坐式拉伸—泡沫轴 Reach, Roll, and Lift-Heel Sit（Foam Roll）

肩关节拉伸—侧卧 Sidelying Shoulder Stretch

过顶举—滑动 Sliding Overhead Press

旋髋肌拉伸—仰卧 Supine Hip Rotator Stretch

足底筋膜按压—扳机点 Trigger Point-Arch/ Plantar Fascia

臀肌按压—扳机点 Trigger Point-Glutes

颈部按压—扳机点 Trigger Point-Neck

阔筋膜张肌按压—扳机点 Trigger Point-TFL

胸椎按压—扳机点 Trigger Point-Thoracic Spine

股内侧肌按压—扳机点 Trigger Point-VMO

作者简介

马克·沃斯特根(Mark Verstegen)是提出综合运动表现训练理念的先锋代表人物,他在过去十五年的时间里,把这一训练体系普及到了世界精英运动员、团队、体育组织、美国军队以及诸如英特尔、沃尔格林、领英和喜来登等全球领导企业。作为 EXOS(原 Athletes' Performance and Core Performance)的总裁,马克·沃斯特根负责管理公司亚利桑那、加利福尼亚、佛罗里达和得克萨斯四个州的训练中心的 500 名公司成员,同时还为顶级运动员和组织提供国际化支持。EXOS 已经帮助运动员会员获得几乎各类比赛的各项荣誉,同时还协助全球各先进理念企业训练培养他们的公司职员。沃斯特根已出版了五本书,其中《核心耐力》已售出 20 万册,将综合运动表现训练的理念传播到了世界各地。你也可以在综合课程里感受沃斯特根备受好评的核心表现训练系统(Core Performance system),也可以在该网上找到其他世界一流的高绩效生活资料。EXOS 为阿迪达斯、EAS、斯科莱智、凯泽大学以及 Axon 运动提供咨询服务,帮助他们设计产品、项目创意、开发、测试以及顾客营销。EXOS 还和马约诊所(Mayo Clinic)合作,开展健康与人体表现研究。沃斯特根还任职全美橄榄球联盟(NFL)的运动表现主管,主要负责球员的安全和生活质量。他经常接受有关其训练理念的采访,并作为行业代言人出席业内高端会议。

皮特·威廉姆斯(Pete Williams)与马克·沃斯特根并肩作战已有十多年的时间,二人共同创作了 *Core Performance* 这本具有突破性意义的专著以及后续的四本书刊。威廉姆斯是一名经过美国国家运动医学会(NASM)认证的私人教练,也曾是《今日美国》(*USA Today*)的体育板块记者,他还曾单独或与他人合作出版了多本专著。其中的 *Obstacle Fit* 是一部有关障碍跑的训练项目的著作。

图书在版编目（CIP）数据

每天都是比赛日／（美）马克·沃斯特根，（美）皮
特·威廉姆斯著;尹晓峰,孙莉莉译. —修订本. —
上海:上海文化出版社,2022.1（2023.2重印）
ISBN 978－7－5535－2458－0

Ⅰ.①每… Ⅱ.①马… ②皮… ③尹… ④孙… Ⅲ.
①运动训练 Ⅳ.①G808.1

中国版本图书馆 CIP 数据核字（2021）第 270828 号

出 版 人　姜逸青
责任编辑　郑　梅
装帧设计　汤　靖

书　　名　每天都是比赛日（修订版）
作　　者　[美]马克·沃斯特根　[美]皮特·威廉姆斯
译　　者　尹晓峰　孙莉莉
出　　版　上海世纪出版集团　上海文化出版社
地　　址　上海市闵行区号景路 159 弄 A 座 3 楼　201101
发　　行　上海文艺出版社发行中心
　　　　　上海市闵行区号景路 159 弄 A 座 2 楼 206 室　201101
印　　刷　苏州市越洋印刷有限公司
开　　本　787×1092　1/16
印　　张　22.25
版　　次　2022 年 8 月第 1 版　2023 年 2 月第 2 次印刷
书　　号　ISBN 978－7－5535－2458－0/G.411
定　　价　98.00 元

告读者　如发现本书有质量问题请与印刷厂质量科联系
　　　　T：0512－68180628